# 刑辩三人谈

## 刑辩业务核心技能

THREE TALKS ABOUT
CRIMINAL DEFENSE

CORE SKILLS OF
CRIMINAL DEFENSE BUSINESS

《刑辩三人谈》编写组　编著

法律出版社 LAW PRESS · CHINA

# 序　一

以“三人谈”形式成稿的《刑辩三人谈：刑辩业务核心技能》一书即将问世，这使我想起了二十年前我与张军检察长和姜伟副院长一起“吵”出来的《控辩审三人谈》。记得当年我们在一起策划和对谈那本《控辩审三人谈》的时候，只是偶发灵感，还没有意识到“三人谈”这种形式的魅力。在对谈过程中我们更是随性而谈，既无顾忌，也无牵强，连个完整的提纲都没有，而是边谈边修正边完善，事后再把有些过于发散的话题拉回来归纳整理。后来我们发现，正是这种随性而谈的气氛会使我们在无所顾忌的发挥和争论中相互启发，从而碰撞出一些闪光的火花来，赋予这种谈话以更有价值的内容和更强的生命力。

多年来，这种“三人谈”的形式已经得到很多人的认同并被推广，对此我深感欣慰。同时，我认为，在形式之下更重要的还是内容。近年来，一些对谈形式的著作陆续问世但效果各异，原因即在于内容有所不同。

《刑辩三人谈：刑辩业务核心技能》一书生成于疫情时期的特定环境中，是一拨不甘寂寞、胸怀责任感的年轻律师有感而发的心声，更重要的是对中国刑辩律师蹒跚前行四十年来所积累的一系列问题的归纳、梳理和应对。无论人们对其中的观点如何评价，其可读性和使用价值一定不可忽视。该书的一些参与者也就是对谈者们，虽然被我视为年轻的一辈，但他们都是在刑辩沙场上骁勇驰骋的律业精英，其学识、经验和切身感受的铭心经历，足以使人们进入一种感同身受的境界之中，进而从中受益。

希望大家在读这本书的时候，不必过多在意其表达方式和文学价值，而要在正视法治环境现状的语境中去体察和品味刑辩律师的作为和心态，去辨析各种问题的深层原因并寻求有效答案。

刑辩技能是刑辩律师的基本功，但是，由于中国律师的历史过于短暂的特殊原因，作为一种因经验而形成的刑辩技能在中国律师面前却是一个新课题。曾几何时，甚至直至今日，仍有不少人并不认为刑辩是一种专门技能，以至于认为凡是学习过法律的人都可以从事法律实务中的各项工作。所以，刑辩技能长期处于被很多人忽视和轻视的状态，甚至有人轻蔑地声称刑辩业务人人都能做，将刑辩业务视为一种“鸡肋”般的低端业务。这种认识误区的真正悲哀，并不限于对刑辩业务的贬损，更在于对被刑事追诉者人权的践踏。从深层次意义上看，这是一种法治的悲哀！

时至今日，中国律师已经走过了四十年的生成期，四十年后的中国律师应当进入一个新的时期——发展期。相应之下，刑辩律师也应当从无经验可循的摸索前进中走向规范化发展的新的征程。为此，研究、探讨并在实践中迅速提升刑辩技能，应当是中国刑辩律师当前面临众多课题中的重中之重。

我相信，这本《刑辩三人谈：刑辩业务核心技能》的问世会引发律师界对刑辩技能的进一步重视，进而引发全社会对刑辩律师的重视。

我更希望，有更多这样的作品陆续问世，在众多刑辩律师更广泛的互动中，促进刑辩律师整体素质的共同提升。

**田文昌**

**2021 年 2 月 4 日**

# 序　二

## 刑事辩护：法律之路的最初启蒙

三十多年前，当我步入中国政法大学校园时，脑子里充满了庭审威严的正义想象，为课本的法治理念心潮澎湃。在学校的时候，我有幸跟随田文昌老师一起办案，当时真的是师傅带徒弟式的事无巨细地口传心授。有一次，田老师让我去送一个材料，那时北京马路上跑的都是清一色的黄色面包车，我手里拿着田老师给的打车费，在学校门口站了半天不知道如何打车。直到现在，我招手打车的动作还是和田老师学的。毕业前夕，带着对于刑法学的几个疑问和未来发展的困惑，我给当时刑法学界泰斗欧阳涛先生写了一封信，没想到老先生亲自用格子稿纸一笔一画地对我的问题进行了详细解答，并给予了一个年轻人未来发展的叮嘱和勉励。

刑辩律师这个职业凝结了我在求学初期对于法律行业的最大想象，虽然后来在执业过程中我主要从事民商事业务，但是刑事法律人的伟岸身影一直在我的脑海中挥之不去，成为我法律之路的最初启蒙。

## 直播分享：终于圆了我为刑事同行做点事情的心愿

从当律师开始，为刑事律师同行们做点事情成为我执业以来心心念念的一个愿望。2020年，突如而来的新冠疫情对于法律人来说是一个重要挑战，通过线上学习的方式进行充电成为这个阶段的最佳选择。当时武汉还处于比较焦灼的战疫阶段，我和无讼的小伙伴们商量以“直播学知识，课酬献战疫”的形式为武汉贡献法律人的一份心意。于是，我们筹划邀请全国14位不同领域的法律人，用两周的时间尝试一下无边界的线上直播集体学习。

法律学习的一个重要领域显然是刑事辩护，我给老朋友韩嘉毅律师打了一个电话。韩律师是全国律协刑事业务委员会秘书长、北京律协刑诉法委员会主任。他担任过很多大案要案的辩护人，在协会中一直为推动行业发展、培养年轻刑辩律师而殚精竭虑。在收到我的邀请后韩律师一口答应，并以《刑事辩护业务的规定动作》为题进行分享。机会难得，韩律师直播的当晚我把所有的工作都提前安排好，静静守候在屏幕前，兴奋地等待韩律师开讲。而一进入专业领域的授课状态，韩律师马上将几十年的一线经验、深入思考后的凝练总结通过屏幕呼啸而出，从发现到展现，从战略到战术，从理论到实务，从法规到案例，在两个小时内一气呵成，让人大呼过瘾。评论区点赞、朋友圈转发、社群中提问，成为法律人线上学习的一个现象级课程。

直播结束后，我迫不及待地给韩律师打了一个电话，兴奋地说："我已经被你圈粉啦！"沿着这次分享我和韩律师讨论，是否有可能邀请更多的刑辩同行们加入到这次讨论中来，以对话的方式将刑辩业务的主要核心技能进行一个大盘点，内容以"讲操作、讲经验、可复制、能见效"的方式设计，来一次实务领域的"头脑风暴"。

## 精雕细琢：15位刑辩大咖的思想激荡，连续六周的不眠之夜

刑辩律师平日都是事务繁忙的"空中飞人"，如果能够请大家将几十年来积累的经验来一场思维激荡的"华山论剑"，那将是多么过瘾。在这样的初心邀请下，包括韩律师在内的15位大咖律师欣然赴约，决定每周四晚线上相聚，并准备从会见接待、阅卷调查、庭审发问、举证质证、法庭辩论、审前辩护与庭前准备六个方面用六期的篇幅展现刑辩技能的全景图，每个话题由三位律师进行对谈展开。因为平时经常和全国的律师同行进行授课分享，我深知做好一门精品课程需要"硬功夫"。一个人分享尚且需要将

逻辑和材料比较核对，将技能和理念萃取提炼，并在脑海中进行反复排练，那三个人的分享更是一个巨大的挑战，尤其是以交流的模式授课，既要将一个主题下的要点全部覆盖到，又要保证形式上的活跃性，激发与谈嘉宾的即兴思维灵感，做到“形散而神不散”。在有限的时间内尽可能地将内容展示完整，在“螺蛳壳里做道场”需要三位律师投入足够的时间和心力。

在大群和大家打过招呼后，我便“潜水”在各个主题交流群的小群中。这让我有机会全程体验“三人谈”是怎样炼成的。在确定主题后，三位律师开始讨论主题项下的分享提纲，在一位律师形成初稿后，三位律师分别进行多轮修改，再将大家展示的案例和主要观点进行简明扼要的概述。经常在凌晨时分，群里忽然又更新了一版最新修改意见。在分享正式开始前一天的晚上，各位律师还会“真刀真枪”地演练一次，有的是在律所办公室，有的是在家中书房，有的是在出差的快捷酒店中，有的干脆就在奔波途中的车上。多次结构上、细节上的打磨，反复对基本方法求同存异的调整，六期的分享，终于在刑辩领域形成了每周四晚上守候无讼直播晚八点的口碑相传。

## 理想律师：从理念、思维到实操细节的一次全景呈现

这次参加对谈的嘉宾都是“身经百战”的一线律师，大家的每一个经验都可以对应还原到现实办案中，并且当下可用。正如陈

雄飞律师在谈到“程序辅导”时说:“我们今天谈的这些我们都做到了,其他好多律师也做到了,并且做得很不错,所以我们才把成功的经验讲给大家。”

理想中的刑辩律师到底是什么样的呢?韩嘉毅律师在谈到“会见细节”时说:“刑辩律师应该像一个战士,随时准备冲锋陷阵,应该像个救火队员一样,随时准备奔赴火场,你闻到了战斗的气息,闻到了火警的气息,马上就要跳起来,投入到工作中”;林东品律师在谈到“接待倾听”时说:“刑事律师要悲天悯人,要有同情弱者的情怀,要有底层人的立场,要有生命的关怀,刑事律师是要跟当事人及其家属一起度过一段最艰难的岁月”;薛火根律师在谈到“优秀律师”标准时说:“优秀的律师应该既是全科医生,又是专科医生,既是博学家、神探、又是心理学家,这样才能应对千变万化的案件,发现真相,准备把握各方的心理状态”;在制度理念和办案思维上,顾永忠老师深究概念,从“中国庭审发问”和“英美式交叉询问”的区别谈起,真正将一个热词还原到中国法的语境中来,从而正本溯源,告诉我们哪些可以做,哪些需要与其他方法配合使用;门金玲律师在回答“速裁程序”和“认罪认罚”等新制度对于律师的影响时,其独到的见解让人印象深刻,指出了刑辩律师的可为方向;朱明勇律师在谈到“庭审发问”技能时表示,庭审经验不是像下象棋一样,老师告诉“马走日”“象走田”就可以去“打仗”了，每一个学过象棋的人都知道是这么走，但是每一次对手先出的前几招可能都不一样。为了印证这个观点，朱律师还在对谈中播放了一段自己真实的庭审录像，边放边进行“实况解说”，让人们再次站在一个新的角度看到招数后面的内功；尚伦生律师在谈到变更强制措施申请时，举了一个非常形象的例子，即中国人思维中的中医思维：个体化思维得到了空前的重视，同一个病人、同样的症状，不同的中医可以开出不同的药方。所以在变更强制措施阐述理由时，一定要把各种可能影响办案机关决策的因素都写进去。

各位大律师们在对谈中更是讲述了办案细节的实操心得。翟建律师在谈到辩护词写作时，提到他的辩护意见从来没有长篇大论，他向全体律师介绍了一个非常简明扼要的自测方式，即尝试给这个辩护词加一个题目，能够画龙点睛，点到律师要说的东西，从而检验文本观点是否聚焦；刘玲律师在提到庭前准备的时候，“三纲一词”（发问提纲、质证提纲、举证提纲，辩护词）的写作思路令人印象深刻，文本构思的过程恰恰是庭审前在头脑中进行的数轮模拟攻防；许兰亭律师谈到如何将材料读薄的功力，曾经有个案件有两千多本案卷材料，检察院起诉到法院的时候是用搬家公司的车来拉的，如何“窥一斑而见全豹”，找到重点又能快速判断，这里面需要时间沉淀更需要方法；徐宗新律师在谈到质证文本制作时，讲到质证文案不仅仅会对证据“三性”进行分析，还要在每一节事实中有一个总结性评论，并且会准备两个版本，一个是口头版本，一个是书面版本，口头版本用于现场发言保持简洁明快，抓住庭审焦点，而书面版本则可以附在辩护意见后，让法官审查比对；李贵方律师在谈到强制措施轻与重的问题时，用数字、理念、实务落地的方法透彻地将羁押和非羁押措施进行了实证分析，将和侦查人员、检察人员沟通的技巧倾囊相授；王亚林律师将发问的要领总结成“简明扼要、拆分问题、明知故问、避免重复”十六字要诀，并用一个真实承办的案件带着要诀直接验证；焦鹏律师根据实践中的规律总结，将质证常见的不适当表达总结了一个包含 17 个方面内容的表格，形成了一个质证的负面清单，令人一目了然，并且将质证结论的律师处理意见和理由提炼成 12 个方面，将问题模型化，让人影响深刻。

听到这些精彩的分享，就如感受一次浓缩的刑辩大咖养成记。这里面有对于细节孜孜不倦的追求，有面对案件化繁为简的智慧，更有对于困难迎难而上的勇气。很多思维和方法，不仅刑辩律师可以使用，从事法律行业的同行都可以从中吸收到养分。

## 跬步千里：中国法治未来需要职业共同体的持续努力

2020 年是极不平凡的一年，通过线上直播的形式将各位律师的思想进行分享不仅是一种知识传播的创新，也是大家怀着促进行业发展的初心给刑事行业的一份礼物。这六场刑辩三人谈凝结了15位刑辩大律师多年的心得精华，不仅凝结了数万名律师同行的提问互动，更凝结了未来成为刑辩大咖的思维密码。在直播结束后，保持直播对话原汁原味的场景，将那些一个个夜晚的精彩落纸成铅字成为大家共同的愿望，经过各位律师的再次校对、反复斟酌，《刑辩三人谈：刑辩业务核心技能》的纸质书终于捧在了大家的手心上。

落笔至此，法律人在朋友圈开始刷屏中共中央印发的《法治中国建设规划（2020—2025年）》。在该规划中，有对于刑事诉讼制度改革进行统筹的规划。当我看到“健全落实法律援助值班律师制度，实现刑事案件律师辩护、法律帮助全覆盖”的规定时，在感叹国家对于律师更加重视的同时，我更加知道，这里面的每一个字都有如刑辩三人谈的律师同行们用一声声呼吁、一次次会议、一个个案件、一堂堂授课所争取的努力。

**蒋勇**

**北京市天同律师事务所主任**

**无讼网络科技创始人**

**2021年2月6日**

# 序　三

如何让一个刑辩律师全方位地掌握刑辩技能？如何把众多优秀刑辩律师各自的一技之长集中起来供大家分享学习？如何提升整个刑辩律师行业的技术水准？这是我有幸在律协任职以来一直关注和思考的问题。

2020年初，年终岁尾之际之时，一场疫情改变了许多人的生活和工作状态，律师行业也未能幸免。原本习惯于奔波忙碌、游走四方的同行们也不得不停下脚步，蜗居蛰伏。律师本来就是一个需要不断学习的职业，在这一特殊时期，通过网络开展的各种业务培训，以迅雷不及掩耳之势得以蓬勃发展，给爱学习的律师们一次难得的学习机会。一时间，一次精彩的分享，吸引数以万计的同行围观已经不足为奇。当然，这也更坚定了我博采众长的想法。

正在此时，天同律师事务所的蒋勇律师跟我联系，他的想法更加成熟。我俩一拍即合，一个由各有所长的众多律师参与，每次三名律师一组，以对话形式进行系列分享的培训应运而生。这种对话可以避免律师个人认知的局限性，也不回避律师之间的观点冲突，让大家兼听则明。并且，我们一致认为，律师之间的分享、交流，要避开知识普及型和理念更新型这两个我们并不擅长的领域，要定位到实践经验的分享和业务操作的规范领域。于是，我们想到了围绕刑事辩护业务的主要核心技能，从会见接待、阅卷调查、庭审发问、举证质证、法庭辩论以及审前辩护与庭前准备六个方面展开辩论，从而基本覆盖刑事辩护业务的全部重要环节，让大家有一个全面、系统的认识。

现有的律师网络培训有三种类型，即知识普及型、理念更新型和实务操作型。无论是律师个人的直播分享，还是以一个律师事务所为平台，集合数位律师开展的系列讲座，每一位分享者都会拿出自己最擅长、最得意的部分与大家分享。毋庸置疑，此番培训大潮对整个刑辩律师行业的能力提升有着巨大的促进作用。如果能够让众多刑辩高手的观点、技术、经验，在一个时空里进行直面对话和碰撞，并集辑成体系、成系统的分享，岂不更过瘾！

和蒋勇律师敲定之后，我便开始联系经常与同行交流、实践经验丰富、理论功底扎实的同行。很高兴，我们的这一想法立刻得到诸多同行的响应，于是我邀请到了十四位律师同行参与这样的活动。他们是：

陈雄飞律师是一位来自北京的法学博士，他实践经验丰富，是全国律协刑委会委员，经常参与全国律协的各项司法改革活动，是全国律协出台的《律师办理刑事案件规范》的主要执笔人。

林东品律师原来是上海律师协会刑事业务委员会主任，并连任了好几届，现在是上海律协的副会长。博和律师事务所举办的博和论坛，在理论界、实务界影响很大，影响力已经遍及中国刑辩律师的方方面面。

徐宗新律师带领的靖霖律师事务所做业务非常细致、踏实，他们所关于业务操作的很多指引，深入刑事辩护业务的方方面面。可以说，他在做业务的同时，还是一个思考者和传播者。还有两位律师，同样是思考者和传播者。一位是江苏南京的薛火根律师，曾任江苏省律师协会刑事业务委员会主任；另一位是安徽合肥的王亚林律师，是安徽省律师协会刑事业务委员会主任。他俩都是全国律协刑委会的委员。这三位律师共同的特点是，在办案的同时不停地思考问题和总结经验。他们写的有关刑辩业务实务操作的书，真正做刑辩的中国律师，每个人的书柜上至少有一本，甚至可能同时有好几本。他们长期以来，都乐于与同行分享，喜欢业务交流，所以我邀请他们过来。

尚伦生律师来自甘肃省兰州市，是甘肃东方人律师事务所主任，合伙人。他是一位更具影响力的律师行业的引领者，是一位藏书最多、读书最多、最喜欢学习和思考的刑辩律师。

翟建律师来自上海，是全国律师刑事业务委员会副主任，也是一位在刑事辩护领域深耕多年的刑辩律师。上海律协组织的东方大律师评选，让翟建律师的名字与东方大律师的称谓紧密相连。

还有北京的两位美女律师。一位是刘玲律师，现任北京律协刑诉法委员会的副主任。她曾经是一名资深的检察官，现在是刑辩律师。她特别喜欢在办案的同时博览群书、奋笔疾书，写了很多精彩的刑辩律师执业感悟。另一位美女律师叫门金玲，是一位法学博士、副教授。她经常与同行们分享观点，结合具体实践把高深的理论讲得浅显易懂，她思想睿智、语言犀利，很受律师同行喜爱。

朱明勇律师来自北京，是一位深刻领悟刑事诉讼规律的律师。他实践经验丰富，有一种不把案子办到精彩誓不罢休、毋宁死的精神。他非常喜欢在每一次分享中"坦白"他的办案秘笈。

焦鹏律师也来自北京，是刑事诉讼法的法学博士，全国律协刑事业务委员会副秘书长。他参与了全国律协有关司法改革相关文件的起草，是一位把自己的学识具体应用到办案过程的典型代表。

还有全国律协刑事业务委员会的三位副主任：许兰亭主任是刑事诉讼法博士，李贵方主任是刑法博士，顾永忠主任是教授、博士生导师。这些年来，刑委会的主任、副主任，包括田文昌老师，不论是理论还是实践，不论是实体法还是程序法，他们的功底、他们的造诣、他们的影响力，在业内，包括司法实务界和理论界都是有目共睹的。也正因为他们具有担当精神，不断推动着我们国家的司法文明和进步。尽管我们的法治化进程距法律人的期许还有很大的差距，但是他们的努力和贡献是有目共睹的。长期以来，全国律协刑委会的几位主任，对于律师行业的业务培训高度重视，并积极参与全国律协和地方律协组织的各种培训活动，深厚的理论基础加上丰富的实践经验，让他们的每一次分享都是最精彩、最受欢迎的。

非常荣幸能够邀请到十四位律师参与这样的活动，这让我激动不已。更让我感动的是，每一位参与者都能全力以赴认真对待每一次的分享，从网络设备调试，到确定每一期的分享内容，再到相互之间的分工配合，事无巨细、孜孜不倦，这让我们的对话在质量和信息量上都有了保障。

我们的这次分享，紧紧围绕实践和操作、围绕技能和技巧、围绕规范和防范，与讲理念、讲法律解读的分享截然不同。来自实践经验的分享，能够让同行迅速应用到自己所办理的案件之中，能让许多同行少走弯路，提高了工作效率。

无论如何，第一次采用这种对话形式的直播分享，存在经验不足的问题。作为律师，都喜欢把自己的观点掰开了、揉碎了讲清楚。三个人对话时，受各自表达习惯的影响，存在节奏控制不紧凑的问题，会有信息量的不足，也会有信息的延迟、分散，这是我们存在的问题。一个人分享虽然可以控制时间、控制话题、控制重点，但远不如三人对话所谈的内容更丰富、更丰满、更立体，所以我们宁愿选择这种具有挑战性的方式来尝试分享。

不言而喻的是诉讼有规律，诉讼有技巧。在法治成熟的国家，一代一代的诉讼律师潜心研究了几百年，无论是法庭外的准备工作，还是在法庭上的发问、质证、辩论等，他们的一招一式都把展现和说服做到了精致、极致。在我们国家，法治建设仅有四十年的历史，从无到有，无论是程序法、还是实体法都还存在有待完善的地方。于是我们看到，在不同地区、在不同法院、甚至在不同的时期，律师的诉讼活动差异很大。面对百花齐放的操作方式，哪些是对的？哪些是错的？哪些符合诉讼规律？哪些是有争议的？我们所面临的问题和困难显然相比其他国家的同行要多很多。我们既没有历史，也没有传承，每一个诉讼律师都在按照自己认为的正确方式，在摸索中前行。从整体来看，律师的抗辩在专业技术上略显不足，在控辩审的三方角色中处于弱势地位，这是我们不得不面对的问题，也是不能回避的现实问题。正因如此，近些年来全国各地、各级律协的培训活动，开始关注执业律师的技能技巧培训，大家都在积极做出努力。

让我们欣慰的是，每一期的对话都吸引了大量的同行围观、点赞，当然也有批评的声音。当我们的对话进行到第二个主题时，就有同行私信给我，希望我们能将此次系列分享整理成文字出版。为了便于深入学习，这次对话分享活动结束后不久，深圳的傅政杰律师就带领自己的团队，将所有的对话内容整理成文字，让我们十分感动。感谢他们的付出，让我们减少了大量的案头工作，促使我们将此次分享进一步整理成书稿。

截止到本书定稿之时，在无讼的网络平台上，已经有 801717 人次的观看，可见我们的分享还能给同行带来一些启发。希望我们的分享，能够通过此书和无讼永久免费开放的网络平台，传播得更远、更久，成为同行执业的借鉴和参考，同时也希望大家多提批评意见。

感谢所有关注这一话题的数以万计的同行，大家的关注是我们分享的动力源泉，也是我们刑辩律师行业正在努力前行的标志和希望。

感谢接受邀请与我共同参与分享的各位大律师，在法治建设四十年后的今天，我们有责任去探索符合我们国家诉讼规则的刑辩律师诉讼技巧和核心技能。发现和总结诉讼经验，不仅关乎刑事辩护事业的继往开来，同时也是在记录我们国家一段鲜活生动的法治发展历史。

感谢无讼，感谢蒋勇律师和他的团队，在疫情施虐的时候，为了法律人心中的那份法治理想，他们胸怀大志、不计得失、海纳百川，为刑辩律师们提供了最好的免费交流、学习的平台，让我们感受到来自同行的温暖和力量。

回顾人类社会法治发展的历史，法治进步从来都不是一蹴而就的，要靠一代代的法律人为之付出艰苦卓绝的努力。在法律人世代相传的接力过程中，有成功，也会有失败，没有最好，只有更好。每一个法律人都要努力做好当下、守住本分、添砖加瓦，恪尽职守才是不忘初心，才能砥砺前行。希望刑辩律师的整体执业能力变得更强大一些，在我们国家法治前行的过程中，扮演更为重要的角色。

韩嘉毅

元旦伊始写于寓所

2021 年 1 月 1 日

# 目　录

接待与会见

刑辩业务核心技能

CONTENTS

## 刑辩业务核心技能 阅卷与调查

# 目 录

## 庭审发问
刑辩业务核心技能

CONTENTS

## 举证质证

刑辩业务核心技能

# 目　录

CONTENTS

## 审前辩护与庭前准备

刑辩业务核心技能

# 刑辩业务核心技能

## 接待与会见

韩嘉毅 / 林东品 / 陈雄飞

作者简介

## 韩嘉毅

中华全国律师协会刑事业务委员会秘书长

北京市律师协会刑事诉讼法专业委员会主任

北京大成律师事务所高级合伙人

## 林东品

上海博和汉商律师事务所主任

上海市律师协会副会长

上海市普陀区法学会副会长

华东政法大学刑事律师实务研究院院长

## 陈雄飞

博士，研究员

北京德恒律师事务所合伙人、刑委会主任

中国行为法学会司法行为研究会副秘书长

原司法部预防犯罪研究所预防室副主任

# 接待与会见

- 接待准备
  - 重视首次接待
  - 先行了解案情
  - 查询背景信息
  - 检索法规判例
  - 时间地点安排
- 接待要求
  - 学会倾听
  - 注意引导
  - 意见发表
- 合同签署
  - 专业能力
  - 关系沟通
  - 律师收费
- 会见准备
  - 手续准备
  - 信息准备
  - 资料准备
  - 法律准备
  - 问题准备
  - 特殊准备
- 有效沟通
  - 排除障碍
  - 继续委托
  - 交流案情
  - 核实证据
  - 协商方案
  - 程序辅导
  - 亲情安慰
- 依法依规
  - 不得违法
  - 不得违规

# 一、接待准备

## （一）重视首次接待

**林东品** 接待，我们这堂课把它界定为刑辩律师的核心技能，其实它是刑事辩护律师最基础的业务技能。大家都知道，我们参与一个案件的辩护，首先就是从接待开始，也就是说接待是律师参与刑事辩护的起点。

换言之，接待得好，与当事人建立了委托关系，这个时候你就是辩护人；接待得不好，准备工作不充分，当事人对你不信任，没有建立委托关系，你与这个案件就没有关系，也就是说你不能成为案件的辩护人。所以，我一直在强调律师要重视接待工作，特别是首次接待。我们今天讨论的话题的基础，定位在首次接待当事人或他的家属。打个比方讲，律师对当事人的首次接待，类似于年轻人谈恋爱，你这次接待能不能使双方对上眼？双方能不能产生好感？特别是当事人的亲属，他对你的专业能力、对你的法律分析判断是不是认可？这些都会直接导致当事人是否会把这个案件交付给你。

我一直在讲刑事律师的首次接待和民商事律师的首次接待是不太一样的。因为民商事律师接待的当事人，对于要不要打官司他还在纠结。比如咨询离婚案件的当事人，有可能咨询结束回家以后过了几天他就不想离了。但是刑事案件是非常特殊的。刑事案件的当事人家属找律师，往往是他的亲人突然被带走了、突然失联了、突然失去人身自由了，他亲人的账号突然被冻结了、财产突然被查封了，正是处于一个危难的时期。刑事案件的当事人来找律师，都是处于这样一个无奈无助的境地。这就要求我们刑事律师要做好接待的准备工作，通过展示你的专业水准，通过你对法律的分析判断，赢得当事人的信任。所以说，接待是刑事案件辩护的起点，非常重要。

那么，接待当事人时需要注意的事项有哪些？

### （二）先行了解案情

**林东品**　关于接待的准备，我个人认为律师需要先行了解当事人咨询案件的内容、先行了解案情。当事人来找律师，有以下几种情况：第一种是熟人介绍；第二种是通过网络查询；第三种是因为律师非常出名，当事人慕名而来；第四种是当事人恰巧碰到一家律师事务所，因此就直接登门了。不管当事人是通过哪种方式联系到了律师，在当事人还没有登门、律师还没有正式接待、会见当事人的时候，都需要通过各种方式，比如电话、邮件等了解一下这是一个什么样的案件。

需要了解的内容包括：案件的基础事实是什么，涉嫌的罪名是什么，金额是多少，情节怎么样，目前案件处于什么样的刑事诉讼阶段，是否被采取了刑事强制措施，等等。之所以要做这样一个先行了解案情的准备工作，就是为我们正式接待的时候做好准备。因为有些工作我们需要提前了解、提前备课，这是刑事律师不能回避的一项工作，是需要先行开展的工作。接下来，我觉得还有一项工作是需要律师提前做的，即查询案件的背景信息。

### （三）查询背景信息

**林东品**　一般来讲，有些案件不需要提前查询案件的背景信息。但现在的刑事司法存在一种现象，比如专项斗争、专项行动，会在某一个阶段对某一类犯罪进行集中打击。在这种情况下，就需要我们了解这一类案件或者这一次行动，或者在一个特定的时期打击某一类犯罪，它的背景情况、它的刑事政策变化的情况。比如，扫黑除恶，大家都知道，扫黑除恶专项斗争要开展三年，对此中办、国办下发的相关文件中都有规定，“两高三部”下发的指导性意见中也都有明确的规定。刑事律师要了解这个背景。实践中，有时某一个特定案件报纸上刊登了，甚至有关部门在案件未判决之前就给它作出了定性。这时，我们就需要了解案件发生的背景，了解案件的具体处理情况。

为什么要了解这些情况？有些案件我们在解答当事人咨询的

时候，按照以往经验性的判断可能会出错，比如根据罪名、情节，这类案件犯罪嫌疑人是可以被取保候审的，是不需要采取强制措施的。恰恰有些特定的案件，可能对犯罪嫌疑人一律都要采取强制措施，都要刑事拘留，甚至都要逮捕。因此，提前查询案件的背景信息就为我们在解答当事人咨询的时候，提供一个比较准确、留有余地的判断。所以，尽可能地在接待当事人之前提前做一些了解案情、查询案件背景信息的工作。

**陈雄飞**　我补充两点意见。第一点，在这个阶段，如果是朋友介绍过来的案件，律师有时候需要提前把你的收费标准告诉你的朋友，通过朋友向当事人告知。这样做的好处就是让当事人自己有个心理预估，避免见面谈完之后才发现当事人想找收费更高的律师或者当事人的支付能力有限。提前告知的做法既方便律师，也方便当事人。第二点，最好能够提前了解一下客户详细的信息资料，提前做好利益冲突检索。这个问题对于在大所执业的律师尤为突出。律师先做一下利益冲突检索，如果发现有利益冲突，按照规定律师就不能代理，这种情况下就不要让当事人来洽谈了。

**韩嘉毅**　我同意两位的说法，各位同行确实要关注这个问题。我自己就不会谈案件，我的案件都是当事人基于对我的信任找我的。我发现，有些律师谈案件时谈一个成一个，但有些律师就不是这样。我有时介绍案件给同行，却怎么也介绍不成，确实不一样。

实践中，我知道好多同行很厉害，他们谈案件时，会把自己的助理、秘书甚至行政人员都召集在一起，让当事人觉得这个律所阵容强大，得信任他们，这种做法有时确实好用。但它对于大的客户来说却不见得奏效，大客户一般身经百战，你所带的助理连说话都会脸红，对方一眼就能看出此人没有经验，所以这种方法对大客户来说并不好用。

还有，要提前了解案件信息。林律师说得非常对，朋友打电话来找你，首先你要尽可能地问清案情，问清涉及什么罪名，你是否熟悉这个罪名？你不熟悉案情、没搞清楚涉及什么罪名就去接待当事人，还是很有难度的。我和林律师的观点一样，知道案件涉及的罪名之后就要进行深入研究，比如，在什么地方、什么地区，最近有没有发生相似的案件？当地的法院是否处理过类似的案件？这些都可以在网上进行检索。律师在做好充分的准备后，在接待客户时就完全不一样了。

（四）检索法规判例

**林东品**　接下来我们要讨论的问题是接待准备是否要做检索法规和判例这项工作。我认为做这项工作在有些案件中是必要的。大家都知道我国刑法一共有452条，460多个罪名。当然，作为一名律师来讲，你应该知道法律的基本规定，常见罪名的司法解释，情节严重、情节特别严重、法定刑等一些具体的规定。

但是，我们会碰到一些我们并不经常办的案件，就拿我来说，我一年大概可能就办十起左右的案件。刑法中规定了几百个罪名，我只是碰到了很少的一部分。前不久我就办过一起涉及逃汇罪的案件，其实这种罪名的案件，在司法实践当中是不多见的，许多律师没有办过这类案件。对于这类案件，就需要在接待当事人之前，查一下法律对情节严重、数额较大、数额巨大是怎么规定的，法定刑是怎么规定的，相关的法院是怎么判决的。

为什么要强调这些问题？我刚才讲了，作为一名律师，不可能对所有法律都倒背如流，实际上也没有必要。但是，我们接手辩护某一案件后，需要提前作一下检索和查询。特别像法定犯，我们经常会讨论行刑衔接、民刑交叉，它会涉及不同法的领域。作为刑事律师，我们需要关注的是实体法刑法和程序法诉讼法。那么如果碰到法定犯或者叫行政犯的案件，行政法前置是怎么规定的？只有违反了行政法，才可能会构成刑法的一些相应罪名。一些民刑交叉的案件，可能会跟民商事的一些法律发生联系，比如，与公司法有关，像职务侵占，它会涉及公司法的问题。这样一些案件，就需要我们来作一些检索，甚至需要我们跳开刑事律师，专注于刑法和刑诉法业务思考判断案件的固有思维。所以我认为检索法律法规，包括判例，在我们接待当事人之前是需要做的。

（五）时间地点安排

**林东品** 关于时间安排问题，不少刑事律师会有一些困惑，包括我在内。有的当事人说，他星期一到星期五是上班时间，不能请假，他只有周末或晚上有空，问你能不能接待他？甚至案件已经建立委托手续了，他不停地提出这样一些要求，这有时是绕不开的一个问题。我个人认为，律师提供的是一项法律服务工作，如果能够满足当事人的这种需求，我们应该尽量去满足。

关于接待地点的安排问题。我发现有的律师，会把当事人带到律师事务所之外的地方进行接待咨询。从我个人的经验来讲，如果没有特殊情况，都要安排在律师事务所进行接待咨询。这里面有地点正式的问题，在这里当事人不仅可以了解你律师本人，还可以了解你所在的律师事务所。这个里面可能还会涉及后期律师收费的一个考量。另外，律师事务所也是我们的一个主场，便于我们把控接待咨询的过程和节奏，能够更好地对是否承接案件等相关事项作出判断。

**陈雄飞** 关于时间、地点这个问题，我同意林律师的观点。如果当事人希望全面了解律师和律师事务所，这种情况下最好请当事人到律师事务所谈。但是确实也有一些当事人，他们很排斥去律师事务所。他们认为去律师事务所和去法院一样，让人看见都不是什么好事，他们到律师事务所感觉心里很压抑。对于这种当事人，律师最好还是约一个宽松的环境。

还有一些特殊案件，他的家属不希望别人知道有这样的案件发生，他觉得去律师事务所别人会用一种异样的眼光看他，或者其他人可能会发现这件事情，这种情况下最好能找到一个除律所之外的既封闭又拥有相对宽松氛围的场所来谈。这是我的经验。

**韩嘉毅** 林律师说的法律法规、判例的检索很重要。律师在知道大概的案情、罪名后，要想象一下当事人可能提出哪些法律问题，这个案件是否涉及刑事和解、取保候审、审限的问题，是否涉及某一个罪名，要围绕案情想象一下案件可能涉及的实体法和程序法的问题，认真检索一遍。如果当事人咨询的是你不常办的刑事案件种类，你要有所准备。假如当事人问你能取保候审吗？你要脱口而出取保候审的条件是什么，监视居住的条件是什么，当事人会认为这个律师很熟悉法律、有经验，能脱口而出，会认为这个律师很厉害、很专业。

实际上，很多律师张口就来的法律法规，是提前做好功课的。在当事人仅仅告诉了律师简单的罪名和案情后，他就开始研究实体法和程序法的相关问题，所以他甚至能背出具体涉及什么法、多少条、第几款的规定，让当事人觉得特别可信，这样案件才能谈成功。

## 二、接待要求

### （一）学会倾听

**林东品** 律师在接待当事人或他的亲友时首先要学会倾听。可能很多人，特别是不做律师的朋友会觉得，你们律师是靠说话吃饭的，靠说话来说服当事人，说服法官、检察官的，为什么还要学会倾听？学会倾听，我认为是刑事律师的基本功。当事人或他的亲友来找律师咨询，往往有两个层面的问题需要我们解决：一是法律问题；二是当事人心理层面的问题。也就是说，当事人或他的亲友来找律师，表面上看是因为涉嫌犯罪被卷入了刑事诉讼程序，来咨询律师相关行为是否构成犯罪，是否要承担刑事法律责任，诉讼程序如何展开，等等。但事实上，我们在提供服务的过程中还有一项非常重要的服务内容，即律师在这个过程中提供了大量的心理咨询、心理抚慰、心理安慰等工作，这恰恰是当事人不太容易感觉到的。

刑事律师面对的当事人因为某种原因卷入了刑事诉讼程序，其生命、自由、财产都处于一个不确定的状态。刑事律师要悲天悯人，要有同情弱者的情怀，要有底层人的立场，要有生命的关怀。这个时候当事人需要宣泄，需要倾诉，而我们需要倾听。所以我一直在强调，刑事律师是跟当事人及其亲属一起度过了一段最艰难的岁月。在这个过程中，我们要学会倾听，通过倾听来全面了解案件的基本事实，通过倾听来对当事人进行某种安慰，共同面对未来可能成为我们提供法律服务的这样一个案件，我们要与当事人及其亲属把这个过程更好地走下去。所以我个人认为，学会倾听，在刑事律师服务过程中是不可或缺的一项重要工作，一定要重视。

### （二）注意引导

**林东品** 接待过程也是律师与当事人互动的过程，通过互动律师可以了解案件的真实情况。所以在互动过程中，还要引入一个关键词——引导。

由于当事人的认知和社会阅历的不同，他对一个案件的描述可能是碎片化的，是不完整的。有时他并不是故意隐藏或掩盖一些事实，只是没有注意到或者没有回忆起案件的一些细节，这个时候就需要律师进行引导。律师通过引导，把我们需要了解的事实和案情弄清楚。接待过程中律师不要急于表现。当事人把要讲的问题刚开了个头，如果律师没有完整地听清楚案件的基础事实就急于发表了意见，随着双方谈话的深入，律师对案件的了解会逐渐全面，可能就会出现律师提前发表的意见与后来了解掌握的案情不相符的情况，因此说律师不要急于表现，要学会倾听。

**韩嘉毅** 倾听问题、引导问题确实都存在。实践中我们看到很多同行接待当事人没完没了，很大一部分原因是律师的引导工作做得不够。律师不能跟当事人谈很长时间，一定要规划好自己的谈话时间，比如谈一个案子一个小时，谈得成就谈，谈不成就结束，要把时间规划好，不宜过长，这是其一。其二，了解案件的基本信息后，你首先要考虑的问题是能不能代理：有没有违反相关规定，不允许律师代理的情况。根据最高人民法院、最高人民检察院、公安部、国家安全部、司法部、全国人大常委会法工委 2012 年 12 月 26 日发布的《关于实施刑事诉讼法若干问题的规定》第 4 条规定，与本案有利害关系的，不得担任辩护人。一名辩护人不得为两名以上的同案犯罪嫌疑人、被告人辩护，不得为两名以上的未同案处理但实施的犯罪存在关联的犯罪嫌疑人、被告人辩护。该规定是防止一名律师同时代理被另案处理的所谓的不同案件。在修法过程中，全国律协曾对此提出反对意见，具体理由包括：犯罪存在关联的概念模糊；这样的规定突破了刑事诉讼法，限制了律师辩护和代理等。既然司法机关可以把共同犯罪的案件进另案处理，把应该合并审理，合并审理有利于查明案情的对向关系犯罪案件，如行受贿案件、多次倒手买卖违禁品的案件进行拆分成另一个案件来审理，就应该允许律师代理拆分后的所谓的“不同”案件，这样实际上有利于遏制司法机关对案件的这种拆分。另外，同一个律师事务所，不能同时接受被害人和被告人的委托，被害人和被告人委托同一个律师事务所的律师代理案件是不允许的。律师事务所通过电脑检索，输入准确的名字和相关信息，就可以查询出这个案件本所是否有律师已经担任了被害人的代理人，如果是，那么本所的律师就不能再担任被告人的辩护人，包括一审代理了被害人，二审代理被告人也不可以；另外，律师还要考虑到是否之前曾代理过类似的案件涉及对向关系犯罪，如买卖违禁品的案件、买卖毒品的上下游犯罪的案件，曾经担任过参与第一手或者第二手买卖的被告人的代理人，就不能再担任后面买卖的被告人的代理人，等等。这些情况，都要考虑到。

**陈雄飞** 我们这次讨论的第一点是倾听，第二点是引导，从过程来看确实是先倾听后引导，但是实践当中我认为引导比倾听更重要。当事人来找专业律师咨询问题，专业律师需要具备快刀斩乱麻的本事和技能，在当事人陈述时应当有能力三言两语就把当事人最关心的问题和案件最重要的问题梳理出来，并引导当事人讲出来，而不是任由当事人东一句西一句地讲来讲去。对当事人而言，在需要律师倾听的同时更需要律师的引导。我注意到很多当事人最后之所以信任并聘请律师，就是因为他发现他理了那么久都没有头绪，刚和律师说几句或者说了很少，律师就已经帮他清清楚楚地梳理出来了，甚至他说完上一句律师就知道他下一句要说什么。律师的这种引导和对案件的洞察把控能力对于获取当事人的信任至关重要。

### （三）意见发表

**林东品** 前面我们讨论了学会倾听，也讨论了在接待咨询的过程中需要进行引导的话题，其实作为一名专业律师来讲，通过前面的工作，已经清楚案件情况了，接下来就是考验律师的时候。考验律师的一个关键就是发表律师法律意见，这是刑事律师在接待咨询过程中一个最重要的核心环节，也是全面、充分反映一名律师专业能力、专业功底和专业素养的环节，甚至决定了双方能否建立委托关系。因为前面当事人与律师谈了那么多，下面他就要听听律师对这个案件的意见了。根据我个人的经验，法律意见的发表要涉及两大层面，一个是实体法的层面，另一个是程序法的层面。

从实体法角度来讲，是否构成犯罪，构成此罪还是彼罪，若构成犯罪被告人可能需要承担什么样的刑事责任，这些都是我们实体法所讨论的内容。所以在咨询的过程中，律师需要对案件事实作一个梳理，需要对被告人的行为是否涉嫌犯罪、构成什么样的罪名以及可能承担的刑事责任作一个相对准确的判断。为什么叫相对准确的判断？因为律师对案件的了解主要是基于当事人的介绍，律师还没有看到案卷材料，或者只看到了非常少的材料，只能根据当事人介绍的事实对案件的实体部分和刑罚的适用部分作出一个判断。

从程序法角度来讲，当事人主要关心能否取保候审，在什么时间能够申请取保候审；也会关心这个案件不同的阶段会有多长时间，律师可以做些什么工作，类似这些，都是程序法层面上的一些问题。

律师所发表的法律意见，可能会决定律师最后能否接下这个案件。所以，能否建立委托关系，律师发表意见是非常重要的一个环节。另外，刑事案件跟民商事案件接待咨询的内容、要点是不一样的。民商事案件律师发表意见有时候可能需要作一些保留，不少大公司都有自己的法务人员，他们来到律所听律师的咨询意见，把各种法律关系都搞清楚了，他们自己的法务可以自己去打官司。刑事案件则不同，由于刑事案件涉及事实认定、证据适用、程序转换、控辩对抗、公民作为辩护人的权利限制等诸多要素，一般来讲需要专业律师，当事人直接作为辩护人的很少。所以律师在接待刑事案件当事人的时候，律师意见讲得越清楚，就越能够博得当事人的好感和信任，所以这个问题非常重要。

**陈雄飞** 关于律师发表意见这个问题，我非常同意林律师刚才的意见。有一些律师会问："之前当事人都咨询过几家律师事务所了，他又到我这里来咨询，这种情况下我是给他说还是不说呢？要不要保留一些意见？"对此问题，我个人认为无论当事人在咨询你之前是否咨询过其他律师，之后是否会继续咨询其他律师，都不影响你客观地表达意见。

我认为，律师只有专业、全面地表达了自己的意见，才能够真正地展现出律师的水平和代理的诚意。我特别不赞同说一半留一半的做法。我认为律师这样做有点太小家子气，刑事业务律师就应当充分地给当事人讲清楚、讲明白。如果当事人不选你，那你就得反思，不选你是什么原因？是你给人家讲得不到位，还是别人比你讲得更好？你自己要吸取教训。

**韩嘉毅** 有律师问刑事案件是否可以风险代理？刑事案件是不可以风险代理的，绝对不可以。通过其他所谓的公司代理等各种方式进行代理也是不允许的，因为变相的违法也是违法。

另外，要提醒各位同行，发表意见时一定要谨慎。否则，律师发表完意见，接受了当事人委托，案件发展的结果和原来的预判不一致时，律师会很被动。

好多同行跟我说，他们在接待当事人时，会用录音笔全部录下来，防止以后出现争议。20 世纪 90 年代初律师做业务时，都作《接谈笔录》，用来记录接待委托人的谈话内容，这是很有用的，不过现在都没人做了。录音和《接谈笔录》一样，也是记录谈话内容，逼着律师提供咨询意见时要考虑清楚、要严谨。有可能当事人也在录音，虽然我们阻止不了，但也要保持足够的警惕。而律师录音，则要跟当事人打好招呼，征得当事人的同意。

**林东品** 据我个人判断，当事人和律师见面时律师录音的情况应该是个别现象，我身边的同事、我熟悉的一些同行，几乎没有人对当事人谈话进行录音的。

律师在接待咨询时要不要给当事人完整的咨询意见？关于这个问题，我在前面讲了民商事案件和刑事案件的比较，其实回到刑事案件来讲，不需要太纠结。道理很简单，首先他要不要请律师？这是一个大前提。其次，如果他要请律师，咨询了张三、李四几个律师，假如他听过之后觉得张三对这个案件的分析判断是最准确的，是最符合这个案件的基本情况的。他不可能先把与张三的谈话录下来，再去找李四，把与张三谈话内容的录音放给李四听或者复述给李四听，然后请李四做辩护人。一般来讲，刑事案件出现这种情况是比较少见的，所以我个人觉得不必过多地考虑这些因素。

## 三、合同签署

### （一）专业能力

**林东品**　关于合同的签署，我个人认为可能会涉及三个方面的问题，这也是当事人最关心的几个问题。当事人要不要请律师，要不要与律师建立一种委托关系，需要考虑以下几个因素：一是律师的专业能力是否能够胜任、能够应对；二是律师的关系沟通能力如何；三是律师收费高低的问题。

首先回到第一个话题，也就是关于专业能力的问题。其实，作为刑事专业律师，咨询案件、接待当事人，当然应该具备应对案件的基本专业素养。但需要注意的是在专业问题上律师不能讲大话，还要考虑后续辩护过程中的一些问题。

刑事案件是一个法律问题，既包括事实的判断，也包括法律的适用，往往过多地介入了人的主观性判断。刑事案件不是自然科学，所以即便律师的专业能力很强，在对某具体个案作判断的时候，也是建立在律师的个人判断基础上的。因为一个刑事案件最后走向如何，涉及的因素非常多，涉及不同的机关、不同的部门、不同的办案人员，涉及不同的地域，可能还有一些来自外界的干扰和各种影响。所以律师的这种判断很可能跟案件最后的走向、案件的结果出现不一致的地方。所以作为律师，要有一个最基本的专业应对水准。同时，律师在对案件进行分析研判，特别是对结果走向进行研判的时候，要有所保留。如果律师把所有的问题都讲得过于绝对，既不符合事实，也不符合科学规律，还有可能给后续辩护带来非常多的困扰。所以这个问题需要我们加以注意。

### （二）关系沟通

**林东品** 当事人会关心律师的关系沟通能力。关系沟通，是当下绝大多数当事人关心的问题，甚至有的当事人会直言不讳地问律师有没有一定的关系，是否有熟人。我们不能说当事人有这种期望、这种想法都是错的，问题是我们该如何来处理。

**陈雄飞** 可能每个律师在洽谈案件时都会遇到找关系这个问题，很多家属会提出这个问题。如果律师严格遵守职业纪律要求，就不应该跟当事人承诺找关系。承诺找关系本身其实就是一种违纪违法行为。律师给当事人承诺了找关系，如果真的去找了，比如去给关系人贿赂等，就会涉及行贿问题；如果没去找，当事人可能指责律师诈骗，要求退费等。实践当中，曾有律师因为这种问题而被投诉、被举报或者被勒索。所以对于关系问题，一个正常执业的律师，是靠执业技能来给当事人服务的，一定要断然拒绝当事人找关系的这种要求。如果当面洽谈之前当事人说找律师就是为了找关系，我们一般都会婉言谢绝，不必再花费时间见面。

**林东品**　对于这个问题，我还想作一点小的补充。当事人提出关系沟通的问题，特别是沟通交流的渠道，在刑事诉讼法中有一些相关的规定。在刑事诉讼中，有些环节和程序，需要律师与相关的办案部门、办案人员达成一致。

比如，通常所说的"黄金 37 天"里面的 7 天审查逮捕阶段，律师完全可以通过正常的渠道提出交换意见，还可以要求面见检察官。再如，认罪认罚工作，需要检察官和律师进行沟通。刑事诉讼法不仅规定了辩护人的知情权、申请权、辩护权等权利，而且还设定了律师与法官、检察官、侦查人员进行沟通交流的一个通道。这个通道也是畅通的。我也希望当事人不要在这个问题上过多地为难律师，也希望大家能够理解这个问题处理起来很棘手，它是律师非常头痛非常难以回答的问题。

## （三）律师收费

**林东品** 前面讲了接待律师有专业能力，通过与当事人沟通，当事人对律师本人比较认可，接下来就会涉及收费问题，这是回避不了的。我个人认为收费问题是一门学问。那么，什么样的收费是恰当的？费用收高了，当事人没有支付能力，他可能就没有办法来委托律师。有些案件律师可能为该案件付出了大量的时间、精力和心血，过程中承受了非常大的心理压力，如果费用收低了，会让律师觉得对不起自己的这样一份工作、这样一份劳动。所以我觉得它是一门学问。

关于律师收费问题，不同的律师有不同的感受，其实这个问题也一直困扰着我。我个人认为，律师收取当事人费用需考虑的因素大概有以下几个方面：

一是案件的难易程度，这是我们必须考虑的问题。如果案件非常复杂，多被告多罪名且不认罪，案件有几百本卷宗，各方都在关注，这时你要测算一下，对这样一个案件，投入心力精力来做好的话，需要付出的时间成本是多少？这是我们判断收费多少的一个标准。收费过少，律师投入了大量的时间，所得到的回报与付出的工作量是不匹配的。所以案件的难易程度是律师决定收费多少的一个判断标准。

二是这个案件的社会影响。如果这个案件各方都在关注，可能就跟律师的收费有关系了。有些律师可能会逆向思维，对社会关注的案件，律师费就少收一点。

三是当事人的支付能力。我在不同的场合都讲过，律师要有一种情怀。对处于社会底层的民众和打工群体，如果涉及了民商事案件中的工伤交通事故，涉及了罪名不大的犯罪，像这类案件，我们可以通过对支付能力强的当事人多收一点费用的方式来调节平衡。

四是案件可能的处理结果。有些案件最终的结果是非常清楚的，没有律师辩护也是这个结果。此案处理的结果是可以作出预判的，律师能够作出预判，当事人也能够作出。加上案情并不复杂，律师就要考虑如何收费，如何把握好收费的度。

五是律师本人的行业影响和社会影响。律师知名，专业能力强，口碑好，收费就会高一些，这是一个不争的事实。

**韩嘉毅** 说实在话，对律师收费问题我没有研究，也不在行。但是我想提供一些建议给大家，怎样能够让我们刑辩律师的收费标准提高上去？在我们国家，刑辩律师收费过低的现象由来已久，为什么不能改变？我看到很多省的律师同行很聪明，他们特意邀请北京、上海的律师到他们省去做业务，北京、上海的律师到哪里做业务收费都很高，随着北京、上海的律师去多了，收费高了，也就把省里当地律师的收费标准提上去了。

我特别反对有些律师的收费标准太低，其实这并不合适。你要看看自己在行业里是否能够收这么多钱。律师所投入的时间、精力，此案所涉及的罪名、开庭所用的时间长短，出差的差旅费、旅途长短都是律师收费需要考虑的因素。但是有很多水平不错的律师，有些知名的大律师，他们的收费也不高，这样就把这个行业的整体水平拉低了，这是不应该的。

所以我建议各位，大家统一起来，统一思想，把收费标准抬上去。事关人的生命财产和健康自由的问题，收费不能这么低。北京、上海、省会城市收费低，严重影响了二三线城市的收费，那里的律师收费只能更低。所以应该从北、上、广做起，把费用提高，这是我的个人意见。

**陈雄飞** 关于律师收费这个问题，地域不同，收费标准也不同；每个律师的执业状态不一样，收费也不一样。如果在你的地域当中，或者在你的圈子当中，你已经树立起了自己的影响和地位，那么你的收费标准肯定要高。而刚入行的律师肯定是另外一个收费标准。不管怎样，我同意嘉毅刚才的说法，除非有生存上的极大压力，律师收费要有一个底线，要有一个最低的收费标准，如果达不到最低的收费标准，就不要接案。没有收费底线地接案实际上是对自己专业技能的贬损。另外，如果你的收费标准一直很低，你的朋友、同事就会认定你所能承办的就是小的案件、收费低的案件，他们有大的案件、收费高的案件就不会想到你。反过来讲，如果你的专业技能确实可以，你把收费标准自己提上来，你的朋友、同事再有高收费、高质量案件的时候，他们也会想到你，这其实就形成了一种效应。

**韩嘉毅** 由于现在是疫情期间，我要提醒大家，全国律师协会制定的《律师办理刑事案件规范》第 14 条规定的是有关律师之间业务合作的问题，疫情期间这个很重要。

律师与当事人之间签了合同并收取费用后，就可以开始本案的工作了。如何开始工作？《律师办理刑事案件规范》第 14 条第 1 款规定，律师办理刑事案件，可以会同异地律师协助调查、收集证据和会见，经当事人同意可以为协同工作的律师办理授权委托手续。这是《律师办理刑事案件规范》中的一个特别规定条款。在疫情暴发期间我们可以用起来这条规定，这是律师工作的依据。

律师在收案件时，要问一下这个案件原来有没有律师，一审有没有律师？侦查阶段有没有律师？如果原来有律师，律师和律师之间的工作怎样衔接？对此，《律师办理刑事案件规范》第 14 条第 2 款也有规定，在侦查、审查起诉、一审、二审、死刑复核、申诉、再审案件中，当事人变更律师的，变更前的律师可以为变更后的律师提供案情介绍、案卷材料、证据材料等工作便利。简单地说就是前面的律师可以给后面的律师提供案卷材料和证据材料、案情说明等。之所以用“可以”而不是必须，就是考虑前面的律师被解除了委托，有可能心里不高兴。后面的律师跟前面的律师要材料，不能勉强前面的律师必须提供材料。所以只能用“可以”，没用“必须”，也没用“应该”。

此规定对律师在疫情期间办理案件肯定会有所帮助。实践中，也有好多律师同行问我，后来的律师跟原来的律师要案卷，该不该给？能不能给？我的答复是“能给”，全国律协的规范里有规定。

**林东品** 按照《律师服务收费管理办法》的规定，刑事诉讼案件不得风险代理。这个问题在法律上没有突破之前，我们是需要遵守的。

有些案件在签订合同时律师与当事人对费用问题已有了约定，但是当事人觉得律师在案件办理过程中付出很多，对案件最后审判结果也比较满意，愿意主动追加律师费，这个时候律师还能不能再收费？我的理解是可以另行签订合同，或者用补充合同的方式进行约定，除非当地对刑事案件有特殊规定，设定了收费的上限，你不能突破它的上限。因为合同关系是一个民事关系，根据双方自愿的原则，我认为可以采用补充合同的方式来解决。

**韩嘉毅** 我看过徐宗新律师所在的靖霖律师事务所的一个文件，对律师的工作有哪些列得非常详细，包括几次会见，什么时间（阶段）会见，需出具什么文件，有非常详细的业务操作流程。依据这样一个文件，按小时收费也能收很多。所以对于收费问题，律师们可以进行广泛的探讨和研究，怎样能够合情合理地让当事人看到律师的工作过程和成绩，这样律师收费就理直气壮，腰杆很硬，从而把刑辩律师的业务做得更好、更深入。

**陈雄飞** 对于“在各地有收费标准的情况下如何收费”这一问题，我们要知晓国家发改委之前限制律师收费的文件其实早已经被取消，目前律师收费已经采取根据市场价格收费，不再像以前那样限价。

另外，之前国家发改委和地方规定限价的时候，律师想多收费也有变通依据，以当年北京为例，北京当年限价规定的标准不是对一个当事人可以收费多少，一个案件收费多少，而是可以按照每个罪名和每个案件事实分别收费。举个简单例子，当事人受贿 50 笔，每一笔都是一个单独案件事实。

## 四、会见准备

### （一）手续准备

**陈雄飞** 法律上要求的刑事会见手续就是委托书、介绍信、律师证。但是在实践当中，律师真的去各家看守所、监狱，包括监视居住场所，就会发现会见所要求的手续五花八门、千奇百怪。

现在好多地方要求有亲属关系证明。有的要户口本，有的要结婚证。如果父亲和儿子不在一个户口本上，还得跑到公安机关去开证明。这些是我们律师经常遇到的，还不算太另类。我去过一些省份，居然还要求律师自己做一个提讯证，跟办案机关一样。

在新冠肺炎疫情期间，律师去会见当事人，还要做体检报告，做核酸检测。一些特殊案件，看守所还要求律师必须提交特殊法律文书，比如，移送审查起诉意见书、起诉书等。

一些涉黑涉恶的案件，还要求出具当地律协、司法行政机关证明，再加上之前所说的法律规定手续，才能会见。

还有一点需要律师注意，在接受委托之后，一定要问清楚当事人之前是不是聘请过律师？聘请过几位律师？那些律师是否已经全部解除或者部分解除委托关系？如果在之前委托过两位律师，就需要让家属专门写一个书面解除委托关系说明，说明解除前边哪位律师的委托关系或者对前边两位律师的委托关系都予以解除。但是有的时候光有家属书面解除说明还不够。比如有一些看守所，必须让当事人之前聘请的某位律师进到看守所，让当事人签字与之前的律师解除委托关系，并同时在家属聘请新律师的委托书上签字，然后新被聘请的律师才能被看守所允许会见。

刑事案件的委托通常时间比较紧迫，家属心情也很焦急，律师从异地赶来会见，结果去了发现手续不全，白跑一趟。这种事情一旦发生，不仅影响律师的工作效率，同时也让家属觉得律师很不专业。那这种事情怎么解决呢？这就涉及我们要谈的第二个问题——信息准备。

### （二）信息准备

**陈雄飞** 信息准备包括很多内容。律师需要事先准备场所位置信息。律师要去看守所，一定要知道看守所的位置。律师连看守所在哪里都不知道，带着家属到处找看守所，显得律师很不专业。律师需要对看守所的工作时间做好信息准备。看守所什么时候上班、什么时候下班、什么时候提讯，律师要提前了解掌握。很多看守所不是按照严格工作时间来提讯的，有的地方上午就提讯一次，律师去早了可以在那等着，如果律师去晚了，那就只能下午或者改天再来。还有的看守所，因为设施有限，可能律师需要半夜去排队。这种情况曾经出现过。

还有一些城市，当地律协或者司法行政机关人为地以便利为名给律师设置障碍。比如，一些地方律协规定了网上申报，律师不申报的话，就会见不了当事人。这种设定可能当地的律师知道，但外地律师并不知道。外地律师去了之后，看守所以该律师没在当地律协网站上申报为由，不能会见。外地律师申报后只能耐心等待，少则一日，多则数日才能会见到当事人。更有甚者，一些地方设计的申报系统外地律师根本无法对接，这时候外地律师就得费尽口舌去争取和协调。还有一些特殊案件，当事人被匿名关押，此种情况下律师根本就没法网上申报。前面列举的这些事情都需要律师事先做好协调，做好信息准备。比如，我刚才提到的当事人被匿名关押的情况，律师得先跟办案机关了解人关在哪里、律师去了之后需要以会见谁的名义去办手续、办案机关与看守所是否把手续交接完毕，等等。针对这些事宜律师需要做一下事先信息准备工作。如今网络信息发达，做这些工作其实并不难，可以通过电话问询相关办案单位和办案人员、电话问询看守所律师接待电话、网上向同行问询等。总之，信息准备没有什么高难度的，但是如果不提前做，将来会非常尴尬。

## （三）资料准备

**陈雄飞** 资料准备其实也并不复杂，这里给大家提醒一下，别到会见的时候没带相关的资料。会见至少得把法律规定的法律文书准备好。到了审查起诉阶段，律师阅卷后需要把案卷资料准备好，最好也能准备好案卷内容。在核实证据资料的时候，有的时候当事人希望能看看卷或者希望律师能给他说说相关证据的上下文内容，律师这时候如果说没带案卷或者自己也说不出证据的上下文内容，就会很被动。资料可以放在电脑中备用，但有些地方办案机关不遵循规定，不允许律师自己带电脑，这种情况下律师要事先做好其他形式的资料准备工作。

律师会见的时候一定要多带几份委托书让当事人签字。办案单位都要求律师提交委托书，有些看守所甚至要求每次会见都必须提交委托书存档。我经常在看守所遇到律师问我们有没有带空白的委托书。律师跑了几千里到外地会见，家属花了几千元钱的机票费用，结果会见完毕之后发现委托书就带了一份。接下来可能还需要去检察机关、去法院，这些地方都需要委托书，这时律师和家属说因为委托书带少了所以去不了，显然不合适。

如果律师是在一审阶段接手的案件，资料准备还包括辩护意见等。如果律师是在二审阶段接手的案件，上诉意见等也有必要准备一下。

**林东品** 关于新冠肺炎疫情严重期间律师的会见，上海有下面这些做法：

一是会见的手续。关于手续准备，因为疫情期间情况比较特殊，上海的做法是本人有承诺，律师事务所出具证明，协会进行备案。这几项手续都是要提交给看守所的，而且只能在网上预约。这从会见手续的角度来讲，是与会见的手续相对应的。由于是疫情期间，还需要准备防疫用品。除了刚才讲到的手套、口罩、眼罩几项防疫用品之外，还要准备防护服，上海有的看守所要求律师不仅要为自己准备防护服，还得要为被会见的对象准备防护服。这些都需要我们在会见之前弄清楚。

二是会见的方式。会见的方式有两种；一种是远程的视频会见；另一种是现场的会见。现场会见时需要准备眼罩、手套、口罩以及防护服。

三是阶段的问题，在疫情严重时期，只有三个阶段可以会见，侦查阶段一次，审查起诉阶段一次，一审开庭前一次。如果上海的律师离开上海了，返回上海不满 30 天的，不能够去会见。

### （四）法律准备、问题准备、特殊准备

**陈雄飞** 法律准备实际上在讨论接待的时候已经谈了一些。律师要会见当事人，作为一个专业人士去给别人做指导，总得做好自己的功课，准备好最起码的专业知识。比如拘留多长时间；逮捕多长时间、可以延长多久；一审审限，二审审限，这中间是不是可以重复计算，等等。你得做好这些最起码的信息储备。

当然，除了基本技能，律师还要事先准备一些跨学科的知识。比如，有一个证券业务的案件，律师在去见当事人之前，要把相关的法律研究透，要把相关的证据研究透，要把相关的证券领域知识研究透。在谈到证券相关问题时，不能都是当事人在谈，变成了当事人给律师普及证券法，这就不合适了。

除了法律准备，还必须谈及问题准备。我们在实践当中发现，一些律师在会见的时候没有任何问题准备。他不知道应该问什么问题，问的仅仅就是生活怎么样、监室里有几个人、吃得怎么样，然后会见就结束了。会见之后告诉家属放心，里面的人一切都好。对家属关心的案件事实经过没问、除了文书上写明的罪名之外是否还会涉及其他犯罪没问、如何到案的没问、是否有立功没问、是否认罪没问，等等。

律师拿到证据、相关判决文书等，需要给当事人做辅导、写辩护意见或者准备上诉、申诉等，相应地，律师就得列出相关问题，看看这些问题能不能和当事人共同解决。很多的问题不是律师自己说了就完了，必须是律师和当事人共同准备，必须提前征求当事人的意见。

律师有时候还要做特殊准备，比如在接受外国人的委托时就得把翻译工作准备好。对特殊的、很另类的当事人也要做特殊准备，在我们经手的个别案件中，家属就很明确提醒我们会见时候一定不能提什么，因为那是当事人的心里隐痛。还有一些当事人不会讲普通话，讲的是方言，你也得做好特殊准备。

另外，特殊准备也包括服装准备等。律师有律师的职业风采、职业风范，当事人当然希望看到一个很专业的律师形象。有些律师不修边幅，需要注意一下。在看守所我们也遇见过穿着大背心、短裤去会见当事人的律师，如果你的当事人跟你平时真的很熟，认可这种风格，那你可以不修边幅。但如果你和当事人不熟，我建议你的服装、文书等还是提前做一下精心准备。律师把良好的个人形象作为对当事人的一种观感上的尊重，未尝不可。

还有一个特殊准备就是特殊的心理准备：你去了看守所，有可能会见不上当事人。好多律师认为去了看守所肯定能会见上当事人，这种心理是不对的。一些案件，尤其是有影响的案件，或者是当地司法机关很重视的案件，你一定要给当事人家属打好心理预防针，并且自己也要有去了有可能见不上当事人的心理准备。

**韩嘉毅** 作为一名律师，会见当事人要考虑法律外的因素和法律内的因素。法律外的因素，我习惯于在会见之前跟当事人家属联系，要去会见当事人了，因为什么原因去，家属有什么要求？从看守所出来，也会及时给当事人家庭打个电话，告诉他们我见到当事人了，当事人那边有什么情况，这些主要是关于当事人在里面所要面对的如吃饭、睡觉等生活问题，这就是法律之外的因素。

接下来说法律内的因素。律师会见并不是走个过场，去之前要想清楚。为什么这次要去？是因为案件发展到了一个时间节点，应该去了。去会见要实现什么目的？达到什么目标？有可能涉及哪些问题？这些问题你要在会见之前就想清楚，在脑子里过一遍，列出任务清单。这才是用心办案、上心办案。只有前期去做这些准备，会见才有可能是高效的，才能得到预期的效果。很多律师确实去会见了，但是并没有取得实效，甚至没有实质地谈案件就出来了，这种事情经常发生，这样做的同行好像觉得过程比结果还重要，这是不对的，办案子要用心。

**林东品**　刚才两位讲的我基本上都同意，这里只作一些补充。律师会见，其实从经验的角度来讲，大概有两类：一类是例行性会见。所谓例行性会见就是过一段时间，看看家属有什么话需要带给当事人，其实也没有什么特别重要的事情，无非就是关心一下当事人的生活、身体、心理等状况。另一类是关键时间节点的会见，需要与当事人深入交流，沟通案情。

会见前的问题准备非常重要，我简单补充两点：第一，律师拿到了审查起诉意见书，会对所有的卷宗进行仔细阅读，并归纳出来相关问题，如需要问的问题、需要核对的问题、需要释疑的问题，都要提前做充分准备，再要去会见当事人的时候，是带着问题去的。第二，在开庭前的问题准备，比如庭审发问的一些内容，当然后面还会涉及。所以大多数情况下，我觉得律师在会见时要带着问题，这样会见才能够达到比较好的效果。

## 五、有效沟通

### （一）排除障碍

**陈雄飞**　“排除障碍”这个话题可能是大部分律师真正关注的。律师去会见当事人，但有些部门出于某些原因并不想让律师会见，存在会见难的问题。

好多人问这种事情应该怎么处理、怎么解决？我们律师不外乎两种手段：第一，讲理。律师就是靠讲理来吃饭的。你去跟有关部门讲理，你要指出法律上的错误，指出认识上的错误，可能有一些他们自己觉得理屈词穷，他就给你解决了。第二，提建议，向上级部门反馈问题。你跟他讲道理，他不跟你讲道理，完全采取一种生硬拒绝的态度。这种情况下，我们只能求助于相应的司法机关，求助于相应的部门，向看守所、向驻所检察官、向办案机关的上级单位反馈。当然，在整个处理过程当中，我们要本着有理、有利、有节的原则。

所谓有理，就是必须讲出道理来。对于贪污贿赂案件，办案机关提出贪污贿赂是一项罪名，贿赂案件其实跟贪污案件是关联的，所以不让律师会见当事人。有的律师对此没有进行过仔细考量，办案机关这样一讲，他自己也认为是这样。其实，贪污和贿赂明明是两类案件，并非合一或者关联。律师得能讲出道理来，讲不出道理来不行。

有理，还得有利。毕竟当事人是在看守所关押着，所以律师向有关部门反馈情况的时候就要有所考虑，要跟家属做好协商，要考虑是否对当事人确实有利。

有节，是指提建议要有礼貌。向有关部门反馈情况后，可能接下来还要跟对方打交道，所以不要把事情做得太绝。

向有关部门反馈情况最重要的一点就是坚持，有好多律师觉得反馈了一次没有效果，于是就放弃了，这个不行，一定要坚持反馈。坚持可能没有效果，但是不坚持肯定没有效果。

**林东品** 我觉得陈博士已经讲清楚了。因为排除障碍确实非常难，有的律师会见不到当事人，上网呼吁，对于这种情况我们不去评价。刚才陈博士讲到了坚持再坚持，我非常赞成。

**韩嘉毅** 在刑辩律师圈里，执业年限长的律师都知道，各种各样拒绝会见的事情和理由，只有你想不到的，没有你遇不到的。但怎么去面对这个问题，同行之间差异很大。

我和雄飞的观点是一样的。我会心平气和地跟对方讲，你不讲法、不讲理。之后我们要利用各种现有的“武器”，也就是现行有效的各种规定。我办的案件不让我正当会见当事人时，我都直接打 110 督察电话实名投诉警察，但在投诉前我先跟法制总队的领导打招呼，告诉他们要投诉办案的警察，然后再打 110 督察电话。我们很多同行不注意利用现有的各种规定，也就是我说的“武器”，这是不应该的。最高检开通了一个 12309 平台，通过网络、App 等，接受社会各界的维权。

我建议大家不要只把目光仅仅放在刑事诉讼法及各部门的规则上，还要认真学习“两高三部”下发的保障律师执业权利的规定、关于保障律师权利联动机制的规定，最高检、最高法下发的保障律师执业权利的规定，防止冤假错案的各种规定，等等。这些文件虽然只是司法解释，但规定得非常清楚、具体，包括遇到什么情况可以投诉，投诉之后几日给相应答复，答复是书面的还是口头的，都规定得很清楚。

如果我们对一类案件集中火力，比如，对于不让会见的情况，所有的律师通过联动机制，把相关数据给办案机关所在的律协和自己执业地所在的律协，给这两个律协都邮寄一份投诉书，立案就会很快。

我在全国律协维权委员会看到的现象很奇怪。要求处罚律师的投诉很多，几十件上百件投诉都是说律师不尽职、不尽责要求处罚律师的。但是涉及律师维权的，本应该有很大的数据量，但实际上并没有那么多。为什么呢？因为大家知道投诉也没有用，所以就不投诉了，并且也不愿意得罪人。投诉需要考虑的一个重要问题是当事人的利益。案子的性质不同，决定了律师应不应该投诉，该怎么投诉？如果投诉后对当事人不利，那么律师需要考虑的是等案件结束了再投诉，还是在案件进行过程当中必须马上投诉，这是不一样的，这其中有战略战术安排的问题。

2018年最高检到全国律协调研时，我提议要鼓励律师采用先进的科学方式，直通投诉的途径，要利用科技手段，希望最高检建设的各种网络平台都可以接通、看到，要向社会公开，尤其是公开差评。除了建设投诉平台外，还要做好统计。不要让律师的投诉仅仅局限于市一级、省一级这个平台，最高检应该能看到、能统计出来这个数据，要关注这个数字。如果律协统计出来的数字高的话，就会引起方方面面的重视。我很着急的是大家为什么都不投诉，不去反馈？反馈可能会耽误你一点时间，耽误你一点精力。但是这个数据拿出来后，律师们齐心协力就能把很多事情解决掉。比如，会见的问题，批捕时听证的问题，个别法官决定开庭过于强权、霸道，不和律师商量开庭时间的问题等。对于不合理的问题，我们只要人心齐就会泰山移，就可以通过投诉反馈的渠道来解决它。如果大家都不把问题提出来，就是死水一潭，问题就永远解决不了。

我们每一个人都要问问自己，在法治前行的过程中，我做了哪些努力？权利从来都是靠自己争取。要记住，我们每个人都要付出，每个人都要努力，这样才可能推进我们的法治不断前行。

## （二）继续委托

**陈雄飞** 目前大家通常都使用“确认委托”，我们认为“确认”这个词汇本身就是一种误导性表达，会给律师执业造成巨大障碍。大家一旦用到“确认”这个词，给人的感觉是只有当事人家属签字确认委托时你还不是辩护律师，只有你见到了当事人，当事人在家属签的委托书上也签了字，这个时候你才是辩护人。我注意到好多学者写文章的时候是这么写的，好多律师也是这么认为的，一些办案机关也是这么理解的，实际上这是错误的。

为什么这么讲？我们作为辩护人，按照法律规定，实际上从当事人的家属委托之日起就已经是辩护人。刑事诉讼法规定得很明确，犯罪嫌疑人、被告人被羁押的，家属可以代为委托。这个“可以”是什么概念？意味着这个时候当事人的家属有权利直接依据法律规定行使委托律师的权利，不再需要当事人再写条子、带口信。法律对当事人家属直接规定了权利，既然是一种法律确定的代为委托，当事人家属签字确认委托，律师当然就已经是辩护人了。实际上法律给律师设定权利，包括给办案机关设定对律师相应辩护权保障的时候，也是按照这个前提设定的。

律师接受当事人家属委托之后，到看守所会见当事人，看守所就要按照接待辩护人来接待律师，看守所这个时候不能说你还不是辩护人，不能说等犯罪嫌疑人签了字你才是辩护人。

律师到看守所里边会见当事人的时候，也不可能一见面二话不说先让当事人签字，大家一定是先谈，律师做完自我介绍，先沟通案情、各自了解，最后再跟当事人确认他对你的业务和能力是否满意。如果认可，请当事人签字。

刑事诉讼法规定律师的辩护权受到侵害时律师可以去投诉等，就包括了律师第一次会见被排斥、被阻碍可以进行投诉，这是否意味着法律就已经确认你是辩护人了呢？

这有两种极端的情形。第一种是当事人在押，家属委托了律师，委托手续办完了，律师也给办案机关递交了委托手续，当事人却在这时从看守所逃匿了，律师找不到当事人签字，但这个时候律师仍然是辩护人，因为有当事人家属的委托。若在这个时候律师发现有当事人无罪的证据，仍然可以以辩护人的身份向办案机关提交，仍然可以要求办案机关撤案、不起诉等。第二种是更极端的情形，刑事诉讼法规定特殊案件可以缺席审判。缺席审判就意味着要么知道被告人在哪里但其不归国，要么干脆就不知道被告人在哪里，根本无法签字。为了保护缺席审判程序中被告人的权利，刑事诉讼法明确规定家属可以代请律师。这种情形下如果认为缺席的被告人签字后律师才是辩护人，那就意味着缺席被告人的辩护权在法律上就是一种法律空置，这种悖论显然不符合对法律的正确理解。缺席审判中家属代为聘请的辩护人在没有被告人签字的情况下，仍然是辩护人，仍然享有辩护人的各项合法权利。

总之，家属委托你了，你就已经是辩护人，你第一次去会见只是问被告人或者犯罪嫌疑人是否拒绝你的委托，是否愿意继续委托。律师不是从被告人、犯罪嫌疑人签字那一刻才是辩护人。大家一定要注意到这个问题，我们去找犯罪嫌疑人、被告人签字，是问他是否拒绝委托、是否继续委托。

**林东品** 实践中，有的律师进了看守所要求会见当事人，结果看守所说当事人不愿意请律师。这种情况其实很复杂，大家可以想一想，当事人在看守所，他与外面是隔绝的，他与家属所有的信息都是不通的。他为什么不愿意请律师？这里面可能有两种情况：一种情况是当事人自己崩溃了，他认为自己犯了罪，接下来就是要吃官司了，所以不愿意请律师了。另一种情况是由于外界其他因素的干扰。在这种情况下，作为律师来讲，第一次的会见是非常好的一个机会，你要尽力获得当事人的信任。即使当事人一开始表明不愿意请律师，大家也可以坐下来好好聊一聊。在交流的过程中你会搞明白当事人不请律师的原因。经过交流，大多数情况下当事人会改变之前的态度转而请律师。这里面有一种例外的情况，有个别被羁押人员提出非常多的要求，你没有办法满足，这种情况另当别论。

**韩嘉毅** 继续委托的问题很重要，很多案件取得当事人信任是有困难的，我办理的案件就遇到过这样的情况。我把相关情况跟当事人分析了一遍，他知道我是真心实意地帮他，才跟我交心，才愿意跟我说实话，才愿意配合。

取得当事人的信任，是中国刑辩律师面临的一个特殊问题。我们到看守所会见，当事人会问我，你是我老婆请来的吗？谁花的钱？我的哪个哥哥、妹妹、姐姐请了你？这些问题都是出于对律师的不信任。怎样去赢得当事人的信任？这要靠你真心的努力、真心的工作、专业的知识、到位的分析，只有这样他才能信任你，这是第一个问题。

第二个问题是关于第一次会见的重要性。许多同行意识不到第一次会见的重要性，去看守所看一遍（会见一次）就回来了，什么感觉都没有。其实，从第一次会见开始，我们的感觉应该是完全不一样的。比如我办的一起案件，我第一次到看守所会见了当事人。当事人跟我说他前几次笔录都没有录音录像，也没给他戴花镜，他根本没看清笔录就签字了。所以在我还没看到公安机关所作的笔录前，我就了解到这是一个跨省抓捕的案件，我的心里首先就想到要去判断核查笔录的真实性，目前案件还在公安机关侦查阶段。会见完当事人我就书面提出非法证据排除问题和管辖的问题。我认为，对于这类案件，律师在第一次会见之后，就要马上想到这样的问题，要立刻提出这样的申请，否则就是工作失误。

第一次会见前，你要预判这个案件可能涉及哪些法律问题，要想清楚，带着全面、清晰的法律知识去见当事人。见到当事人后，应该马上作出反应。我和京都所门金玲博士交流这个话题，她也谈到了这个内容，即律师到看守所会见当事人后，就应该立刻进入战斗状态，要马上针对不同的情况作出不同的反应。她告诉当事人什么叫辨认、怎么去辨认？还有收到鉴定意见后，如何去对鉴定意见提出异议？我认为她的做法很好，律师见了当事人要给他讲清楚相关法律规定，对后续案件的发展有一个预判，对于取得有利的证据非常有帮助。律师不能会见结束后什么感觉、想法都没有。会见之前要想很多，会见之后也要想很多，这才是我们该做的。刑辩律师应该像一个战士，随时准备冲锋陷阵；应该像个救火队员一样，随时准备奔赴火场。你闻到了战斗的气息，闻到了火警的气息，马上就要跳起来，投入工作中才对，这才是一个刑辩律师的状态。

关于接受委托的话题。从历史发展来看，是继承了大陆法系的东西，现在在德国依然能看到这样的操作。为什么必须有一个家属代为委托的手续？代为委托有什么意义？我问过德国刑辩协会的会长，他也说不清为什么，说历史沿革就有。到底是谁委托呢？他也认为是当事人委托。

在普通法系根本就没有家属代为委托一说。在加拿大，律师可以拿着身份证或驾照到看守所，让警察把前十个房间被羁押的人都提出来，律师挨个问一遍。第一个被告是什么罪名？我不擅长辩护抢劫罪；第二个被告是什么罪名？我擅长辩护盗窃罪，我给你辩护吧！一个小时 ×× 元，你愿意吗？在普通法系国家，一个律师只要拿身份证、驾照就可以见当事人，在中国就不一样。为什么中国会存在这样的问题？怎样去改变这种现状？

立法上，刑事诉讼法第 34 条仅局限于监护人和近亲属。所以在 1997 年刑事诉讼法修改时，全国律协就提出把“近亲属”改为“亲友”。之所以提这样的修法建议，是因为，那时要证明是近亲属关系很麻烦，要拿户口本、身份证原件，因没有证明是近亲属委托而拒绝律师会见的情况非常严重，我们想从立法上解决这个问题。

### （三）交流案情

**陈雄飞**　律师去会见当事人的时候，并不仅仅是单方面向当事人了解案情，而是要和当事人进行互通。

第一，律师见到当事人（包括犯罪嫌疑人和被告人），要听他陈述案情。第二，律师要询问当事人给办案机关陈述的案情，或者说在办案机关讯问的状态下当事人陈述的案情是什么。第三，如果已经看到案件材料，要看办案机关的笔录内容与当事人自己记忆、理解的笔录内容是否一致。实践中办案机关的笔录内容和当事人自己理解、记忆的内容有可能不一致。第四，律师要抛开当事人的陈述，从其他证人证言、同案被告陈述以及其他的相关证据当中，分析案件事实。第五，律师要关注自己希望或者认为对于无罪、罪轻的辩护需要的那些关键事实在案卷材料中有没有、被告人有没有提及、办案机关有没有问询，等等。

交流案情，意味着有些事情是当事人告诉律师的，有些是律师找当事人进行核对的，或者说是律师讲给当事人的，那么这里就涉及对后者如何把握的问题。一些同行问："能不能把同案被告的口供告诉当事人，能不能把证人证言告诉当事人？"我个人认为没有问题，因为核实证据是辩护人辩护权的表现形式之一。把同案的口供、证人证言和当事人谈了，这叫不叫串供？我认为这不叫串供。律师并没有跟当事人一起去作假，仅仅是把不利的证据与当事人核对，并问询其能否作出合理解释或者推翻不利证据。只有当事人自己最清楚同案的口供有什么事实问题，比如同案说某天和当事人一起去做了什么事情，当事人核对后会告诉律师同案的说法并不属实——同案说的那天当事人在海南出差、当事人在广东出差，等等。这些是律师分析不出来的。所以交流案情的时候，我个人认为律师可以把全部的证据资料和当事人进行交流。当然律师不能和当事人进行串供。只要不作假，只要是基于证据和事实与当事人核对，基于证据和事实最后梳理出来全部案件事实，哪怕最后律师梳理的事实与当事人笔录不一致，也不是串供。

（四）核实证据

**陈雄飞** 交流案情势必涉及核实证据。好多人在问能不能核实证据、能不能把案卷给当事人看。作为辩护人，知道了案卷材料，在会见当事人的时候，当事人势必问证据当中有哪些对他是不利的，哪些对他是有利的，不告诉当事人显然是不合适的。

关于给被告人阅卷这个问题，若干年前曾经有过争议，各个办案机关的认识和做法不一样，最后刑事诉讼法当中明确规定了辩护人可以和被告人核实证据。什么叫核实？为什么用“核实”这个词？实际上核实有多种方式：律师给当事人看证据材料是核实，律师把证据材料整理出来是核实，律师做出摘要来也是核实，律师讲给当事人听也是核实。看是核实的一种，所以辩护人当然有权把证据给当事人看。实践中一些律师认为能给当事人看客观证据，如鉴定意见、书证、勘验笔录等，但不能给当事人看证人证言、同案被告人供述。对此我持不同观点，我认为所有证据可以全部给当事人看。至于说法律上为什么用“核实”这个词，这就涉及被告人有没有阅卷权的问题。因为按照目前刑事诉讼法的规定，被告人没有阅卷权，所以规定辩护人可以向犯罪嫌疑人、被告人核实有关证据，使用的是“核实”这个词。大家会觉得奇怪：一方面认为辩护人有权把案卷给被告人阅看，另一方面又认为被告人没有阅卷权，这不是矛盾吗？其实不矛盾。什么叫阅卷权？阅卷权是指作为一方主体，其有权利让办案机关把案卷给其进行查阅、复制、摘抄。目前刑事诉讼法规定被告人没这个权利。即使被告人没有被羁押，他也没权利去找办案机关查阅案卷，但不意味着说他不能从辩护人处阅卷，因为辩护人有与被告人核实证据的权利。

**林东品** 所谓核实证据，核心问题一个是核实，一个是证据。核实刚才已经讲得很清楚了，那么什么叫证据呢？证据是卷宗承载的口供、书证、勘验笔录、报告、鉴定意见等。我也认为核实证据就是向被告展示相应的证据。

关于核实，这里需要提醒两点：第一，只能向被羁押的被告人或者犯罪嫌疑人核实，不能把卷宗材料以任何形式交付给当事人的亲属，这是一条基本底线。对象要清楚，这是我们要充分注意的。第二，有个别省的几个部门联合发文，对证据做了一个限定，规定书证、客观证据可以核实，其他证据如言词证据不能向被告人、嫌疑人来进行展示，我认为这是违反刑事诉讼法规定的。如果我们到出台上述规定的地方办案的话，为了谨慎起见，对于敏感的信息最好采用口头表达、口头核实等方式。这或许过于谨慎，也仅提供一个参考意见。

第二个问题，交流案情其实有两个环节是不太一样的；一个环节是我们拿到案卷以后的交流，案卷看到了，交流的相关问题就会比较清晰；另一个环节是在早期的刑事侦查阶段，特别是刚刚开始会见的时候，这时对案情的了解仅仅是听嫌疑人本人的陈述，需要通过嫌疑人的自述来发现问题，层层地深入、进行挖掘，与嫌疑人共同挖掘有利于他的事实，寻找有利于他的线索。

**韩嘉毅**　我也补充几点，这是一个非常有意思的话题，也是今天讨论的关键问题。

第一，交流案情的内容。会见需要了解的涉及案件的内容很多，《律师办理刑事案件规范》第 22 条共有 12 款，详细提示了律师会见当事人需要了解的内容，包括自首、立功等方方面面都写到了。我们通过这些提示向当事人了解案情。

第二，交流的程度和状态。律师和当事人之间的交流应当达到一种特别充分的状态。律师要从法律的视角不停地提出问题，以便引导当事人把自己经历的案发故事讲清楚，甚至讲到立体（空间），讲到可以闻到气味、可以看到颜色、可以听到声音。律师好像就站在当事人的身边（进入案发过程中），看见他如何参与案发的过程，要有这种感觉。

细致地了解案情，对律师看卷、阅卷非常有帮助。你问清楚了再看卷，卷就会越看越快、越看越薄；了解的情况越详细越多，看卷就越简单，否则就算用大量的时间阅卷，也不得要领。

第三，核实案卷材料。这是很有意思、很有争议的话题。我在实践中的做法是，只要我需要、案情需要，我就会把案卷材料复制一套给当事人（我们同时看），而且我这样做过好多次了。但是如果让我每一个案子都这么做，我没有那么多时间。让你天天拿着一本一本的案卷到看守所，当事人说我天天都要看，你怎么能受得了？哪个律师愿意天天去看守所？没必要给他看的时候，就不给他看，这由律师自己把握。

什么叫“核实有关证据”？文意上理解就是字面理解，无论如何给当事人看卷都是对的，不出示肯定不能核实。

1996 年修订刑事诉讼法时，我们发现“核实有关证据”的表述可能会引发歧义，于是我们建议在这六个字前面再加六个字，叫“出示案卷材料”“核实有关证据”，结果立法机关不同意。在 1998

年实施的“六部委”《关于刑事诉讼法实施中若干问题的规定》(共48条)制定过程中，侦查机关、检察机关就曾经提出一个方案，采用列举的方式，列出哪些证据能核实，哪些证据不能核实。但这个提法遭到司法部和全国律协的反对。不可能让律师只去核实那些主观证据之外的证据，如果这样核实，开庭时公诉人能否把所有言词证据都读一遍？不可能都读怎么开庭？当事人不知道别人怎么说的、怎么指控的怎么能行？开庭读全了也不行，当事人还要回过头来请公诉人再念一遍第一份、第二份，原因是当事人要比对。所以，必须允许律师在庭前让被告人知道相关信息，这是辩护律师、司法部和律协的意见。

但是，侦查机关、检察机关也有自己的理由，如果律师把庭前言词证据都给当事人看了，一是担心翻供，二是担心串供，三是开庭时分别讯问就没有了意义。最后，正式出台的前述“六部委”司法解释尊重了律师的意见，并没有具体列明哪些根据可以核实。

针对核实有关证据这一问题，全国律协在制定《律师办理刑事案件规范》时征求了公检法几个机关的意见。《律师办理刑事案件规范》第25条规定得很清楚，没有突破刑事诉讼法，就是“核实有关证据”。但是，后面的第26条既允许律师在会见过程中，接受被告人给律师的与诉讼有关的材料，也允许律师把与辩护有关的文件与材料给被告人。所以我们可以基于这样的规定采用变通的方式，把我们对证据矛盾对比的质证意见以及辩护词等给当事人看。我的辩护词里就有证据矛盾对比表，当然可以给当事人看。这些是变通的方式，都能实现让当事人了解案情的目的。

我到各地与同行进行交流，发现大家都在关注能不能给当事人出示案卷材料的问题。这个问题，在北京的不同法院、不同的时期，有着不同的说法。所以这个问题应该根据案件办理的情况、地方法院的情况以及当地有没有相关规定的具体情况，来决定是否能够把自己的案卷材料给当事人看。

另外，律师还要做一个评估，权衡一下能不能驾驭这个案件。也许我或林律师这么做可以，但是没有经验的年轻律师这么做有可能不行。

从法律、司法解释上看，文意解释无论如何是没有问题的，应当可以出示案卷材料，核实相关证据。但是出于各方面的考虑，所以才在实践中有各种各样的理解，成为律师关注的问题。

**陈雄飞** 我前面提到不要用被告人有没有阅卷权，来论证辩护人能不能把案卷给被告人阅看。用阅卷权来探讨核对证据问题，本身就是一个前提性的错误。阅卷权是说你有权利要求办案机关把卷宗给你，你有权独立行使这项权利，按照目前法律的规定，被告人肯定没有这项权利。不光是中国没有，英美法系的一些国家也没有。无须谈被告人有无阅卷权，只需直接谈律师获得卷宗之后能不能给被告人查阅即可。法律规定了可以核对，核对的意思其实就是给他看、给他说。当事人从辩护人处看卷不是阅卷权，当事人仅仅是基于律师有权利找他核对证据，他才能看到证据。

（五）协商方案

**陈雄飞** 对于当事人而言，确定最后的辩护方案十分重要。只有确定了辩护方案，庭审当中如何陈述，如何回答问题，如何举证、质证，如何辩论等才能够确定下来。

协商方案的结果可能是和当事人达成一致，作有罪辩护。我给大家特别提醒一下：有罪辩护可能技术难度低，但是责任大，律师在和当事人确定作有罪辩护的时候，一定要慎之又慎。我给大家举几种情形：律师作了有罪辩护，结果法院判无罪（这种情形发生过多起）；律师跟当事人商量好作有罪辩护，当事人后来又找了一个律师，结果后者成功地作了无罪辩护；当事人将来服完刑了，里边有所谓“懂行”的人告诉他他的案件是能作无罪辩护的，当事人信以为真，出狱后对你的辩护工作提出质疑，等等。这些都是辩护人作有罪辩护的风险，所以作有罪辩护的时候，大家一定不能掉以轻心。

凡是你作有罪辩护的案件，必须得慎之又慎。我们自己经手的案件中就有数起前面的律师告诉当事人不能作无罪辩护，最后我们都实现了无罪辩护的事例。反过来我们自己也思考一下，我们自己认为有罪的案件，判断真的准确吗？别说是刚入行的律师，执业多年的大律师判断就一定准确吗？恐怕谁也不敢这样肯定。所以作有罪辩护方案的时候，律师要尽可能地多问询其他律师，别自己想当然地认为自己的判断就准确。辩护人作有罪辩护，一旦不准确，那可不是小事情，所以这里我们专门提示律师作有罪辩护时一定要小心。

无罪辩护对于当事人而言涉及巨大的法律风险。无罪辩护，要么是最好的结果，彻底的什么事情都没有；要么是最坏的结果，判得非常重，很难取得中间结果。当然，在一些案件中，我们经常讲“三八线不是谈出来的，是打出来的”，律师进行无罪辩护，最后有可能取得最有利的量刑结果。但是律师不能寄希望于这样的情形一定会发生，所以一定要给当事人说清楚，作无罪辩护最不利的后果是什么，最有利的后果是什么。当事人怎么选择其实取决于当事人自己的抗打击能力。当事人抗打击能力强的，他愿意承受可能的最不利后果，这时候律师可以作无罪辩护。如果当事人不能承受，律师得尊重当事人自己的选择。比如，明明是当事人无罪的案件，结果当事人说：无罪辩护可能得拖一年才能结案，我现在认罪的话 6 个月就出去了，所以我要违心认罪。这种情况下辩护人恐怕就得尊重当事人的意愿。

当然了，这种情况下就会引出一个问题：在律师具备辩护条件的情况下，是否可以跟当事人意见不一致？比如当事人作有罪辩护，律师作无罪辩护。我们认为在不损害当事人利益的情况下，这种做法完全可以。什么叫损害当事人利益？以暴力妨碍公务案件为例，当事人要走简易程序，希望走简易程序 6 个月后就从看守所出去，这个时候如果律师坚持作无罪辩护，当事人走不了简易程序，6 个月后就出不去，这时候律师坚持作无罪辩护就损害了当事人的利益。这种情况下律师要么撤出，要么跟当事人意见一致。在不损害当事人利益的情况下，可以当事人作有罪辩护，律师作无罪辩护。好多人说这是“骑墙”，实际上这是法律赋予律师的权利。我们也注意到有的检、法机关会给律师提出要求，要求辩护人和被告人必须意见一致，这种法律要求不仅没有根据，也是错误的。

为什么这么讲？这个问题从根本上涉及律师能否独立行使辩护权。辩护人独立行使辩护权在多年前没有任何争议，近几年争议才开始出现。有学者提出了很大的批评，认为辩护人不能独立行使辩护权，我们认为这种观点是有问题的。法律上之所以设定辩护人，不是因为被告人、犯罪嫌疑人自己没能力辩护，而是因为侦查机关、检察机关、审判机关代表的都是国家，这时候就可能形成侦查、检察、司法机关思维一体化、行为一体化。为了制衡这种一体化，或者说国家为了提醒自己不要犯错误，就需要设立一个角色，这个角色是站在被告一方的角度对案件提出问题，即国家不仅仅要听被告人自己对这个案件的意见，也要听一听另外的一个独立的，或者说能站在被告人角度的专业人士对案件的意见，从而最终作出最明智的判断，这是法律上设定辩护人的真正原因所在。因为辩护人要站在被告人的角度，所以法律上也要设定一些前提，如经过被告人选择、经过被告人同意、被告人有权拒绝等。我们这种说法在刑事诉讼法上是有根据的。如果认为律师没有独立行使辩护权，那就意味着辩护人所有的权利都来源于被告人，即被告人有的权利辩护人才能有，被告人没有的权利辩护人就不能有。但刑事诉讼法对辩护人的权利并不是这样规定的。比如，辩护人介入之后有权利获得移送审查起诉意见书，但办案机关不会给当事人，当事人也没有权利要；又如，我们前面提到的阅卷，辩护律师有权要求办案机关将案卷材料给其查阅、复制、摘抄，办案机关必须给，但被告人没有这个权利（不是因为被羁押没有，即使没被羁押他也没有）；再如，开庭的时候，对任何一个同案被告人提问，辩护人都可以在场，但被告人没有这个权利，对其他同案提问的时候，被告人是不能在场的，等等。法律上如此规定就意味着法律设定辩护人角色的时候就认为辩护人是独立的，辩护人的权利是法律独立设定的，它不是来源于被告人。正因如此，法律上对辩护人和代理人使用了不同的称谓。

律师独立行使辩护权主要是相对于司法机关而言，司法机关不仅要听被告人怎么讲，更要听站在辩护方角度的专业人士怎么讲。在一些认罪认罚案件中，有一些办案机关就不理解，认为被告人都认罪认罚了，律师怎么还能作无罪辩护？我就提出来："当事人认罪了，你是不是肯定判他有罪？"法官说："肯定不是，我还得审，最后结果得看法律和证据。"我说："大家意见是一致的，被告人认罪，并不等于他认的就正确，他可能不具有专业知识、有他的顾虑、有他的固执、有他的担心，所以他认罪，但辩护人是专业人士，辩护人没有被告人的顾虑和担心，所以辩护人的意见可能更加客观，更有利于法院准确地定罪量刑，这种情况下律师提出不同于被告人的意见是正常的，既是对当事人负责，也是对审判机关负责，这是律师独立行使辩护权。"经过解释后，提出疑问的法院最后都会认同这种做法。在一些案件中，我们根本无须如此解释和沟通，一句律师独立行使辩护权就可以了，甚至一些法院还帮助我们向检察机关解释："辩护人有权独立行使辩护权。"

有些人会提这样一个问题：独立行使辩护权，能不能说被告人作无罪辩护，律师作有罪辩护？这不可以，这不是独立行使辩护权。独立行使辩护权的前提是你有义务维护当事人权益，你得先履行义务，或者说义务前置。律师不能仅强调权利本位，更要遵守义务先行。辩护人的义务是站在被告人的角度维护被告人的权益。在这个前提下，才能谈独立行使辩护权。所以我们说在方案的选择上，你可以作有罪辩护也可以作无罪辩护，也可以当事人作有罪辩护，律师作无罪辩护，但是绝不能当事人作无罪辩护，辩护人作有罪辩护。

**林东品** 刚才雄飞博士讲到作有罪辩护要慎之又慎，关于这一点，可能我有一些不同的意见。我认为作无罪辩护一定要慎之又慎。因为我们讲一个案件是否构成犯罪，往往涉及两个层面上的问题：首先是案件事实是否存在？是不是起诉书指控的一些事实？这是我们刑辩律师在整个刑事案件辩护过程中要重点审查的一个内容；其次是一个法律适用问题。从我个人的感受来讲，如果是有争议的一些案件，大概 90% 是事实上的争议，法律上的争议占比比较少，这是我们作无罪辩护的一个基本判断的立脚点。这是我想表达的第一个观点。

第二个观点，从司法实践层面而言，或者说从我们目前辩护的一些案件来看，到了审判阶段，绝大多数的案件，经过检察机关审查起诉这样一道程序，其罪名大都是成立的。那么为什么我们有一些大律师、知名律师，还要作无罪辩护呢？因为还有一部分案件确实案件事实有争议，法律适用有争议。这部分案件到什么地方去了？当事人找到了一些比较知名的、专业的、法律功底比较深厚的律师，于是就出现了有少部分律师经常会办一些被认为是无罪的案件。所以我个人认为真正无罪的案件在整个刑事司法机关追诉的过程中，占比是比较少的，而且这一部分案件又相对会集中到一部分、少部分律师手上，也就是说我们绝大多数律师面对的往往都是有罪案件。所以我们在作判断的时候也是基于案件事实的考虑和法律适用的考虑。

那么接下来就面临一个问题，即我们是作无罪辩护还是有罪辩护呢？在作判断时还要考量一个因素，如果律师不能够完全把握住这个案件是一个无罪的案件的话，可能由于律师不当地作了一个无罪的辩护，会使这个案件丧失了自首、从犯等可以从轻、减轻处罚的法定情节。也有可能我们基于对案件事实的认定和对法律适用的把握，在法庭上作了一些不符合或者不具有专业律师水准的表达，可能会使诉讼参与人，特别是法官，对律师的专业素养存在一些负面的评价，可能会间接导致案件有一个不利的处理后果，所以我个人认为对无罪案件的辩护，一定要慎之又慎，一定要把握清楚。可能由于观察的角度不一样，我跟雄飞博士有这么一个观点上的小小差异。

当然，在辩护过程中，辩护方案的协商非常重要，还不仅涉及如何出庭的问题，也涉及认罪认罚问题。我们刑事律师专业群里有一个律师讲到，在庭审中，他推翻了原来在具结书上他作为见证律师签名的量刑意见。我个人理解，具结书需要在律师的见证下，对事实对法律都由律师把关的情况下签署，到了法庭上，没有特殊的理由、特殊的事项，是不宜轻易推翻的，从而有利于认罪认罚从宽制度的推行。

**韩嘉毅**　有对话的意思了！雄飞说作有罪辩护要小心，林律师说作无罪辩护要小心，我不同意你们两个的意见，我认为无论是作有罪辩护，还是作无罪辩护都应当小心。

回到现在的主题，要协商方案。这是一个很大的话题，什么时候协商？怎么协商？我认为应该分成两部分说。在庭审之前（侦查阶段、审查起诉阶段）的协商，更多的是关注程序性辩护，关注证据的收集、证据的稳定（保全）。这种协商是随时发生的，是随着案件的进展在会见过程中发生的。比如，要不要重新鉴定？要不要调取证据？要不要排除非法证据？这些都是在会见过程中的协商，是在庭审之前的协商。

开庭之前的会见，协商方式、内容和之前的协商是不一样的。之前的协商更多围绕的是程序辩护和证据。到开庭之前的协商，围绕的主要是辩护方案的确定。这个案件我们应该怎么辩？从哪个角度辩？这是我们在开庭之前必须要掌握、把握的实体问题、方向问题，当然也包括证据问题，这种协商是要最后确定我们从哪个方向去发力和辩护。

究竟当事人和律师之间的这种合意，达到一种什么样的状态才是完美地符合法律规定的情况。这里我想强调的是，我们在协商过程中有两个基本的前提：一是不得违反法律规定，二是尊重当事人的意志。

律师凭什么独立于当事人？那是有前提和界限的，如果当事人说律师太独立了，我不要他，那么律师还独立什么？律师的任何独立也逃不出当事人的手掌心。只不过在我们国家实行以羁押为主的方式，当事人相对来说处于弱势的地位，当事人不敢发声。如果在一个普通法系的国家，当事人都是西服革履的，比律师还牛。就算在中国的法庭上，有的律师表现得有些离谱，当事人当庭就表示要与律师解除委托，我知道这种事情也发生过。

所以，我们一定要正确理解什么叫独立。独立有的时候是假的，有的时候是真的。真独立是什么？是这个案件我看准是什么就辩什么，不受他人干扰，当事人也同意。假独立是什么？是当事人、律师认为这个案件要选择策略，当事人认罪，同时律师表达与当事人的意见不同，律师要进行独立辩护，作无罪、更轻的辩护，这是假独立。

还有一种情况，当事人明明知道自己的案件可能无罪，但要求律师作有罪辩护、罪轻辩护，这种情况下也应该尊重当事人的意愿。所以说独立是有限度的，不能是完全的独立，要考虑当事人的利益和当事人的意志、当事人的意愿。

**陈雄飞** 独立行使辩护权实际上包括三个层面。

第一个层面是辩护人的辩护权独立于被告人，被告人没有的权利辩护人可以有。尽管被告人选定了律师，或者说律师是被告人选定的，但是辩护人的权利不依附于被告人，辩护人拥有独立的权利，在这种意义上律师独立行使辩护权。

第二个层面是指辩护人和当事人意见可以不一致。比如，法庭上辩护人可以作无罪辩护，被告人作有罪辩护，这叫独立行使辩护权。这种独立并不是完全独立于当事人，不能损害当事人的利益。律师损害当事人利益，当事人可以解雇律师。这种不一致其实建立在当事人认可律师的代理，并且跟律师达成一致：当事人认罪，追求一个中间结果，但当事人还是希望律师作为辩护人能把当事人的冤屈说出来，同意律师作无罪辩护。

第三个层面针对的是办案机关。办案机关无权问当事人和辩护人意见为什么不一致、无权问当事人到底同不同意律师的意见、无权问当事人如何处理和辩护人的意见不一致的问题。只要当事人没有提出异议，办案机关就不应该问这些问题，办案机关应该把被告人的意见、态度与辩护人的意见、态度区分开来。所以说，如果大家都接受了独立行使辩护权这个概念，辩护人意见和被告人意见不一致的事情就能迎刃而解。

我注意到好多人在问这样一个问题："当事人认罪了，律师也签字了，我还能不能作无罪辩护？"就此问题，我们认为：辩护人在认罪认罚具结书上签字仅仅意味着辩护人知道当事人是自愿认罪而已。辩护人不是认罪认罚的一方协议主体，除非辩护人已经和检察院商定在法庭上作有罪辩护，否则律师有权在开庭时作无罪辩护。当然，如果辩护人之前和检察院已经商定作有罪辩护，但此后在法庭上却作无罪辩护，这可能就涉及人品诚信问题了。

**林东品** 认罪认罚问题是我们目前经常碰到的一个问题。有的律师在认罪认罚具结书上签了字，到了法庭辩护的时候，却推翻了认罪认罚具结书。随意推翻认罪认罚具结书，是与认罪认罚从宽制度的设计相违背的。因为律师在具结书上签字，首先一点是跟被告人达成了一致的，是经过协商的，是认可有罪才签这份材料的；对检察院的量刑建议，也是认可的。然后案件通过开庭，确认一下罪名和刑罚就可以了。如果到了审判阶段，律师在已经从宽处罚建议的基础上，到法庭上再推翻原来的认罪认罚合意，力图争取更好的判决结果，这样做跟制度的安排设计是背道而驰的。

认罪认罚从宽制度是一个比较复杂的问题，作为一个制度安排，在实践中，很多律师对检察机关的具体操作也颇有微词；检、法两家机关也对律师随意推翻已具结的认罪认罚意见这一现象，与刑事律师做相关探讨和沟通，甚至反馈到律师协会。我觉得这个问题各方都有一些不同的想法和考量，还是需要遵循既有的规则。我讲的这些观点可能跟雄飞博士的角度不太一样，也希望律师同行，在碰到具体案件的时候，根据相应的规定，看看怎么处理更加妥当。

**韩嘉毅** 关于独立行使辩护权的理解问题，我们大家回顾一下历史，回顾一下立法的发展、变化，就会理解“独立”的含义。1980 年全国人大常委会通过的《律师暂行条例》，是恢复律师制度最早的规定。《律师暂行条例》第 3 条规定："律师依法执行职务，受国家法律保护，任何单位、个人不得干涉。"最早的规定叫"依法执行职务"。为什么会写"依法执行职务"？是因为在那个年代的特殊历史背景下，人们的观念还没有转变，对律师的作用人们会有异议，所以立法规定了"任何单位、个人不得干涉"，是为了保障律师能够正常发挥作用、履行职责。

到了1997年律师法正式颁布时，将"依法执行职务"改为"律师依法执业"。到2007年律师法依然沿用"律师依法执业"这一规定。

我们关注这种立法变化之后，回到"独立"辩护问题，为什么独立？独立于谁？独立于司法机关（排除司法机关的干扰），这是本来之意（现在我们谈的独立辩护，源自恢复律师制度之初，在特殊的历史背景条件下，才有独立辩护的含义）。所以，律师在做业务时，不能把自己的当事人都独立了，独立到把自己的当事人都抛弃了，甚至损害当事人的利益，这完全违背了法律的历史演变轨迹，这是完全不对的。

所以，《律师办理刑事案件规范》第5条特别强调"不得违背当事人的意愿提出不利于当事人的辩护意见"，原因就在于此。

（六）程序辅导和亲情安慰

**陈雄飞** 在此之前，先回应一下什么是认罪认罚的目的。认罪认罚本身可能会起到庭审简化的作用，但是认罪认罚的目的不是为了简化庭审，更不是为了降低证明标准。认罪认罚，仅仅是代表当事人对指控他的事实予以认可，对办案机关提出的量刑予以认可，这样未来对法院可能的判决也真心认可，认罪认罚的目的就是如此。所以在认罪认罚案件当中，法院该怎么审还是得怎么审，不能借此降低证明标准。有人提出："实践当中有些检察官坚持如果律师作无罪辩护，他们就不再给当事人认罪认罚待遇。"我们认为，检察官的这种理解是错误的。如果法院真正明了认罪认罚的目的，就不会认可检察官的这种观点。只要当事人对事实认可，辩护人作无罪辩护不影响认罪认罚，在这种情况下，辩护人应该让被告人明白：二人不一致，最好的结果是争取到更有利的定罪量刑空间，最差的结果是和被告人认罪认罚结果一样，不会损害被告人利益。

程序辅导，说得直白一点就是会见的时候律师得给当事人提供指导，比如怎么依法做笔录的问题。当事人说笔录就不是他说的意思，办案机关非要逼着签，这时你作为律师得告诉当事人：他有权要求办案机关如实记录，不能原本是这么说的，结果办案机关给记成那么说的。我经常举的例子：我说的是"从南来"，办案机关给记成"往北去"，二者表面上一致，但法律上有实质差别。我从南来，我可能一会儿往东拐，一会儿往西拐，但办案机关给记成往北去，将来往东拐、往西拐的辩护空间就没有了，当事人本来是有后者的意思。辩护人要指导当事人要求办案机关如实按照他的原话进行记录。又如涉及鉴定问题、辨认问题、自己怎么有效的辩解等问题，这些律师都得给当事人讲。

有关提问问题，律师必须给当事人做好辅导。以开庭提问为例，在开庭前律师必须得给当事人讲：律师要对当事人提问哪些问题、希望他回答出什么内容。当然，这个回答并不是要当事人作假，而是要基于事实。要通过律师的提问和被告人的回答让法庭有连贯性地听清楚有利于当事人的全部情节。不客气地讲，辩护人与当事人的提问和回答一应一合，就是一场无形的辩护。好多律师不重视这一点，大家对此一定要引起注意。

另外，辩护人还必须辅导当事人基于客观证据和事实回答办案机关的提问。有的时候当事人会很不愉快地问："我请了你，怎么你问的尽是对我不利的问题？你比检察官问得还犀利。"我们会告诉他："你连律师的问题都不能回答，你还指望到法庭上能回答检察官的问题吗？既然都是事实，既然都有证据，你为什么不能做出有效的回答？律师现在问你刁钻问题，就是为了让你学会将来用法律和证据作出有效回答。"

怎么辩论、怎么陈述等也是律师辅导的主要工作。即使被告人认罪了，还有一个最后认罪悔罪陈述怎么写的问题，这也需要辩护人予以辅导。

亲情安慰特别重要。我们律师要经常告诫自己：在当事人被羁押的状况下，他唯一能见到的亲人就是律师，律师去会见的时候连点亲情安慰都不给当事人，那么律师去是要干吗？在一些个别案件中，家属明知道这个案件就不会有什么辩护效果，但家属仍然要花高价请律师，原因就在于家属认为："我给他请了最好的律师，那么即使最后结果再不利，我也对得起他了。"这种情况下作为律师你就应该去给人家好好做亲情安慰。就算作为一个普通人来说，出于礼节也得表达一下亲情安慰，但是恰恰好多律师忽略了这个问题，忽略对当事人的亲情安慰。会见时当事人可能会拜托律师问询一下家人的一些情况，比如，父母身体怎么样、孩子学业情况，等等。下次再会见时当事人会问律师这些情况，结果律师说给忘了，这会让当事人非常失望。亲情安慰还涉及会见频率高低和会见时间长短问题。有好多律师会见过一次当事人后几个月都不再去会见了，这是不负责任的。辩护人最起码要有一个适当的会见频率，不能过低也不能过高。有些家属可能会苛求律师保持高频率会见，遇到这种情况我们会和家属半开玩笑半认真地沟通："你只要把我一年律师费都付足，天天去会见都可以。"律师这么谈完之后，家属也就理解了。

程序辅导和亲情安慰，尽管没有太高深的理论，但律师能不能获得当事人家属和当事人的信任、能不能在案件最后结果不利的情况下仍然获得当事人家属和当事人的感谢，恰恰是非常关键的。

**林东品** 我不知道有没有注意到这样一种现象，在多被告的法庭上，有的被告人对整个诉讼程序完全不清楚，对这个证据说没看到过，包括对自己的辩护人所问的问题答非所问，不知道该怎么回答。辩护人庭前没有对被告人进行辅导，这里涉及辩护工作基本要求的问题。特别是针对庭审，辩护人要做的工作应该是要让被告人对整个庭审程序非常清楚，每个阶段该做什么事，该讲什么话，被告人都是要清楚的。这样的话就不会出现庭审中辩护人与被告人“各说各话”的乱象，这是我想说的第一个问题。

第二个问题，有一些核心的辅导是必要的。比如，有的被告人是有自首情节的，或者被告人要在庭审中争取自首情节。有的案件是检察机关已经认可了自首，我们在庭前已确定了有罪辩护的方案，就是要保住自首情节。那么，被告人在起诉书宣读好以后，需要对起诉书指控是否有意见进行表态，包括后续庭审调查中的法庭讯问、举证质证，被告人保住自首情节这条线必须要清楚。你不能够推翻案件的基础事实，在侦查机关交代的一些基础事实一旦被推翻，就有可能导致自首的情节没有了。所以这些问题都需要辩护人与被告人在庭前做好功课。还有一种现象，被告人说认罪，但是他讲到具体事实的时候，又不认了。这些问题都是因为律师和辩护人在庭前没有进行一个很好的沟通和协商，所以我认为律师在总的辩护方案确定以后，要提供给被告人一些具体的思路。

**韩嘉毅** 关于律师的庭前辅导，应该怎样辅导？仅仅是程序辅导吗？我认为律师的庭前辅导不仅仅是程序辅导，还应该包括：

一是法律辅导。让当事人或多或少知道法律规定，比如说当事人涉及的是行受贿的案件，我要跟他讲什么叫证据裁判？我就以偷自行车的案件为例，不要直接讲行受贿。有一名盗窃惯犯，偷了十多年的自行车，但案发时在他家只找到了10辆自行车，那么法院作出判决时可能就对他盗窃这10辆自行车的事实予以认定，前面的事没有证据没法判，这就叫证据裁判。给当事人讲法律，要换个角度讲，当事人会瞪着眼睛盯着你看，然后想他的问题。讲法律要讲得浅显易懂，通过换个角度、举个例子，把法律为什么这样规定的道理讲清楚。

二是讲实践。既然是律师辅导当事人，也要讲出实践经验。当事人问，不让我睡觉，逼着我说，不承认也不行，怎么办？在实践中，我见过聪明的当事人，他跟法官讲：凡是不让我看的笔录，我不同意的笔录，我签名的那个地方写的是正楷，其他的都不是那么写的。律师要有丰富的实践经验，才能把这些故事讲给当事人听，当事人就会觉得有帮助。当事人请律师干什么？律师要比当事人的办法多，才能帮助自己的当事人。

三是讲程序。讲程序的范围太宽、太广了，比如说刑事诉讼法第 88 条规定了检察院在批捕环节可以讯问犯罪嫌疑人，在符合刑事诉讼法第 88 条第 2 款规定的情况下，嫌疑人提出要求，需要向检察官当面陈述案情的时候，检察官必须见当事人。如果案件涉及批捕问题，律师见了当事人就要跟他讲，有一个程序，可以提出见检察官，要和检察官当面说。这是第一次见当事人，一开始进入案件时，就要把这个规定跟当事人说清楚。通过见检察官，当面陈述案情，才有可能不被批捕，才有可能早一点回家。律师不说，当事人根本不知道这些。所以我总强调，律师接受委托后要尽快进入角色，没有进入角色前，不知道案件有什么情况。

在诉讼过程中，律师要跟当事人讲什么叫提取程序，把提取的规则讲清楚。还要跟当事人讲什么叫辨认？如何辨认？什么叫鉴定？鉴定什么时候送达当事人？要告诉当事人鉴定意见送达时，其有权提出异议，否则当事人都不清楚这些内容。在开庭之前，这些一系列的问题都可能发生。辅导的内容要看案件有什么特色和特点。

一旦到了开庭，律师要把庭审的过程分成几个部分，跟当事人说清楚。让当事人充分理解每一部分应该做什么事，每一部分有什么作用。如果当事人不理解，给他一张纸、一支笔，并且让他记下来。让他自己复述一遍开庭的程序。律师要把法庭画出来，告诉他法官在哪、公诉人在哪、律师在哪、当事人在哪。当事人进了法庭之后，往哪侧看就能看到律师。这样被告人提前熟悉了相关的流程，到了法庭之后陌生感和紧张感就会减少，这才叫庭前辅导。律师要把程序的每一个细节帮当事人设计好了，如宣读起诉书后，法庭会问当事人对起诉书有什么意见？谈关键点一、二、三就行，不用谈多，谈多了没用，因为后面有当事人说话的时间。实践中，有的当事人听完起诉书之后，拿着厚厚的稿子开始自行辩护，法官拦也拦不住（法官只能训他），然后当事人还眼巴巴地看着自己的律师，律师在这种情况下还不好帮助他们，这种情况出现过很多次。

律师要根据不同的案情，结合不同的情况判断程序性辅导要辅导到什么程度。这个案件有没有证人出庭、有没有专家证人出庭、有没有鉴定人出庭都不一样。程序性辅导贯穿于刑事案件的整个流程，是律师在帮助不懂程序的当事人一步一步走过刑事诉讼的全过程，这是当事人一生最艰难的时期。千万不要小看程序辅导这个环节。

**陈雄飞** 有律师说："我们想在认罪认罚案件中作无罪辩护，但法官就不同意。"我认为你要考量一下：你没有做到，是法律规定不允许，还是你没有能够成功说服法官？我们今天谈的这些我们都做到了，其他好多律师也做到了，并且做到了多件，所以我们才把成功的经验讲给大家，让大家知道这在法律上是可以的，在实践上是可行的，去跟检法机关正常沟通也是能做到的。

如果没做到，不要气馁，你要知道这个能做，不要自己就认为不能做。

**韩嘉毅** 做好被告人的思想工作，除了要让被告人知道程序的环节和过程外，还要针对不同的被告人做好不同的思想工作，有的该鼓励，有的该批评，有的该进行仪态仪表的教育（跷二郎腿、抖腿抖脚的行为会给法官留下不好的印象），不能让自己的当事人在法庭上显得流里流气，要让他表现出真诚、坦诚，认罪态度好。

但也要跟当事人说清楚，有些关键的证据要咬死了不放。律师要告诉当事人：法官可能敲法槌、敲桌子，还可能很严厉地批评你，对法官的批评你要有思想准备，批评的时候你一定要态度好，认真接受，表示要改。这些都是在做思想工作。否则当事人在法庭上一旦被法官批评一两次后就完全没有了斗志，那么律师就失去了一个战友。在刑事案件的法庭上，律师和自己的当事人是并肩战斗的战友，要做好当事人的思想工作，让他能够承受住打击。律师都不怕冲突矛盾，都要据理力争，当事人如果没有这个勇气和决心，没有一个端正的态度的话，这场仗就打得不够好、不够漂亮，当事人就不会满意。所以思想政治工作是律师开庭之前必须和当事人交代好的一项重要的工作。

## 六、依法依规

**陈雄飞** 就会见而言，依法依规强调的就是不得违法、违规。你去看守所会见，看守所墙上写着哪些不能做，比如，不能隐匿、毁灭证据，不得串供，不得抽烟，不得传递物品，不得使用手机等。这些规定很清楚，不需要多说，大家去看看守所墙上的规则就可以了。但实践中有一些事情到底能做还是不能做，大家总是拿不定主意。比如被告人家属说："孩子刚出生，他爸就被抓进去了，能不能带些孩子的照片给他看。"我发现好多律师说："这不行，不能带，看守所不会允许的。"有的家属说："我写封家信，报报平安，告诉他老妈现在什么状态、儿子什么状态，您能不能读给他听或者给他看。"一些律师也说不能。实践中这两者其实都是可以技术处理的。

带照片的风险最小，带信有一定的风险，因为你不知道他们有没有提前约定暗号。遇到这种情况，出于稳妥起见，律师不能跟家属说什么都不能带，可以带，但是同时要告诉家属："我可以带去，但原则上要征得看守所的同意。"律师到了看守所，可以把照片、信件等和看守所民警说一下，请民警检查，征得民警同意后给当事人看。一般来说，看守所都会同意看照片。信件问题有时看守所不会同意，这种情况下律师可以择其要点给当事人口述一下即可。

当然了，如果律师自己判断家属写的信有问题，那就不要帮助家属带了。比如，看不懂信里的话什么意思，问家属时，家属回复只要你一说被告人就懂。这种信律师就得小心了，不要帮助家属带。

还有一些大家拿不准的，比如，能否让被告人签署卖房协议、离婚协议、股东会决议等。不少律师认为这是当事人自己行使民事权利，因此在会见时未经看守所同意就让当事人签字并交给家属，这其实是很危险的。这些事情涉及资产处置，可能直接牵扯刑事案件中赃款赃物处理、罚金和没收财产的执行等。律师帮助当事人做完这些，如果办案机关发现资产被转移了，可能会找律师麻烦。

大家要依法依规，能帮着当事人家属处理的事情，尽可能帮着处理，但同时也要非常慎重。最好的方法是和看守所打声招呼，看守所认可了，将来有问题跟律师也没关系了。

**林东品** 这里面可能有几个关键问题，我觉得还需要交流一下。一是关于串供的问题。大家都知道什么叫串供，"供"指的是供述供词口供，串供把它"串"起来，这里面既包括同案犯之间同时到案的串供，也包括在逃的、被通缉的、还没有到案的，同案犯之间的串供，还包括与相关证人之间的串供。只要是与在押的嫌疑人、被告人供述达成一致，并且这个一致跟原来的交代不一样的，都可能构成一个串供的问题。这个问题，律师在会见中捎带口信的时候要避免发生。比如，在押人员可能会提出让你带话出来、带话进去，比如让你带出一句话："×××，一日是兄弟，一生是兄弟。"类似于这种话，我觉得就需要注意了。类似这种情况，可能涉及串供，对于涉及具体语境的案件，需要作出判断。

二是立功线索的传递问题。有的案件没有自首，没有未遂，也不构成从犯，没有减轻处罚情节，被告人可能会判死刑或无期。这时最大的能够改变量刑的因素就是"立功"。立功线索通常是在押人员自己被羁押之前已经掌握的，或者进了看守所以后听到关押在一起的嫌犯无意中讲到的案件，这个时候进行检举揭发叫立功；如果立功线索是看守所外面传进来的，甚至是买过来的，并且通过律师来传递的话，严重的话传递线索的律师是要被追究刑事责任的。

三是关于信件的传递问题。我们认为家信或其他信件，都是不能够传递的。但是律师可以带口信，也就是说，被告人家属如果写了什么东西可以交给律师，经过律师过滤以后，其觉得哪些是可以跟在押人员说的，比如孩子要高考了，成绩不错，最近身体如何，类似于这种，信件内容跟案件没有关系的，可以转告在押人员。但是要注意一点，里面写好的东西律师不能带出来，外面写好的东西律师也不能带进去。关于这个问题，司法部是有文件规定的，与案件无关的信件、物品一律不能带给被羁押人员，违反规定要受到行政处罚。

关于信息传递的问题，即哪些话律师会见完了在押人员以后可以跟家属讲，我觉得这个问题因案而异。一般来讲，敏感的话语，特别在侦查阶段，可能会涉及供词改变的话语，是我们要当心的。我个人理解，所有里面带出来的信息和外面带进去的信息，都要经过律师过滤。这个问题要碰到具体案件来具体对待。

离婚协议书能否带进去让被羁押人员签字？我认为这个不在律师的职责范围之内，因为不知道他们两个是真离婚还是假离婚。

以前曾发生过这样一件事情：有个案件丈夫被关进去了，妻子说没有律师费，还要退赃，就请公证处公证把这套房子卖掉，公证处就进看守所作公证了。后来房子被卖掉了，过了两年，丈夫刑满释放后去找公证处，他说当时关在监狱，公证处进来公证了，他在那个处境里面，同意卖房不是真实意愿。妻子跟他离婚后把财产也卷走了，就要找公证处索赔。所以律师遇到当事人家属要求带离婚协议书的情况，要拒绝当事人的这种要求。

**韩嘉毅** 我要补充的第一个问题是有关风险防范的问题。实践中，在看守所的律师会见室不够时，律师会选择在讯问室会见。这里要提醒各位同行的是，我们要养成一种严谨的执业习惯。不论是接待当事人家属时，还是跟当事人在看守所见面时，随时都要有一根弦，有我们的执业底线。要随时注意把握言谈的分寸，既不要虚假，也不要浮夸；既不要教唆他人，也不要告诉他人怎么样去违法乱纪、掩盖事实和隐瞒真相。千万不要以为在律师会见室就没有监听监控设备了，我知道一些地方的律师会见室的监听监控设备还在，我们律师不能确定其是否打开，所以不能轻易地认为在律师会见室就是“安全”的。

第二，全国律协在制定《律师办理刑事案件规范》时，把原来有一稿写过的，律师在会见过程中，可以录音录像的规定给去掉了。好多同行提意见说律协在退步。这个规定我们不去掉确实不行，因为公安部、最高人民检察院、最高人民法院几个部门一致认为这个规定不允许、要删掉，我们就只能删除。本来这样规定的目的是保护律师，以免说律师通过眨眼、眼神暗示教唆当事人，作此规定既可以保护律师自己，也可记录会见的过程，但这样的规定没有保留下来。我们都知道有一个规则是“法无禁止则可为”，对待政府、权力机关则是“法无授权不可为”，大家一定要知道。

第三，为什么没有对会见进行详细规范。我们在所有行业规则中，没有对律师的会见具体进行规范，一个重要的原因就在于律师与当事人的会见是秘密的。一个秘密的行为，还要规定必须按照一、二、三的步骤来进行是不可能的。交流的内容是秘密的，谁都不可以听见，谁都不可以看到。国家权力必须保证这种秘密成为国家的秘密，才能保证国家的律师制度得以实现。没有律师制度，这个国家的法治就荡然无存。这种秘密必须是其他人都不可获知的，本来就是两个人的秘密，没有办法规范。所以在很多的律师行业规则中，我们看不到律师和当事人会见怎样谈话的规则，因为外人听不到，也就没法去考察。

第四，关于传递信息。在我会见之前，当事人会给我或给我的助理发长长的短信、微信，问问这个事、那个事怎么办或怎么安排。对于这种情况，律师一定要转化成自己的语言，话可以带到，但不要一板一眼读一遍，总结一下转述就可以。有些内容，律师确实认为没有危险，都是家长里短的事，可以去说。但凡内容有一点危险，包括有些信息的含义模糊、语境不详的，就注意不要跨越界线了。

在看守所违规抽烟的律师都会被训诫、惩罚，律师但凡有点错，那就很危险。我每到看守所，先去看地上有没有烟头，看看别的房间有没有人抽烟，如果别的房间有人抽烟，或者警察带着嫌疑人来时也抽烟，或许我们自己也可以抽烟，否则一根烟都不要抽。有时当事人跟我要烟，我会拒绝说："你不许抽，如果因为抽烟这样的小事，我被执业处罚了，就不能帮你了，你说我们的代价多大？"我是一点都不跨越雷池半步，这是我的基本原则！

**陈雄飞**　有律师问：认罪认罚以后，对自己所有不利的证据就都得认可吗？对这个问题我个人持否定态度。也有律师问：值班律师在场签订认罪认罚具结书，如果该案件最终被定无罪，值班律师要担责吗？就此问题，我认为只要没有证据和法律解读错误，只要没有错误，值班律师不需要担责。

# 刑辩业务核心技能

## 阅卷与调查

许兰亭 / 薛火根 / 陈雄飞

作者简介


**许兰亭**

中华全国律师协会刑事业务委员会副主任

北京市律师协会刑法专业委员会副主任

北京市君永律师事务所律师

**薛火根**

北京大成（南京）律师事务所高级合伙人

中华全国律师协会刑事业务委员会委员

南京市律师协会刑事诉讼专业委员会主任

**陈雄飞**

博士，研究员

北京德恒律师事务所合伙人、刑委会主任

中国行为法学会司法行为研究会副秘书长

原司法部预防犯罪研究所预防室副主任

# 阅卷和调查

- 阅卷的分歧点
  - 阅卷主体
  - 阅卷范围
- 阅卷的技能点
  - 知识储备
  - 共同发现
  - 辅助技能
- 调查的痛点
  - 律师自身问题
  - 公权机关问题
- 调查的技能点
  - 如何靶向
  - 如何调查

**许兰亭** 会见、阅卷、调查取证都是刑事辩护律师的基本功。阅卷是基础，是把以后的辩护工作做好的基础，基础不牢，地动山摇。只有把阅卷工作做好了，才能知己知彼、百战不殆。只有把阅卷工作做好，我们才能对案情熟悉、了解，甚至烂熟于心，我们才能做好以后的辩护工作。

**薛火根** 我认为不做调查、不敢调查、不会调查的律师不是好律师。

**陈雄飞** 阅卷和调查是刑事辩护律师的基本技能，也是核心技能。这两项工作是否做好，直接关系后期的刑辩业务是否能够成功，是否能够高效。如果一个刑辩律师会阅卷，成百上千本卷宗，一两天他就可以阅完；如果他不会阅卷，几本卷宗可能他都得花上几天时间。会阅卷的律师能一目了然地发现问题，不会阅卷的律师问题摆在面前，他也发现不了。当然，阅卷与调查取证也存在若干风险，近年来很多律师在这两个方面出现过问题。这次与谈我们将根据各自的执业经验，分享执业过程中的感悟、经验和教训等，希望能有所收获。

阅卷和调查是刑事业务中的基础工作，同时也是两项风险很大的工作。实践中，很多律师对阅卷和调查的风险把握一直拿捏不准，甚至还有一些律师因为阅卷或调查中的不谨慎而身陷囹圄，大家要对此予以充分重视。这次与谈，我们会根据各自的执业经历，分享一下各自的经验、技能，也谈一谈各自的教训。

**许兰亭** 今天跟大家一起分享阅卷和调查的问题，我主谈阅卷问题。

## 一、阅卷的分歧点

**许兰亭** 会见、阅卷和调查取证是刑辩律师的基本功。我们经常说刑辩律师有“老三难”，就是会见难、阅卷难和调查取证难。我个人认为，司法实践中，阅卷问题解决得比较好，其他问题还没有完全解决。因为现在案件不管是谁侦查的，不管是职务犯罪还是危害国家安全犯罪，到了检察院以后，律师都可以阅全部卷宗，所以我认为问卷问题解决得比较好。

### （一）阅卷主体

**许兰亭** 我们先谈阅卷的主体问题。阅卷的主体，是指谁有权阅卷、谁能够阅卷。根据法律的规定，只有律师才有权阅卷。比如，刑事诉讼法规定，案件到了审查起诉阶段以后，辩护律师可以对案件材料进行摘抄、复制、拍照，所以，我们一般认为只有律师有阅卷的权利。

其他人，如犯罪嫌疑人、被告人是否有阅卷权，这个问题在世界各国都有争议，韩国、德国、俄罗斯等国有着不同的做法，在我们中国分歧就更大。有人认为犯罪嫌疑人、被告人应该有阅卷权，如果他们没有阅卷权的话律师就更没有了。其实不然，因为法律明确规定律师有阅卷权，但是刑事诉讼法第39条又规定，辩护律师可以向犯罪嫌疑人、被告人核实证据。对这个“核实”也有争议。怎么核实？核实的范围有多大？是把全部的案卷材料都交给犯罪嫌疑人、被告人，还是只交一部分？我个人认为，应该把全部的案件材料都与犯罪嫌疑人、被告人核实。但是否应该把全部案件材料都亲自交给犯罪嫌疑人、被害人，这一点还是值得讨论的。

一般来讲，通说认为实物证据，如书证、物证、鉴定意见等，直接给犯罪嫌疑人、被告人看是没问题的。但是有一些言词证据，如证人证言、被害人的陈述和同案犯的供述等，这些东西能否给犯罪嫌疑人、被告人本人看，我个人觉得要注意方式方法：辩护律师肯定是要向他核实，但不一定要把这些证据全部都交给他本人去看，我们可以归纳和抽象出一些问题，来跟他核实。这是我个人关于阅卷的主体问题的一个看法。

被告人。犯罪嫌疑人的家属、亲友有没有权利阅卷？这个可以明确地说，没有。法律明文规定，只有律师有阅卷权，亲属朋友是没有阅卷权的。

还需说明的是，第三人如新闻媒体、社会公众，肯定也是不能阅卷的，也不能向他们泄露案情。但假如你要搞一个专家论证，那么专家可否阅卷呢？我们一般的做法是，如果案件已经开过庭了，这些证据在法庭上都公开出示过了，那可以给专家看，没什么问题。如果没开庭之前，我们一般还是不把证据直接给专家看，我们可以通过律师的辩护意见、案情简介、律师当场介绍等方式，给这些专家介绍案情，让他明确本案的争议焦点在哪里。如果证据材料涉及个人隐私、国家秘密，肯定是不能给任何人看的。以上是我关于阅卷主体的一个基本的看法。看看陈律师、薛律师有什么要补充的。

**薛火根**　我基本同意许律师的意见。但是我认为，犯罪嫌疑人、被告人应该有阅卷权，专家也应该有权配合律师去查阅需要其提出专家意见的案卷。

如果在审查起诉环节，犯罪嫌疑人、被告人无权阅看卷宗、详尽地核对案卷，那么犯罪嫌疑人或者被告人、律师该如何判定案件的证据问题、程序问题、法律定性问题？所以，我个人认为，在审查起诉和法院审判环节，当事人应当有权利核对案卷。当案件的证据关系犯罪嫌疑人、被告人的生命权、自由权等重大的权益时，如果他对相关的证据都没有权利进行核对，我认为很不合适，也会影响审判的效力。

此外，专家能不能阅卷？2012年修订的刑事诉讼法明确规定专家可以作为专家辅助人出庭。既然专家辅助人可以出席法庭，为何不能阅看相关材料？我想起福建的念斌投毒案，张燕生律师为此奔波了七八年，最后通过委托香港顶尖的毒理专家莫景权，否定了原鉴定的质谱图，从而使被告人无罪被改判。当然，专家阅卷应当具备一定的前提。我认为，如果某个案件需要咨询专家、询问专家，请专家出具意见或者作为辅助人出庭，那么专家当然有权阅卷。至于保密的问题，可以考虑签署相关保密协议。

**陈雄飞** 许律师和薛律师对阅卷主体问题有一定的分歧，我谈一谈我的看法。我始终认为犯罪嫌疑人、被告人有没有阅卷权和辩护人有没有权利把材料给犯罪嫌疑人、被告人阅读，这其实是两个不同的问题，二者不能等同。犯罪嫌疑人、被告人的阅卷权，是指脱离开辩护人，犯罪嫌疑人、被告人有权单独要求办案机关把案卷材料给他复制、查阅、摘抄。目前刑法、刑事诉讼法显然没有赋予其这项权利。有观点认为辩护人有阅卷权，且辩护人阅卷权来源于被告人，所以犯罪嫌疑人、被告人有阅卷权，这种论证其实是有问题的。

举两个例子大家可能就理解了。比如，人大代表是选民选举产生的，但人大代表的权利选民并不享有。又如，被告人一方的专家证人是被告聘请的，但专家证人享有的权利不是被告授予的，不是代行被告的权利。与之类似，辩护人是犯罪嫌疑人、被告人选定的，但是辩护人的权利不是犯罪嫌疑人、被告人授予的，他不是代行犯罪嫌疑人，被告人的权利，他和犯罪嫌疑人、被告人享有的权利是有区别的。按照现行刑事诉讼法，辩护人有阅卷权，但是犯罪嫌疑人、被告人没有阅卷权。辩护人的阅卷权是来源于国家对辩护人的独立权利授予，不是来源于犯罪嫌疑人、被告人本身，或者说不是来源于犯罪嫌疑人、被告人授权，所以不能从这个角度来论证犯罪嫌疑人、被告人有阅卷权。

当然，现行刑事诉讼法中没有规定犯罪嫌疑人、被告人阅卷权，并不意味着辩护人不能把证据材料给犯罪嫌疑人、被告人阅读，因为刑事诉讼法中明确规定了辩护人有向犯罪嫌疑人、被告人核实证据的权利。依照此条规定，辩护人有权利通过口头、直接给犯罪嫌疑人、被告人阅看等形式，让犯罪嫌疑人、被告人了解案卷内容。

谈到辩护人能否把全部案卷材料都给犯罪嫌疑人、被告人，或者说能否让犯罪嫌疑人、被告人知悉全部案卷材料这一问题，我同意薛律师的看法，我认为这在法律上没有障碍。既然法律规定了律师可以向犯罪嫌疑人、被告人核实证据，且没有限制核实范围，那么辩护人不应自己限制自己的权利。

至于实践当中，辩护律师在核实证据的时候要讲究一些方法，这些方法实际上是律师自我风险防范的一种方法，其作用是避免将来被办案机关诟病为通过核实证据帮助被告人隐匿、毁灭证据，或者帮助被告人串供，等等。这实际上是执业风险防范的问题，但不能把这种风险防范当成不能给当事人阅卷的理由，二者不能等同。

我个人并不赞同只给被告人讲证据内容，不给被告人看证据，以及不给被告人看同案供述的做法。对辩护人来讲，你给他讲和你给他看，没有太大区别。防范风险是必要的，但因为防范风险就不给当事人看卷宗，这个我是不赞同的。至于能否给家属阅卷，我和两位律师意见是一致的——不能给。但是在阅完卷宗之后，有些案件信息你得跟家属交流。你什么都不交流，家属请你做什么？此外，很多时候你阅完卷宗之后，你还得跟家属去核对一些事情，你还得请他帮忙去寻找一些证据，你说你不跟他讲，怎么可能呢？

关于能否给专案看案卷，如果确实要寻求专家帮助，我个人认为相关的案卷材料还是应该给专家看。当然，在请专家做辅助人的时候，也要和专家约定一下保密义务。此外，阅卷问题还涉及能否把案卷资料给本所其他非受委托担任辩护人的律师阅看。对这个问题，我个人认为，一般来说让本所其他律师协助一起处理案件时，法律上应该是可以把案卷材料给本所其他律师看的。因为刑事业务委托的时候，是以律所名义接受委托的，我们辩护人是律所指派的一个人而已，真正的受托主体是律师事务所。但是如果遇见特殊的案件，如涉及国家秘密案件、政治敏感案件、特殊军工秘密案件，律师已经和办案机关签订了特殊保密协议，这种情况下，就不能再把相关的材料给同所的其他律师包括助理等人，这个时候要做一个保密的隔离。

**许兰亭** 我也同意陈律师的说法，关于能不能向犯罪嫌疑人、被告人核实全部证据，理论上是没问题的，我也同意这样做。但毕竟咱们是在刑事案件第一线的，是搞实务的，所以我觉得在方式方法上还是可以探讨研究的。关于专家问题，如果是专家辅助人的话，他要出庭，一些证据材料肯定都要给他看。但是不出庭的专家，我们需要搞一个专家论证，这种情况下还是要注意一些，同样也是方式方法的问题。这是我的看法。

**薛火根** 许律师，我认为这个问题不能这样理解。如果专家辅助人能出庭，我们就给他看；如果不出庭，我们就不给他看？难道我们拿到卷宗，专家仅仅听听我们的意见就能下结论？正因为我们不是某些方面的专家，我们不太懂，所以才要听专家的意见。所以，我认为今天我们讨论的两大话题——阅卷与调查，实际上就是专业的问题要跟专业的专家去咨询、核实、调查。因此，专家应当有权阅卷。

### （二）阅卷范围

**许兰亭** 好，这个争议咱们可以暂时保留，下面我谈一下阅卷的范围问题。

其实刚才我说了，现在只要案件到了检察院，所有的案件材料都给咱们律师，我们就都给他复印回来。有的检察院做得很好，给我们提供了很大的便利，比如会把光盘给我们刻录好，整个光盘给我们。既然给我们，我们就照单全收，都拿回来。如果不给我们，让我们自己去拍照，我们就从头到尾都拍下来，一页也不要漏，一个字也不要漏，这就是阅卷的范围，这个范围很广。《律师办理刑事案件规范》中列了 14 项辩护律师阅卷时应重点了解的事项，包括犯罪嫌疑人、被告人的信息、被害人的信息、立案的过程等，基本涵盖了整个刑事案件的全部案情。所以所有的案卷材料都很重要，都要拿回来一一阅看。

现在我着重要说的是阅卷范围包不包括录音录像的问题。司法实践对这个问题一直存在争议。我们知道，对于职务犯罪的案件，审讯的时候要同步录音录像，重大犯罪、有可能判 10 年以上刑期的案件也需要录音录像。录音录像是否给律师看，或者是否给律师复制，一直是有争议的。最高人民法院、最高人民检察院的观点也不一样。

我个人的看法是，给律师看问题不大，律师查阅没有问题，律师可以到检察院去看。如果案件材料已经移送到了法院，我们可以跟法院提出来，法院也可以找检察院，让检察院把录音录像拿过来。检察院的人陪我们看录音录像、在看守所看录音录像、让被告人自己看录音录像等情况，我们都经历过，所以现在看来查阅录音录像问题不大，但是能不能复制则有争议。我刚才说了，“两高”观点也不一样。我个人认为应该可以复制，尤其是都开过庭了，证据也出示过了，这样更应该可以给律师复制。当然，理论和实践还是有距离的，这是我们争取的一个目标。

我觉得同步录音录像非常重要，在笔录和录音录像不一致时，那么以谁为准呢？应该以录音录像为准，最高人民法院也有类似的规定。我曾办理过一个案件，我的当事人被指控巨额诈骗，说跟第一被告人共同诈骗。笔录上记载他自己承认有罪，承认自己欺骗他人说他的父亲是高官、是省委书记。如果这些东西都是他自己说的，他承认自己有这些行为，那么对他定诈骗基本没什么问题。但是我们会见被告人的时候，他说他没说过他爸是省委书记的话。后来我们就坚决要求看录音录像，经过多次争取，检察院把录音录像拿出来了，我们和当地一个律师连着看了十来天。最后，我们发现他确实没有说过他爸是省委书记，而是办案人员给他归纳、整理、总结的。他自己也没有仔细看就签字、按手印了。于是我们跟法官提出这个问题，笔录中呈现的是他说他父亲是高官，录音录像里没有。后来法官就作出决定，以录音录像为准，这个案件最后被告人被判无罪。如果不看录音录像，由于有这样的笔录，恐怕离定罪就不远了。所以，我认为录音录像是很重要的，一定要看。尤其对笔录的真实性有异议的时候，一定要坚持看，即使录音录像时间再长，也必须要看。

**陈雄飞**　我个人非常同意许律师的意见，录音录像这个事情是我们刑事业务律师经常遇到的，实践中各地的检法机关对这个事情的处理不统一。有的地方认为录音录像都随案移交了，律师可以随便查阅、复制。但是在大部分的地方，办案机关要么就不移送录音录像，移送了的话，办案机关说你只能在我这儿看，不能复制。办案机关不移送、不让复制的理由为录音录像不是证据。这个事情让我一直很费解，录音录像怎么就不是证据呢？录音录像可以证明相关讯问过程是不是合法、笔录记载内容是不是当时当事人所说，以及笔录记载的内容是否真实等问题，既能证明案件真实性，又能证明合法性，而且最高人民法院的司法解释也提到，一旦录像内容和笔录内容不一致，以录像内容为准。不承认录音录像是证据，怎么还能以其为准呢？显然，这表明最高人民法院承认录音录像是证据。既然是证据，公诉机关就该移交，辩护人就可以依法查阅、复制，办案机关不应设置障碍。

**薛火根**　我认为既然大家都很关注这个问题，那么便有讨论的必要性。我们讨论的是阅卷范围，涉及和同步录音录像的阅卷问题。毫无疑问，按照最高人民检察院目前的意见，如果律师在审查起诉环节申请非法证据排除，并提出相应理由，那么律师就有权在审查起诉环节去核对同步录音录像；如果经核对发现确有问题，可以再同检察院进行良性互动，将案件妥善地先行处理。

至于在法院判决阶段，如果检方希望证明侦查环节合理合法，既可以自己主动播放录音录像，也可以由律师申请播放。对此，最高人民法院的解释也很明确：律师不光有权看录音录像，还可以拷回到办公室慢慢进行研究。这部分规定还是比较清晰的。

我想谈谈目前监察法实施后的一些问题。有人问，监察法出台以后，监察委的录音录像律师能不能看？我认为，在监察委调查期间，律师实际上不能介入。但是当案件移送检察院后，如果律师提出非法证据排除，那么检察院可以同监察委进行协商。按照法律规定，检察院可以对录音录像进行核对，那么我们律师也应该有权观看；如果案件起诉到法院，依照刚才所讲，律师可以查阅、复制录音录像。因此，我认为，对于监察委调查的案件，律师可以申请观看录音录像；如果涉及非法证据排除，可以申请监察官出庭对质。法律对此并没有作出禁止性规定。

另外，阅卷的范围实际上非常广泛。我个人认为，阅卷范围应该涵盖全部刑事诉讼文书，以及 8 大类 12 种证据等所有材料。录音、录像更能证明相关的事实，为什么不能阅看？应该是可以看的。最后再提一点，按照公安部 2014 年的规定，对可能判处 10 年以上有期徒刑的重案，讯问时应该同步录音录像。所以律师朋友也要注意，如果当事人提到存在非法取证的情形，律师应当也必须调阅录音录像并开展相关调查。

**许兰亭**　我也同意两位的观点，录音录像非常重要，最起码我们必须能够阅看，至于说复制，恐怕还有好长的路要走，但是我们会争取。这个问题我就说这么多了。

## 二、阅卷的技能点

**许兰亭**　下一个问题是阅卷的技能点，也就是说怎么能又快又好地阅卷。刚才雄飞律师也说过，有经验的律师拿到很厚的案卷也可能一两天就看完了，没经验的律师好几天也看不明白。所以说，阅卷是有技能、有方法的。

### （一）知识储备

**许兰亭** 我简单谈谈阅卷的技能点。作为律师一定要有知识储备，这个知识有很多，首先是法律知识，其次是其他各种社会知识。我们是法律人，是刑辩律师，首先要熟悉法律、精通法律，否则还当什么律师？律师和教授不一样，有的学者搞理论研究，不接触被告人，我们是要解决问题的。现在被告人被抓了，有可能面临死刑、重刑，我们律师是要解决问题的。所以律师的知识储备方面一定要全、要精通。法律知识我认为主要有以下三类。

第一类是实体法的问题。实体法的问题就是罪与非罪、此罪彼罪、罪轻罪重等问题。第一，对于罪与非罪问题，打个比方，如是权钱交易还是礼尚往来或投资理财收益？有权钱交易就是受贿，但如果是后两种，跟职权没有关系，就不算受贿。是强奸还是通奸？是故意杀人还是正当防卫？这都是罪与非罪的问题有很多这样的案件：确实有人死亡，一开始按故意杀人罪把人抓了，后来经媒体曝光后，各方争论，发表各种意见，最后案件又反转了，认定本案是正当防卫不按犯罪处理。这就是罪与非罪的问题。

第二，对于此罪和彼罪问题。像贪污受贿罪的最高刑是死刑，因为它的主体是国家工作人员，如果是非国家工作人员，那就是职务侵占罪和非国家工作人员受贿罪，最高刑期是 15 年，与贪污受贿罪的刑期是不一样的。像贷款诈骗罪，最高刑是无期徒刑，骗取贷款罪的最高刑是 7 年有期徒刑。组织妇女卖淫罪原来是有死刑的，现在没有死刑，最高刑也是无期徒刑，但如果是容留、介绍、引诱妇女卖淫罪，量刑就轻多了。所以说，此罪和彼罪罪名不一样，量刑也不一样。另外，有的罪名给人感觉就不好。比如，有的被告人被定了强奸罪，家属就觉得抬不起头，没脸见人，易受歧视。但如果定个什么伤害，就觉得还好接受一些。所以罪名不一样，给人的感受也是不一样的。

第三，对于罪轻罪重问题。刚才我说了，有的罪名有死刑，有的罪名没有死刑，有的罪名可以判处免予刑事处罚或者缓刑。同样在定罪的情况下，罪轻和罪重是不一样的，少一年是一年。因为服刑期间减刑也是很复杂的，也是要经过很多程序的。这些都属于实体法的问题，是我们要掌握的。

第二类是程序法的问题。程序法问题就是说要讲程序正义，用程序正义来保证实体正义。只有实现了程序正义，才能保证实体正义。不能重实体、轻程序。程序问题有很多，比如，管辖有没有问题？回避有没有问题？辩护人是否有辩护资格？是否存在有的证据没有经过控辩双方的举证质证，结果法院判决书直接引用了的情况？检察院指控的是 A 罪名，结果法院在事先没有通知控辩双方的情况下突然就改成了 B 罪名？程序问题有很多，我们只有心里有数，才能发现这些问题。所以说，程序问题也是我们辩护律师必须进行知识储备的。

第三类是证据问题。打官司就是打证据。证据种类、证据分类、证据规则、证明标准、“疑罪从无”、排除非法证据等，都属于证据问题。如果我们对证据问题熟悉了，阅卷的时候才能发现问题，才能为辩护做好准备。

刑事辩护律师的知识储备内容，我认为主要有以上三类。当然，作为律师还要有其他方面的知识，如人文、地理、风土人情等。如果你是做证券、金融业务的律师还要有一定的证券知识、期货知识等。知识有很多，跟我们有关的我们要多学习，不懂的就问。如果对相关知识真是一点都不懂，像涉及证券、期货之类的业务，最好你就别接，或者你不要自己单独接，要找一个有经验的律师与你合作。所谓艺不压身，能多学还是要多学一些。有关知识储备的问题。我就先说这么多。

**薛火根** 做几十年律师的感觉是什么呢？如果缺乏足够的知识储备，不要说阅卷，可能做什么都很困难。我们经常开玩笑，说不做“两本通”律师，“两本通”指刑法一本通和刑事诉讼法一本通。单凭“两本通”就能处理好阅卷、调查取证吗？就能把案件顺利办妥吗？我认为肯定不能。因为国内目前的法学教育只涉及法律，而有些国家则是先学理工科，再学法律。所以，我认为，不要说“两本通”，就算把张明楷老师的别名为“黄太厚”的《刑法学》一书全背会了，也解决不了问题。

现在全国真正做得非常好的律师，很多都是“双证”律师。我们所谈论的知识储备也不单纯是法律知识的储备，还包括综合素质的储备。知识储备不充足的人，很难成为优秀的律师。

我自己总结出一个优秀律师的标准，在这里分享给大家。优秀律师应该是什么？我认为，首先，优秀律师应该是一个正直、善良的人。其次，优秀律师是某方面的法律专家，除了精通自己的专业领域外，也必须了解其他的一般性法律。我一直认为，律师和医生是类似的。医生是由全科医生过渡到专科医生，我们律师的知识储备顺序也应当是先成为全科律师，再转为专科律师，最后进化成为全科律师基础上的专科律师。这样才能成为顶级律师。再次，优秀律师也应该是博学家。案件千变万化，律师对各行各业也应该尽量去了解、学习。当然，如果确实不懂，还可以找专家咨询。我们律师应该像神探一样，穿透式地去发现案件真相。最后，优秀律师还应该是心理学家。准确把握各方当事人的心理，对办好案件至关重要。综合性知识储备是非常重要的，没有充足的知识储备，很难把案件看懂、办好。

**陈雄飞** 我在两位老师所谈内容的基础之上，也来谈一下这个话题。这个话题是谈阅卷的技能点，我们几个都同意把知识储备放在第一点。理论指导实践，阅卷是实践，做好实践的前提是必须具有理论指导。

我所说的这个理论不是指大道理，而是指阅卷必备的各种知识、各种理论。要是没有这些知识理论，我们后边即将谈到的画表格、列数据、摘抄等技巧性工作就会大打折扣。阅卷的目的是要发现问题。问题从哪发现？我经常举这个例子，给你一张X光片，你能看到什么？没有医学理论的你看到的就是一堆骨头在那片子上放着。同样的X光片，你要给一个经验丰富的专家医生看，他一下子能看出若干个病灶来。为什么医生能看出来？因为他有知识储备，有理论，这就叫理论指导实践。我们看卷宗也是一样。看卷宗的目的就是看出对方的问题，找到对我们有利的东西。你脑子里边有这个问题，有这个前提，就能看出来；如果没有，就看不出来。

首先，要有基本的刑事业务法律知识储备，这是做刑事律师的基本技能。如果你连刑法和刑事诉讼法的知识储备都没有，某个犯罪你连它的基本构成都没搞清楚，那你阅卷一定不会有好的效果。

其次，要有刑事法之外的知识储备，这对律师而言十分关键。你要是具备基本的法医知识的话，那么在代理一些伤害案件时，你就能迎刃有余，一下子就能看出问题来。如果你要代理商事案件、金融证券犯罪案件、税务犯罪案件，没有金融、证券、财税方面的相关知识是不行的。比如，一宗涉及土地转让的贪污案件，被告人在土地开发合同上写明地上建筑物免费给他的家属。办案机关指控是贪污，理由是卖地时地上建筑物怎么能不算钱？当事人自己也不懂，自己也认为是贪污。但如果你要真的懂房地产方面的知识，你就知道买地时地上建筑物不算钱很正常。为什么呢？关键看它是一级开发还是二级开发，二级开发地上建筑物算钱，一级开发地上建筑物不能再单独算钱。你要是不知道这个，你阅卷时就不会发现问题，就不能成功实现无罪辩护。又如，代理虚开增值税专用发票案件，一些律师一看虚开的发票是增值税专用发票，就想当然地认为是虚开增值税专用发票罪，这其实是不对的。在有些案件中，虚开的发票虽然是增值税专用发票，但是增值税并没受损失。以实践中的燃料油变票业务为例，虽然虚开的发票是增值税专用发票，但实际上增值税并没受到损失，国家受损失的仅仅是消费税。律师如果有这方面的知识储备，就会发现这种案件不能定虚开增值税专用发票，只能定逃税罪。对于逃税罪，法律规定了行政程序前置，辩护人可以据此作无罪辩护。

最后，大家头脑当中得有证据知识的相关储备。以证据的证明标准为例，在很多受贿案件中，一些律师认为被告人承认受贿，行贿人也承认行贿，所以这个案件的被告人就肯定构成受贿罪，没有无罪辩护的空间。这是典型的欠缺证明标准相关知识储备的表现。受贿人承认了，行贿人也承认了，但如果没有行贿资金来源，仍然有很大的无罪辩护空间。证明逻辑体系上也是如此。比如，一起很典型的故意伤害致人死亡案件中：被告人承认自己在多人打斗现场拿刀捅了医院的死者；多名证人证明见到被告人在打斗现场拿刀捅了一个人腹部；鉴定意见证明送到医院的死者是因腹部受锐利工具致伤而死亡。如果你的证明逻辑体系知识储备不够，你会认为上述证据已经形成证据链，可以排除合理怀疑，但其实并非如此。第一，被告人并不认识他捅的人，打架也是瞬间完成，他从来没见过医院的死者，这种情况下他的笔录中承认他捅的那个人就是医院的死者，这本身就明显有问题。第二，证人说见到被告人拿刀捅了人，证人能证明被告捅的那个人就是医院的死者吗？证明不了。第三，送到医院的伤者中有一人死亡，且伤口在腹部，但现场是不是还有人打群架后没找到？是不是还有一些人受伤后没有接受身体检查？换句话说，证据能否认定只有一人腹部受伤？第四，现场斗殴中是否还有其他人也持有锐利性工具？等等。我们在此不再一一列举。如果你没有证明逻辑体系的知识储备，你阅卷时就不会关注并有意识地查找这些疑点，巨大的无罪辩护空间就会在你眼前关闭。

总之，没有知识、理论储备，就提不出问题，也发现不了问题，更解决不了问题。

**许兰亭**　对，我非常同意你们的观点。为什么律师需要经常加班？因为要不断学习，要终身学习，律师是这么一个职业。有人说律师从来不加班，为什么？因为他从来不下班，他要不停地学习，不停地充电。不管是老律师还是年轻律师，一直都在充电，否则就跟不上形势的发展。以前有人经常说一句话，要想给学生一杯水，你自己要有一桶水。我们做律师也是一样的，没有金刚钻就不要揽瓷器活。当然了，薛律师说专业性问题可以找团队可以找专家，但是团队、专家毕竟不能代替自己处理所有问题。

我记得张燕生大律师说过，助理看卷的水平是助理的水平，律师看卷的水平是律师的水平。就是说助理不能代替律师，所以说知识储备很重要，不然就发现不了问题。因为我们阅卷的目的是发现辩点、发现问题，没有知识储备就发现不了问题。

**薛火根** 关于这个问题我想作一些补充。实际上，律师不能单纯地阅卷。德肖维茨曾说，律师职业是由法官、陪审团、高级合伙人、当事人等打分的一系列无休止的考试。我想再补充一句：每一个案件都是一场大考。现实确实如此。一个律师如果缺少足够的知识储备，在任何领域都难以成功。我刚工作时担任过法医，之后开始做律师时，民事、刑事案件都做，后来，我觉得还是要进一步专注于刑事业务。这就好比全科医生做得差不多时，做专科医生就更有意义。实际上我还关注民商事案件，而目前的刑事案件很多都跟民商案件有关联。当然，我们也可以找一个民商团队一起做研究，但是我们本身也应当具备相应的素质。

### （二）共同发现

**许兰亭** 我们下一个问题是共同发现，什么叫共同发现？刚才说了，我们要尽最大努力去维护当事人的合法权益，我们阅卷的目的是发现辩点，找出卷宗当中对我们有利的地方；不利的地方我们也要一清二楚，知道不利点在哪里。共同发现就是说我们自己全面、认真、细致地看卷宗是一方面，但也不能孤军奋战、单打独斗，当我们在阅卷中发现一些问题时，要去见一下当事人，问问是怎么回事，让他给你解释、澄清，这样就可能事半功倍。

有的时候，当事人的家属、朋友对案件相对比较了解，对案件发生的背景以及被告人和被害人之间、举报人和被举报人之间的复杂关系也更了解，能给你提供很多的支持，给你介绍很多情况。当然，就像薛律师一直强调的，团队、专家也可以帮助我们解决很多专门的问题。所以说，共同发现就是大家齐心协力，发现辩点，找出对我们有利的东西。

**陈雄飞** 共同发现这一点我们做刑事业务的律师应该都有感触。它实际上跟前面提到的与当事人核对证据息息相关。虽然当事人要听律师的法律专业分析，但是在很多非法律问题上，有的时候律师其实是向当事人学习的，比如一些专门的证券、期货、资金监管问题等，往往当事人在这些领域的知识强于律师。

我们经常跟办案机关开玩笑说我们学习比你们有优势，你们想学习，只能自己研究或者请第三方讲解，他们往往谈不到点子上。我们去向我们的当事人请教，当事人会一针见血、清清楚楚地把这个问题给你讲得明明白白。很多出了事的当事人，往往在业内都有一定的影响，他们自己的专业能力都很强。他们在刑事法律风险防范上不如律师，但是在他的专业领域上可能远胜于律师。这种情况下，要想尽快地把案卷全部掌握，就要虚心向当事人请教，或者与当事人共同探讨，这没有坏处。

此外，如果想阅卷效率更高的话，当事人家属也不能忽视。很多家属也有相应的专业知识储备，而且还能给你提供好多他所了解的相关证据信息，这些都不能忽略。当然如果能请专家就更好了。

还有一点，刚才许律师在前面也谈到了，共同发现还涉及让律师助理阅卷的问题。律师可以让助理帮着做一些摘要性的东西，或者说文字性的东西。但是我一直主张阅卷还得是律师自己来。因为如果律师自己不阅卷，你到了法庭，或者说你去跟其他办案部门交流，会没有底气，因为你自己没有真正看过卷宗，只是看到了助理给你摘抄的部分，对案卷掌握得肯定不全面。另外，当事人请的是你，你的水平和助理的水平能一样吗？当然了，特别的情况下可能助理的水平高于律师，但是从家属角度来讲，请你做律师，当然希望你亲自出手。你的知识储备，你对案件的把握程度肯定和助理不一样。对当事人负责，你得自己阅卷；对自己负责，你也得自己阅卷。我始终认为，律师阅卷可以找助理协助，但只是协助，不是替代。你可以让助理把你标注出来的地方打字、摘抄、做成图表等，但不宜让助理替代你阅卷，不能只看助理阅卷后的摘要。

**薛火根** 共同发现指什么？很多人对这个概念可能比较陌生，但事实上阅卷的目的就在于发现。我之前办理过一起涉黑案件，被告人被指定居所监视居住半年多，这半年多来，被告人没被允许出过该监视居住的房间一步，期间从未见过太阳和月亮，身体受到了严重伤害。但被告人并不清楚法律规定的指定居所监视居住的规则。随后我们要求观看同步录音录像，发现被告人半年来一直待在一个16平方米左右的房间里，吃饭、睡觉和审讯等都在这里。这肯定违反了指定居所监视居住中关于审居分离的规定。之后我们再核实，发现正是因此而导致被告人的身体受到严重伤害。这就是通过调看审讯录像发现的。

我认为，通过阅卷，要发现以下五大问题。

第一，通过阅卷，要发现对当事人不利的相关信息、证据，或者法律事实。绝不能只关注对当事人有利的因素而忽视对其不利的因素。

第二，通过阅卷要发现疑点。也就是说，在阅卷时，哪怕是酒驾案件，当看完两遍卷宗以后，理论上，我们就应该知道哪些证据是有利的、哪些证据是不利的，需要核实的点在哪里。如果能做到这样，案件就在我心中。我们要站在客观的立场上来讨论这些问题。我们要揣摩侦查机关、检察机关和审判机关的疑惑。

第三，要阅出遗漏的信息。比如，当事人说被提审了 8 次，但是卷宗里只有 5 次笔录，那另外的 3 次他讲了什么？我们通过会见了解到，遗漏的那 3 次提审讲的是对他有利的事实，因此要申请调取遗漏的案卷材料。这是我们阅卷应该发现的问题。

第四，要阅出遗漏的人。通过阅卷，我们可能发现警方遗漏了相关的证人，甚至是关键证人，也没有对此进行调查。这时，如果经核实后对我方有利，我们既可以自行调查，也可以申请司法机关进行调查。

第五，要阅出遗漏的证据。案卷里可能存在有罪证据、无罪证据、无关证据等，这些都要找出来。如果能够在阅卷的过程中解决上述几个问题，那么我认为阅出辩点也就不会是难题了。这样的阅卷才有价值。

**许兰亭**　我再稍微补充一下。我为什么一直说律师像医生，而没有说律师像护士？护士就负责打针吃药，这比较简单。医生是要问诊、把脉、开药方的。律师也一样。律师的经验很重要，是通过无数个案例、无数次出庭积累起来的，这样才能发现案件的问题在哪里，辩点在哪里。助理可以帮忙打打字，装订一下卷宗，摘录一下案卷，但是不要指望助理去帮我们分析判断。分析判断是律师的职责，是不可推卸的。所以，谁阅卷也代替不了律师自己阅卷。

**陈雄飞** 我们前面谈了“共同”，这边薛律师又专门谈了“发现”，这个问题到此暂且告一段落，我们继续谈下一个话题。

### （三）辅助技能

**许兰亭** 下一个话题是辅助技能。我刚才说了阅卷是有技巧、有方法的，那么我们有什么方法呢？

刚才薛律师谈了五大问题，我在他的基础上，根据自己多年的实践，说几点阅卷技能上体会。

第一点，要带着问题去阅卷，带着疑问去阅卷。阅卷不是看故事、看小说，我们头脑当中要有疑问：通过阅卷要解决什么问题？这个案件到底有什么问题？是要作无罪辩护还是作罪轻辩护？带着疑问去阅卷，这是第一点，我认为非常重要。

第二点，要结合指控的罪名和所处的诉讼阶段来阅卷。在审查起诉阶段，我们只能看到起诉意见书；到了一审阶段，我们能看到起诉书；到二审阶段，还能看到一审的判决书；到了再审或者死刑复核阶段又不一样了。所处的每个阶段不一样，阅卷重点也不一样。所以，要结合起诉意见书、起诉书以及一审判决来阅卷，起诉书指控的就看，如果起诉书没指控或是已经删掉了，就没必要再看了。如果之前起诉的罪名，一审判决已经给否了，就不要再作为重点了。总之，要结合你所处的诉讼阶段，以及指控的不同罪名，来阅卷，来找重点。

第三点，阅卷、会见和调查取证要结合起来。刚才我们谈到，在阅卷时，无论当事人是否在押，有些问题我可能要去找当事人核实。当然，当事人在押的话去找他核实可能会困难一些，不在押的话会方便一些。关于会见和阅卷的顺序，可以先阅卷再去会见，也可以先会见再来阅卷，这没有固定规矩，自己觉得怎么适合就怎么来，怎么有利于发现辩点，怎么有利于搞清案情就怎么来。这不是原则问题。在阅卷中可以去会见，还可以去做一些必要的调查取证。因为纸上得来终觉浅，绝知此事要躬行。只闭门造车，读死书，两耳不闻窗外事，肯定不行。涉及需要律师亲自去现场勘查的，要到现场看一看，增强感性认识。有关这一点我不再多说，概括起来就是阅卷、会见和调查取证要结合起来。

第四点，要持续阅卷，不断阅卷。刚才薛律师也提到，诉讼过程是很长的，审查、起诉、一审、二审、死刑复核、发回重审以及再审，每一个阶段都可能有新材料，要不断地阅卷。只要有新材料回来了，就要去看，结合新的东西，再提出自己的观点。比如，我代理的一起有关恶势力的案件。这起案件经过两次退回补充侦查，在这两次退回补充侦查之间，我们认真阅读了材料，由于担心案件很快就被起诉到法院了，所以我们马上写了法律意见书，如果还没来得及提交法律意见书就已经被起诉到法院了，这样律师的作用就没发挥出来。匆忙之下我们写的法律意见书可能不是很完善，或者说没那么全面，但是把主要的观点列了出来，如犯罪嫌疑人不构成恶势力，或者不构成几个主要罪名、比较重的罪名。我们可以把观点先列出来，以期引起办案机关的重视。这样就导致了第一次发回重审。发回重审以后有新材料我们又抓紧去看，然后提意见，跟检察官交换意见，又第二次退回补充侦查；第二次退回补充侦查回来，我们还是这么做。最后这个案件起诉时去掉了恶势力这一认定，而且也减少了罪名。所以，要持续阅卷。

此外，要制作阅卷笔录。俗话说，好记性不如烂笔头。当然，每个人习惯不太一样，但我认为，如果案件比较简单，就没必要做阅卷笔录，因为你都掌握了案件情况；如果案件比较复杂，还是要作个阅卷笔录。阅卷笔录可以画图，可以制表，目的是更容易认清案件、记住案件、了解案件、把握案件。

做阅卷笔录可以按时间顺序，也可以按人物关系，还可以按事件。总之，自己觉得怎么方便、怎么好掌握就怎么做。另外，制作阅卷笔录要抓住重点，详略得当。这个案件的卷宗不管有多少，都要从头看一遍、通读一遍。我经常让助理把每一卷的目录单独复印出来，装订成册，这样我就清楚整个案件都有什么材料。如果我想找某份证据，我就跟助理说帮我找到哪一本，其中有一段是讲这个问题的，或者哪一卷是讲这个问题的，要做到心里有数。当然，有些东西不一定要细看。比如，银行的转账记录，当事人承认收到钱了，只是说笔数比较多，转来转去，他也没啥争议，那还有什么必要细看呢？又如，公司工商注册资料，这个公司从成立开始，股东不断变化，走马灯一样眼花缭乱，光公司注册资料可能就占了十多本，这种情况下如果跟案情关系不大，被告人有些没啥争议，我们就可以不作为重点。再如，集资诈骗的案件，光投资人有几万人，他跟被告人、跟集资公司都签合同，这些合同很厚，把这些合同装订起来，就有几百本案卷了。以前我们办过一起案件，其案卷有 2000 多本，检察院起诉到法院的时候是用搬家公司的车来拉的。这 2000 多本卷宗光合同就几百本，其内容都是一模一样的，只是说明这是和张三签的那是和李四签的，这个金额是 50 万元那个是 60 万元，只有这点差别，你要窥一斑而见全豹，有些案卷我们就不用再作为重点。但有的重点是绝对要烂熟于心的，根据我的经验，言词证据比较重要，因为言词证据是容易变的，容易出现虚假的。有关阅卷，我就讲这么几种方法。

**陈雄飞** 伤其十指，不如断其一指，因此阅卷一定要有重点。有好多问题在证据上仅能叫瑕疵，由于这些瑕疵可以补足，因此不能用来证明证据的违法性，也不能说有了这些瑕疵这些证据就不能使用。这些瑕疵能起到的作用基本就是让办案机关尴尬一下、难受一下，仅此而已。办案机关大不了承认瑕疵，下次改正，或者说律师你要再坚持也行，那我就重新去取证，但取到的证据的实质内容不会有任何变化。所以大家如果把精力主要放到这些瑕疵上，就会因小失大。有的律师想把这些瑕疵放大从而进行无罪辩护，这种努力基本实现不了你的目的。但遗憾的是，实践当中，我们经常看到好多律师揪的就是这些瑕疵问题。能够把证据排除，能够把事实推翻，或者在法律上能够起到颠覆性变化的不是这些可以补足的瑕疵，对此大家阅卷时要明白这一点。

刚才许律师谈到曾办理的某案件有 2000 多本案卷，我们现在正在办理一个案件，案卷已经达到近 5000 本。作为律师，看完近 5000 本卷宗需要花多长时间？我前面曾经说过，如果律师对案件领域很熟，几天就可以看完。

许律师刚才提到涉及集资诈骗、非法吸收公众存款类的案件，因为好多合同是重复的，所以基本上就可以带过了，对此我提点不同看法。办案机关往往没有精力真正对每一名当事人去调取证据，比如，案件涉及几万名被害人，办案机关可能只调了几千份证据，把几千个人的合同调出来。按照咱们目前的司法解释和相关的证据推理，这几千个人的合同只要没有相反的证据，就可以视为其他人合同都是如此。这个时候你就得每一份都看，看有没有和大部分合同不一致的合同。比如，办案机关调取的 2000 份合同当中 1999 份都给保底了，都能读出保底的意思来，但你只要找出一份不保底，办案机关就只能按照 1999 份定罪，而不能对其他未调取的合同定罪。

之前我们实践当中就有这种操作。办案机关指控了几十亿元，最后法院只认定了几千万元。我们看卷的时候非常仔细，几千份合同我们逐一翻阅，发现了有两份没保底的合同。既然有两份没保底的，就不能推论那些没找到的几千人持有的合同都保底。办案机关只能采纳我们的意见，指控的几十亿元最后只能变成几千万元，一下子就有了实际辩护效果。

**薛火根** 对于“发现”这个话题，雄飞刚才讲得很对。对律师而言，与其不分轻重地去质疑诸多证据，不如把案子看明白。我认为，质证应当抓住重点、一针见血。通过质证，要发现证据在真实性、合法性、关联性等方面存在的问题以及证据之间的矛盾之处，要做到一针见血。仅凭证据瑕疵难以解决实质问题。另外，提出反证同样应当一剑封喉。当前的司法实践对疑罪从无的司法理念的贯彻还不够，在这样的大背景下，律师更应当把握重点。

对于辅助技能，我分享一下自己的经验。

第一，律师阅卷时可以用红笔、黄笔、蓝笔分别标注或者在电脑上进行处理：有罪部分用红色，疑点、需核实部分用黄色，无罪或对我们有利的部分用蓝色，这样可以一目了然，提高效率。无关的材料先放到一边，证据目录等也要妥善整理。虽说现在流行电子阅卷，但我个人认为还是应该把起诉意见书、证据目录、补充侦查的提纲或者报告、起诉书等材料整理装订成册，特别是复杂的案件，更应如此。这样既可以在电脑上看，也可以通过书面来看。

第二，图表的可视化，也就是我们经常讲的要给检察官和法官画图制表。通过图表的形式，更加清晰地展示我们想表达的问题，这样让检察官、法官也更易于理解和接受。

第三，科学技术在不断进步，我们也要用先进的科学技术来充分诠释法律。现在已经有了专门的阅卷软件——Marginnote，它可以将 pdf 格式的卷宗直接录入，再进行电子化标记和思维导图式的排列，这对阅卷是非常有帮助的。所以我们作为律师也要与时俱进。

**许兰亭** 我再补充一点，刚才薛律师介绍了辅助技能，作为律师应该掌握、学习。我一直强调刑事案件要透过现象看本质，我们阅卷也是要抓住那些对本质有影响、对定罪量刑有影响的材料作为重点。刚才雄飞说，如果这些被害人没找到，仅找到了合同，认定嫌疑人对被害人都构成诈骗，这我也是不同意的。要是这些被害人都找到了，合同也都有了，又一模一样，我们可以不作为重点。但是如果被害人都没找到，比方说有2万多名被害人，但是真正报案的可能就1000多人，或者找到的被害人更少一些，这种情况下我们是不能全部认可的，当然要提出相关质疑。

**陈雄飞** 科技改变生活，除了发挥我们自己的理论功底之外，借助这些科技手段，确实可以提高效率。刚才薛律师说的各种平台以及各种软件，好多都可以实现快速检索、快速编辑、快速摘要的功能。当然了，我还是那句话，机器、电脑再高效，最后也是为人服务的。如果你自己不具备必要的知识储备和理论储备，即使这些材料都摘出来了，你可能仍然看不出问题、整理不出问题。由于时间关系，我们三位继续往下谈。

## 三、调查的痛点

**薛火根**　可能因为我原来做过法医，侦破过一些案件，同时也是理科生，因此我对调查特别感兴趣。我发现，从我执业到现在所办过的案件中，有百分之八十左右的案件，能实现有效成功的辩护跟证据密切相关，百分之六七十的案件，能实现有效成功的辩护跟调查有关。这就表明，我们还是要在证据方面多花功夫，才更容易发现问题。对证据而言，调查是重中之重，而且争议很多，讨论的价值很大。

### （一）律师自身的问题

**薛火根**　我们先谈谈调查的痛点，或者说难点、风险点。调查的痛点首先在于律师自身的问题。毫无疑问，我们律师自身的问题不少，而且还比较严重。我个人认为，很多律师不调查、不敢调查、不会调查。另外，有的律师办案的风险意识太淡薄，办第一起案件就出事了。我记得有位北京市海淀区的女律师，当时30岁左右，她办的第一个刑事案件是强奸案。我认为她的法律知识是足够的，她阅卷以后，觉得只要把被害人拿下，这个案件就可以认定无罪了。

怎么拿下被害人呢？被害人之前已经作了谈话笔录，陈述遭到强奸，而且有物证印证。她认为只要让被害人承认是自愿的，案件就可以反转。愿与不愿，一字之差，一个是天堂，一个是地狱。所以她就去找被害人作了笔录，同时还建议被告人的家属伪造被告人身份证，伪造被告人年龄不满14岁的假象。结果后来案发，这位律师被判了一年半的有期徒刑，很可惜。

关于调查的痛点，我认为主要还是律师自身的问题。不调查肯定行不通，不敢调查就不要当律师！我建议，如果不会调查，就多学习多请教；风险意识不够的，就多关注相关信息。只要我们能依法依规调查，再配上一双法律人的慧眼以及理性的态度，完全可以规避调查中的风险。

不调查对辩护有影响吗？我认为并非所有的案件都要调查，有些案件阅卷以后就已经比较清晰了。律师法赋予律师的权利是律师要依据事实、依据法律来提出犯罪嫌疑人、被告人无罪、罪轻、减轻、免除其责任的材料和意见。这里提醒大家注意的是“材料”和“意见”。如果不调查，哪里来的材料？如果不调查，能提供的只剩意见了。当然，在有些案件中我们可能只能提出意见。但是如果可以调查而不去调查，我认为辩护的双翼就白白地折断了一边，这样的辩护也很难产生好的效果。所以，我想强调，不调查、不敢调查、不会调查的律师，不是好律师！我们一定要用好律师的调查权，这样才能进行有效辩护。

## （二）公权机关的问题

**薛火根**　这个问题实际上是当前立法、执法理念的问题，对我们律师的调查积极性是有一定影响的。立法的问题是指，根据刑事诉讼法规定，律师调查是要经过被调查人的同意，如果不同意，律师调查就无法进行，当然我们还可以申请检察院、法院去调查。另外，调查被害人等必须要经过检法机关的许可。

虽然律师法在2017年修改后允许律师凭“三证”就可以自行调查，但刑事诉讼法对此还没有调整过来。从这个不平衡中，我们可以很清晰地看出国内立法对律师的调查权是有所保留的。司法机关对我们的调查申请有时不予理睬。这些都极大地打击了我们律师调查的积极性。我希望日后立法能够更完善，司法能够更进步，律师能够更尽职，这样我们才能用好法律赋予我们的调查权，更好地维护当事人的合法权益。关于调查的痛点，我就先谈这么多。

**陈雄飞**　我非常同意薛律师的观点。我想从另外一个度提一下调查的痛点，那就是什么时候才能调查或者是在哪个阶段上才能调查，对此问题大家实践中一直是有分歧的。我在群里边也看到一些人在问，在监察委调查期间，律师能不能和证人接触？能不能取证？能不能和行贿人接触？

我们有必要澄清一下我们使用的“调查”一词的含义。狭义上的调查就是了解情况，不包括取证，也不包括收集材料，所以我们通常把调查和取证并列提及。但广义上的调查既包括了解情况，也包括收集调取证据，比如，刑事诉讼法当中有关检察机关在办理监察委移送的案件时，使用的词汇叫退回补充调查，这个调查显然就是广义上的，既包括了解情况，也包括收集调取证据。

我们今天讨论的调查是狭义上的调查，即只是去了解情况，但不取证，不固定证据，不收集材料。在监察委调查阶段，律师能不能接触证人，能不能接触行贿人？这就涉及律师要做的事情是什么和角色是什么的问题。我们注意到有一些观点认为：法律没有说这个阶段当事人有权利聘请辩护人，所以这个时候律师当然不能接触证人，不能接触行贿人。这个说法我个人觉得值得商榷。在监察委调查阶段，律师确实不能以辩护人的身份介入，但律师可以以家属顾问的身份介入。家属说我家里人出事了，我个人请你做律师，你帮我提供一些法律建议，帮我看看家里留下的证据等，律师接受这些法律服务聘请在法律上是可以的。不能说你暂时不能做辩护人，你就不能做顾问。你既然能做顾问，你就可以用顾问的身份和证人接触，包括和行贿人接触。这时候你的工作不是取证，仅仅是了解情况，确认一下其是不是确实给被留置的人行贿了。如果证人或者行贿人愿意聊，也可以提前获知具体的情况。此时你仅仅是顾问，不是辩护人，这时候你去了解情况，可能比你当辩护人的时候更安全。之所以有些律师建议这一阶段律师不要调查，主要顾虑的还是办案机关这时可能会为难律师，说律师隐匿证据、毁灭证据或者跟证人串供。这个时候律师要把握好风险，还是那句话：能做，但是要把握风险。你只是了解，但不能去串供，不能去隐匿、毁灭证据。法律上能不能做和在法律上做好自我保护，二者不能等同。不能说你律师要做好自我保护，所以法律上就不能做。

同时，也有些人问侦查阶段能不能取证？对于这个问题，一部分人认为侦查阶段能取证，但是仅限于对刑事诉讼法规定的不在犯罪现场、未达刑事责任年龄、属于不负刑事责任的精神病人等方面进行取证，其他的证据不能取。我不赞同这种观点。现行刑事诉讼法第 43 条，提到了辩护律师经证人或者其他有关单位和个人同意，可以向他们收集与本案有关的材料，也可以申请人民检察院、人民法院收集调取。按照前半句，侦查阶段律师是可以调查取证的。有人认为后半句既然是说可以向检察机关、人民法院申请调集证据，就意味着取证不包括侦查阶段，此种理解是不妥的。这一条前半句说得很明确，作为辩护人可以调查取证；后半句的意思是说，如果你收集不到，你可以向谁申请，不能理解为只能在审查起诉阶段或者审判阶段才能调取。

同时我特别提一下，刑事诉讼法第 43 条提到的是收集与本案有关的材料，这其实是一个取证的概念，从这一条我们至少可以得出侦查阶段不排斥辩护人可以了解情况，办案机关不能阻挡侦查阶段的辩护人看当事人自己保留的材料。比如，一家企业现在被指控涉嫌税务犯罪，律师到了这家企业之后，总不能说现在还在侦查阶段，我不能看你们给我提供的材料，更不能帮你们整理证据材料、提出异议，我只能给你讲一讲什么叫增值税专用发票犯罪。律师如果这样做，那么这种法律服务显然是有问题的。当然了，律师出于慎重考虑，这个阶段可以不取证，你可以把你了解到的情况向办案机关反映，请求办案机关来做。作为辩护人，我知道有客观的证据能够证明当事人无罪，出于保护自己的考量，自己不能去取证，可以向办案机关提出来。

**许兰亭**　我也补充一下。侦查阶段律师能不能调查取证？我觉得可以。在侦查阶段，律师被叫作辩护人，2012 年刑事诉讼法出台以前不叫辩护人，所以那时不方便取证，现在既然叫辩护人了，那么律师调查取证就是天经地义的，没什么问题。的确，调查取证是我们刑事诉讼中的一个难点问题，律师调查取证既困难又有风险，很多律师都不愿意调查取证，都觉得头顶上有一把达摩克利斯的利剑，随时有可能掉下来。

我记得若干年前在成都参加一次会议，讨论的主题就是律师如何防范风险和进行自我保护。我记得有一位律师说：“我的经验就是我从不取证，绝不取证，这就是我自我保护的方法。”这种说法肯定是不对的，像薛律师说的，不取证的律师就不是好律师。就像我说的，不忙的律师也不是好律师。

像我们说申请证人出庭，现在有几个证人出庭？很少，他不来。所以说我们调查取证是必须的，至于说有没有风险？有，但是你要依法依规，就没有风险。你如果不依法依规，什么案件都有风险，民事案件有没有风险？有。非诉案件有没有风险？也有。有很多律师不做刑事辩护，不也照样被抓了吗？我们办理刑事案件，只要依法依规办理就不会有风险。

法律有要求，我们就按法律要求去做。比如，接触强奸案件的被害人，要经过有关机关的批准，如果有关机关的不批准，本人不同意，那当然不能硬去给人家取证。所以，依法依规就没有风险，这是我的看法。

**薛火根**　我们在这里还是要探讨一个概念。我国刑事诉讼法、律师法赋予律师的权利是：提出相关的材料和意见。法律实际上没有要求律师提出证据和意见。所以我们律师在调查过程中调取的是“材料”。我个人认为，既然法律规定律师调取的是材料，那么这些材料就无须像公检法调取的那样必须满足证据的“三性”。对此问题大家要统一认识。

另外，在侦查阶段能不能调查？这个问题应该是明确的。虽然刑事诉讼法第38条规定，在侦查阶段律师可以提供法律帮助，可以向办案单位了解案情，并没有明确律师可以调查取证。但刑事诉讼法第42条又规定，如果我们收集到嫌疑人不在现场、未达到责任年龄、属于不负刑事责任的精神病人等证据，要及时要告知办案机关。如果不去调查，又拿什么来告知呢？所以，律师在侦查阶段应该是有调查权的。

在实务中，许多律师会说，客观证据可以大胆调查，言词证据就不要去碰了。立法实际上对律师的调查权是有所保留的，这个观点我想大家也能够接受。

**陈雄飞** 我再提一下，我们刑事诉讼法的表述也是“收集与本案有关的材料”。我注意到有一些律师说：“你们提的这些实际上还是有风险的，我刚跟一个证人接触完之后，办案机关就来找我了。”我们三人都不否认存在这种情况，也正因为有这些情况才造成了实践当中好多律师不敢去取证。但就像我们刚才所说的，法律上能不能取证是一回事，你敢不敢去取证是另一回事，至于取完证后有没有风险又是一回事。取证事宜，首先是要厘清法律上能不能，其次才是说你取的时候，怎么能够避免风险，这是我们后边要谈到的问题，也是薛律师马上重点要谈的问题。

**许兰亭** 对，我也补充一句话，不调查取证不会有好的效果，很多案件之所以取得了比较好的效果，如无罪、大幅度地减少罪名等，都是经过调查取证的。

## 四、调查的技能点

**薛火根** 下面我们讨论第四个问题。关于调查的技能点，实际上成为一名优秀的刑辩律师只有技术是不够的，还要有能力。技术和能力是两个方面的概念，要结合在一起。

### （一）如何靶向

**薛火根** 我们讨论调查的技能点，第一点要谈谈如何靶向，靶向也是一个医学用语。我们律师要以问题为导向，要精准调查并精准打击。我认为，调查应该建立在深度的阅卷、有效的会见、广泛的检索以及全面掌握案情的基础上。调查应该有必要、有可能、有效果，而不能乱调查、盲目调查。盲目质疑没有效果，解决不了问题，盲目调查也一样。

第二点是我们应该打开思路、应调尽调。我们不要老想着言词证据，不要老想着找污点证人去调查，不要老想着找被害人调查。我们要打开思路，要全面考虑 8 大类 12 种证据。我们阅卷时不是已经用红笔、黄笔、蓝笔标记问题了吗？只要有问题我们就要去核实，打开思路，应调尽调。在这里可能会涉及控方证人能不能去调查、污点证人能不能调查等问题，这些我们后续都会谈到。调查不一定是取证，也可以是核实。就像刚才陈雄飞律师所讲，调查，不一定是取证，不一定是取材料，也可能是核实，去解决疑问。

第三点是作为辩护人，对于 8 大类证据都可以调查，涉及法定的、酌定的量刑情节，更应该调查。因为侦查机关、检察机关对定性问题考虑得多。但是对于律师来说，我们要作无罪、罪轻、减轻的辩护，这个时候对于任何有利的证据我们都应该去调查。关于这个问题，我想打开思路，举一个简单的例子，但这个案件本身并不简单。

这是一个巨额的虚开增值税专用发票案件。控方收集了 4 组证据：上、下游犯罪嫌疑人的多份有罪供述、有罪的证人证言、涉嫌虚开的发票以及涉案公司与出票公司资金流转的证据，一共 50 多本卷宗。

从表面上看，犯罪嫌疑人对“犯罪事实”是承认的，好像也没有所谓的真实的交易往来，这样看是可以入罪的。如果这个案件真如表面看上去的一样，那对我来说，辩护就没有太大的意义了。但是我们在深度阅卷以后，再到涉案厂区去现场勘验，就发现了一些问题。这就又回到了我们阅卷的知识储备了。我们发现这个企业是废铝回收加工企业，就是收集废的铝灰、铝渣，从这里面再提炼、变废为宝的加工型企业。对于这种企业，它们的废铝来源都是一些个体散户，这些个体户是开不了增值税发票的。但是企业销售加工好的成品铝时是要对外开票的，这样一来就没有进项税，只有销项税。这样的话企业确实是很难经营下去。这个时候，有人说他们可以帮助提供票据，收 8 个点的费用，于是涉案公司就这样操作了，最后案发原因也是上游公司出了大问题。这就是基本案情。

通过现场了解的情况，我们认为这个企业具有向个体散户收购废铝的真实交易，并没有骗税的目的。我们认为是目前税制的问题导致了这一情况。同时，我们调取了警方并未关注的企业的真实采购的单据、真实的支付货款凭证、企业生产经营的用电数据，以及企业开业以来的纳税数据等书证，组建了辩方的证据材料并递交到检方，也为检方画了本案关系图。另外，我们还申请公诉人到企业进行现场勘验，实地考察一番。公诉人考察完毕，回过头来再看卷宗，他的观点就发生了变化，基本能够接受我们关于存在真实交易、没有骗税目的、目前是由于税制原因造成这种局面的辩护观点。后来再经过充分的交流，公诉方以事实不清、证据不足为由，作了不起诉处理。

谈这个问题，我们是想重点阐述，在本案中，我们不光收集了控方不关注的重要的无罪书证，还申请检察官到现场勘验。也就是说，让检察官透过有罪的卷宗，看到了本案无罪的法律事实。这个案件有什么启示呢？其实，不光是凶杀案件、爆炸案件等有案发现场，大多数案件包括经济犯罪案件都有案发现场。对于这些案件，如果有可能，辩护人都应该去现场勘验一下。哪怕是作量刑辩护的案件，只有到现场才能感同身受。德肖维茨曾说："现实生活中，很少有哪个案子是在法庭上胜出的。案件的成败在于事前准备——在图书馆和案发现场。"

我想我们的靶向应该是调查 8 大类 12 种证据。只要有问题，我们都要去核实；对有利的相关材料，我们都应该去调查。

**许兰亭** 我也非常同意火根说的应调尽调，不管有没有风险，明知山有虎，偏向虎山行。我们都知道有 8 大类证据，但不管它有几类，只要我们认为需要调查，就应该去调查，创造条件也要去调查。一般来讲，我们认为实践中言词证据可能风险大一些，因为言词证据是经过人的大脑过滤的，由于主观原因、客观原因的存在，它有虚假的可能性，所以一般来说对言词证据主要关注它的真实性、合法性问题，而对实物证据主要关注它的关联性问题、合法性问题。

实践中我们取言词证据可能会觉得比较敏感一些，因为很多案件主要靠言词证据，言词证据才能揭示案件的性质。像实物证据，比如菜刀、足迹、脚印、血迹，它们证明不了案件的性质，只有言词证据才能证明案件的性质，所以有些人把言词证据称为直接证据，把其他的物证、书证称为间接证据。薛律师刚才说的现场我也非常同意，不见得非要凶杀案才有现场，其他的经济犯罪案件也有现场。比如，我曾在外地代理过一个案件，案情是一名官员受贿，一位开发商把开发的房地产商铺卖给了这名官员，但是比市场价格便宜了好几千万元。我们就到商铺现场去看了，询问周边同等的房屋的价格。其实旁边的房子装修得更好，交通更便利，但是价格都没有它高。于是我们就提出鉴定有问题，法官也同意了我们所提的意见，质疑鉴定人，后来鉴定人自己说撤回鉴定，不作为材料提交给法庭了。这一下就去掉了 2000 多万元。所以不仅凶杀案有现场，其他案件也有现场。

**陈雄飞**　两位都聊得挺多，我就稍微补充两句。律师不能为了调查而调查。刚才薛律师谈了一些不调查、不敢调查，其实还有一类，就是自己都不知道为什么要调查。

我们开庭的时候，相关的同行交了一堆证据，但始终说不出要证明什么，就是觉得多调点证据，对家属有个交代。这些无用功对案件起不到作用，对家属也会产生一些不好的影响。家属会埋怨律师说你看你让我费这么大劲协助你收集证据，结果你自己在法庭上都说不出为什么要交这些证据。这其实就是律师没有把握好靶向的问题。

我同意刚才薛律师的说法，不要认为好多地方没有调查的空间，实际上所有案件、所有证据都会有深入调查的空间。比如刚才说的行贿受贿案件，行贿受贿的现场有没有调查空间？有！我们曾代理的一个案件中，行贿受贿的当事人说在××饭店给的钱。我们去了一调查，发现指控行贿、受贿的那个时间点饭店还没有建设，当时那块是片空地，饭店是几年之后才建的。这个调查的结果就要求办案机关必须重新取证，到底有没有两人见面行贿受贿事情？是当事人都记错了，还是这个事情确实就没有？

### （二）如何调查

**薛火根**　下面我们讨论如何调查，这可能也是令很多律师困惑的一个大问题。关于如何调查，我认为，在有可能调查、有必要调查、想去调查或者准备调查时，一定要注意五大事项。

第一，必要性和可能性。如果没有必要、没有可能，那就不要去调查。

第二，找别人调查要自愿合法，如果别人不愿意，我们只能提申请，申请检法机关去调查。

第三，虽然律师可以凭证件去单独会见、出庭，也可以单独去调查，但我还是建议由两个律师去调查，这样更好。我建议在敏感案件中再找一位见证人，“2+1”调查。这点完全可以向警方学习，辨认的时候他们不是有见证人吗？一人为私，两人为公，三人更为公。我觉得这还是很容易操作的。

第四，尽量在律所进行。比如，对于在南京的案子，你们两位北京的大律师不方便把当事人、证人喊到北京去，但可以到南京借我的办公室，还免费，挺好的呀！我们律师行业就应该互相帮助、互相支持，不要去宾馆、茶馆。我认为接待当事人都应该尽量在律所进行，不方便在自己办公室的时候，就可以找当地同行借用其办公室。比如，我到北京可以去找雄飞借一下他的办公室。这没什么不可以的，我觉得没有问题。

第五，尽量同步录音录像。现在人们手机不离身，录像可能复杂一点，录音是没问题的，随时随地都可以录音。当事人在委托、谈话时都可能会录我们的音，我们在这么敏感、有风险的情况下工作，在伸张正义、维护当事人合法权益的同时，也要注意保护自己。我们把手机打开，录音时告诉当事人。

我认为，这五点注意事项，大家在调查前都应当有充分的认知。如果缺乏这样的认知，可能会很麻烦、很危险。

**陈雄飞** 我接着薛律师的话往下聊，我觉得除了这几点注意之外，可能还有几点需要增加或者补充。调取证据再增加一点，就是要及时调查。为什么说及时调查呢？有些证据不去调查，可能会损毁灭失的；有些证人已经老弱病残，你不去调查，过两天他糊涂了，没法给你作证了。甚至有些特殊案件，当事人催着律师去调查，律师拖延了几天，结果重要证人突然死亡了。这种事情不是开玩笑的，这都是我们实践当中遇到过的活生生的案例。律师拖了几天，重要证人死亡，律师怎么给当事人解释？有一个案例，老太太本来身体挺硬朗的，你没有及时取证，老太太突然脑血栓了，你说遇到这样的情况怎么办？所以我们强调取证一定要及时。还有一点需要补充的就是取证风险防范。为避免说不清甚至是职业报复，取证时一定要做好自我保护，如录音、录像、第三方见证等。

此外，对于证人证言的调取，从我们通常的经验来讲，我首先要问证人你能不能出庭。如果证人说不能出庭，基本上我都不再问了。他不能出庭，就意味着到庭后他肯定不敢实事求是，办案机关只要对他有言语上的威胁等，他肯定改口。这时候你还敢取他的证言吗？这时候就不要取了，至多了解完情况后直接申请他出庭。

有些律师提道："你们取证可能没问题，我们地方小可能会被报复。"小马过河的故事和道理大家都清楚，做任何事情大家都要根据自己的情况量力而行。还是那句话，虽然按法律规定能做，但是你要自己觉得做不好，或者自己觉得做完了之后会招致报复，这种情况下就应当和当事人解释清楚，征得当事人同意，你要么解除委托，要么获得当事人体谅不去取证，要么采取申请办案机关调取等方式。

顺便提一下，我国律师取证，都是我们律师自己做记录。我考察了一下美国律师取证，他们是不允许自己记录的，取证必须找第三方记录，类似于我们中国的速记公司。此外他们的取证不是像我们最后需要签字，他们都是一边记一边就输出，像我们的出租车票子一样，一边打字一边同时输出，不能更改，记录设备上同时自带录音。这种情形下，对律师就提出了取证的技能要求，要求律师必须提前做好充分准备，这种方式也是对律师一种非常好的保护。这个域外经验值得我们参考借鉴。

**许兰亭** 雄飞，有一点我不太同意你的观点，就是你首先问证人能不能出庭作证，要是不敢出庭作证，那就不取了。我觉得倒也不一定这样，因为真正敢出庭作证的人很少，可能找了 10 个证人，他说取证可以，可以作笔录，但是不愿意出庭作证。可能这 10 个证人里面有一个愿意出庭就不错了，他可能不愿意面对大庭广众，被大家都知道，因为中国是个熟人社会、人情社会。但是证人不能出庭作证，我们就没必要找他取证了吗？我觉得还是有必要的。我们把笔录交给检察院或交给法院，法官可以去找他核实，因为他出庭的话，法官也不一定就必须采纳我们的笔录，他可能还要找证人核实的。证人能出庭更好，不能出庭的，法官、检察官也可以找这个证人核实，可能法官、检察官再找他核实的时候，他就说了真话。

另外，我觉得找证人取证的时候，律师一定要注意，一定要让证人自己说自己写，你千万不能给他写好以后让他摁个手印，或者给证人调查问卷让证人来回答，这个绝对不可以，很多律师出事都是出在这方面。一定让证人自己写、自己说，他如果不会写字，那就给他录音，但你千万不能替他，不能越俎代庖，而且你要反复交代，要证人实事求是。我经常告诉助理，作为一个律师，你就说千百次实事求是都不为过，不管是被告人问你他该怎么说，还是证人问你该怎么说，都要告诉他们要实事求是地说，是怎么样就怎么说，我不能教你怎么说。

**陈雄飞** 谢谢许律师提醒我，我刚才表达得可能不是那么精准，除了说不能够出庭，其实我想表达最核心的意思是证人跟你明确表达："我可以跟你讲，但如果办案单位来找我，我不敢对他们讲。"我实际上想表达的是这种意思。如果证人是这种状态，我建议出于律师安全考虑就不要取证了。

对当事人家属提供的证人，律师也要格外注意风险。家属可能会出于替当事人逃避罪责考虑而找一些人作伪证，我们以前在实践中遇见过。家属跟我明确地说，××× 能证明。我就跟家属讲，你现在就开着免提给那个人打电话，你别说我在旁边。果不其然，那边谈的内容一听就是二人合谋作的伪证，这种证据你就不能取了。当然，这是律师的一种防范方式。反过来讲，如果说对方在没有防范的情况下，家属打了电话，对方谈的事情确实和家属跟你说的是一致的，这种可信度就非常高了。

有一些律师问都有什么防范技巧？由于每个案件不一样，每个证人不一样，每个调取的证据也不一样，我们只能提点经验，不能把它作为一个范本。

**薛火根** 我谈谈对第二个问题的看法。在掌握了之前提到的注意事项以后，我们先来看客观性证据的调查。客观性证据调查是指对物证、书证、视听资料、电子数据的调查。调查客观性证据相对来说风险较小，对证明案件事实却很重要。

在调查时，我们应该尽可能提取原件，同时要做好笔录。这一点民商事律师调查的时候可能都做得不错。但是刑事律师往往直接就将材料送到法庭了，这种情况经常会被检察官痛批，很被动。律师对于材料的来源、构成，其能证明什么，都应该讲得清清楚楚，证明目的也要讲清楚。如果无法提取原件，我们可以拍照、复制、录像，但要记录存放地点以及持有人的信息，便于司法机关去调查核实。这是对物证、书证、视听资料、电子数据的调查。

近十年来，我们发现在经济犯罪案件中书证非常多，这一点大家应该都有所感受。所以，我们不要总落到言词证据里去。我特别想强调对勘验、检查、辨认、侦查实验的调查，如果有现场，要尽量到现场去走一走，去具体感受一番：在现场把眼睛闭上，想想卷宗，再把眼睛睁开，看看周边的情况，做到身临其境，这样的收获肯定比在卷宗里绕来绕去强很多。我们甚至可以通过重组涉罪现场来否定控方的相关证据。现在的技术律师都可以运用，画图、三维模拟等都没有问题。

在我办理的很多案件中，有的因为时间久远，已经没有了现场，但是我们可以去模拟、重组涉案现场。通过模拟、重组，我们证明某个证人在某个角度是看不到某个关键事实的，这样就颠覆了他之前的证言。所以，我们要重视对勘验、检查、辨认、侦查实验等的调查。以上是我想讲的对客观性证据进行调查的方法，两位看看还有什么需要补充的？

**陈雄飞** 我就侦查实验补充一点看法。侦查实验和鉴定有时候直接关联，为了办案的需要，律师有时必须自己做侦查实验，这实际上也面临着风险。比如，我们代理过一个制造枪支的案件，办案机关指控被告人帮助他人用射钉枪制造了一二十支枪支。当年的枪支标准还很严格，需要一定距离打穿一定厚度的松木板才符合枪支标准。办案机关做了侦查实验，做了鉴定，说符合枪支的标准。我们觉得鉴定肯定有问题，但自己做不了重新鉴定，办案机关也不同意重新做鉴定。为了证明鉴定错误，我们只能自己做侦查实验。家属买了多把射钉枪，我们和家属就在他自家工厂里按照办案机关的照片和描述做了“枪”，并磨制了各种形态的子弹。最终我们实验的结果是现有案件中的改造射钉枪肯定达不到枪支标准。有了这种实验结果作支撑，我们心里就非常有底气了。为了查明案件，律师和当事人家属一起做“枪”、一起做射击试验，这也算是职业生涯中的奇葩事情之一了。当然，这个枪支实验做完以后，我们都马上把“枪”都毁掉了。到法庭上，我结合鉴定中存在的其他问题对鉴定意见提出彻底否定，并且强调如果按照在案的射钉枪改造模式，肯定达不到枪支标准。法官当时问我为什么这么确定，我就跟法官实话实说了。我告诉法官我们自己在封闭的空间内，做了侦查实验，实验结果证明这种改造模式达不到枪支标准。我说我之所以提出这个问题来，是希望法庭能重新鉴定。如果法官不相信，我们可以邀请法官一起再做一次侦查实验。我们的胸有成竹显然影响了法官，再加上我们对鉴定提出的其他问题，最后法官对案件采取了变通性解决方案，实现了我们追求的最终诉讼结果。纵观整个案件过程，律师为了侦查实验而自己参与做“枪”，其实还是很尴尬的。做实验的时候我们还必须考虑场所的封闭性等问题，以此排除社会危害性。

**许兰亭**　我也补充一点看法。我也同意薛律师所说的要到现场去感受一番，不仅是凶杀案，其他案件也有现场。就拿我刚才说的一个官员接受房屋的案例来说，最后为什么被去掉2000多万元，就是鉴定人没去过现场，当时我们在法庭上问他去过现场没有？他说没有。问他没去过是怎么得出的结论？一平方米多少钱？他说就根据一些档案和汇报来的，导致最后他自己都承认，鉴定意见撤回，不作数了。

我代理的一个涉黑案件，一个做房地产生意的老板，他的所有犯罪事实都是由于他买了一块地，做房地产开发引起的。现在因为疫情，我们去外地有困难，我一直想到现场看一看这块地到底怎么回事，这房子是怎么回事，到底有多少商铺，有多少房屋是商住两用的等。我们在东北林区代理过一个案件，我也亲自去看过，到大山里看看，指控的事实到底能不能成立，指控有没有根据。因为到了现场以后，案件就不是平面的了，而是立体的、形象生动的。所以我主张，不管什么案件，如果有条件都应该去现场看一看。

**薛火根**　实际上大家刚才讨论了很多，都是客观性证据的调查。这些之前已经讨论了，当然我们还会继续进行下去。我也留意到很多朋友提的问题，比如，移送审查起诉以后能不能找证人核对证据，还有关于言词证据的问题，等等。接下来我们来谈谈主观性证据要怎么调查？我认为，在谈怎么调查之前首先应当特别强调、把握好“五不得”。

第一，不得误导、引诱、贿买。我前两天安排助手搜索了一下关于代理强奸案件的律师找被害人调查取证最后坐牢的，发现有很多这样的情况。因为这些律师认为，只要把控方的关键证据推翻，他们的官司就赢了。这里也不排除有律师铤而走险这样做成功过，但是这样做显然是不可以的。我记得有一个案件：律师出3000 块钱对被害人讲“你先在这个情况说明里面签个字”。这个情况说明律师事先打印好了，里面说当事人双方是互相不知道年龄的。跟被害人说先给1500块钱，事成以后再给1500块钱。这种违法办案的方式被警方一调查就露馅了。所以，对言词证据，不得误导、引诱、贿买，这是第一个“不得”。

第二，不得先行告知证人供述和作证的内容。据我了解，有些律师为了便于取证，可能会先与证人交流。我们经常批判有些侦查机关会先给证人做辅导，辅导完毕才做笔录。同样地，我们律师调查之前一定不得先行告知，这是第二个“不得”。

第三，不得事先做好笔录。现在使用电脑很方便，有的律师会事先打印好笔录，这样节省时间。根据案件的内容，通过我刚才讲的用红笔、黄笔、蓝笔标记的内容，事先做好笔录。这样做效率很高，而且取证结果基本能满足律师的需要，但是这显然也是绝对不可以的。

第四，不得同时对不同的证人进行调查。这个大家都应该知道，但是有时候当事人家属会把很多相关的证人全都召集到一块儿，在一起开会，这也是绝对不允许的。

第五，亲友不得在场。实际上，很多律师在调查的时候，当事人亲友都在场，包括专家论证的时候，也存在亲友在场的情况。当然，这样做可能不会产生严重的后果，但这里我们要反思一下，这样做是不合适的，应当避免。

所以，在调查言词证据时，我建议大家要牢记“五不得”。在记住“五不得”的前提下，再讨论怎么去调查，我觉得这样可能就会好很多。那么，控方证人能不能调查呢？污点证人能不能调查呢？

我认为控方证人当然可以调查。第一，按照全国律协下发的《律师办理刑事案件规范》，调查控方证人最好首先选择申请证人出庭接受质证，把问题摆到法庭上来。同时，辩护人在全面阅卷后，应该能够发现证人证言的错漏之处。这个时候你写申请交给法庭，法庭也要看你写的申请有没有道理，如果没有道理，法庭不会同意证人出庭；把申请交给检察官，如果检察官觉得有道理，他可以去核实，如果没道理，就不予采纳。所以，首先要赋予我们律师申请证人出庭作证的权利。

第二，如果证人不愿意出庭，但他自愿跟我们整理调查材料，我们一定要同步录音录像，起码要有录音或者录像，最好是两个律师，加一个见证人，三个人在场整理，这样就更稳妥一点。

第三，如果证人不愿意做笔录，但是他同意将当时的情况实事求是地写一份书面说明，交给我们或者交给当事人家属，这时我们一定要做提取笔录，记录书面说明的来源；我们也要给当事人家属做谈话笔录。这样，当材料递交到法庭后，我们就能说清具体情况。所以，调查控方证人是没问题的，当然前提还是要考虑到必要性和可行性。

那么，能不能调查污点证人呢？这实际上是一回事儿。污点证人当然可以调查。之前我们谈污点证人，多数就是行贿人。在监察法实施以后，可能主要还是关于行贿人这种污点证人能不能调查的问题。我认为，如果案件移送到了检方后，就可以调查污点证人了。调查方法应该同调查控方证人一样，一共三个步骤：申请出庭作证；做调查笔录一定要同步录音录像；让污点证人自书说明材料。分三个步骤来做，这样更好一些。

此外，对污点证人的调查一定要进行深入分析，不但要准确把握调查的必要性和可能性，更要注意风险防控。我们都清楚，最不靠谱的证人往往就是污点证人。这个证人可能基于跟当事人的关系本来是愿意作证的，一开始也做了相关的材料，但之后又有反复，可能又改成对当事人不利的证言了，这种情况也是有的。所以对控方证人、污点证人进行调查是没有任何问题的，但是一定要把握风险，把握分寸，吃透案情，有的放矢，正确靶向。

再就是关于对鉴定意见的调查。很多律师朋友可能在法学院读书的时候，对鉴定意见到底是客观证据还是主观证据，在认识上存在差别。我认为，鉴定意见毫无疑问是主观性证据，虽然它是基于客观材料作出的。对鉴定意见的调查虽然风险不大，但是鉴定意见本身对我们而言特别重要。所以，我提议只要是看不明白的鉴定，或者虽然将它看明白了但还没理解透，一定要咨询相关专家。咨询时可以自行拿着材料问专家，做一个专家咨询笔录。因为法律只要求我们律师提交材料，而非证据，所以我们可以在法庭上出示这样的材料。因为该材料可能促使启动重新鉴定，所以这也是最节约成本的一个方法。我们也可以请专家对 ×× 鉴定出具一个报告。公检法机关可能认为我们律师提供的材料不是证据，但这个观点其实是严重错误的。律师只要提供材料就可以，只要能帮助法庭、帮助检方把事情的原委查清，所有相关的材料都要收下来，都要仔细研究。

我们还可以申请专家辅助人出庭来把专门性问题说清楚。某律师可能对鉴定问题比较有研究，但因为他是辩护人，如果请一个专家辅助人出庭协助说明，可能法官和公诉人更容易采纳辩护意见。所以，对鉴定意见的调查也要引起大家的重视。我自己就有一个专家库，里面有各个不同领域的专家。所以我碰到问题都会请他们来交换意见，这样对我办案很有帮助。

因为时间关系，我就不再谈关于言词证据和一般证人证言的调查了。关于刚才的问题，我还是要强调，我们的打击面不能太广。当事人及家属非分的要求、不靠谱的证人、可能的职业报复等导致律师被捕的血的教训历历在目，这些大家都看得到。我们一定要有一双法律的慧眼，明辨是非。

最后，我们还是要坚持应调尽调，要重视调查客观性证据，我觉得这类证据更有分量。要多咨询专家，谨慎调查言词证据。只要依法依规、机动灵活，我们就能够用好法律赋予我们的调查权利，从而解决调查的大难题。

**许兰亭** 我补充一下。我也认为找控方证人取证没问题，找污点证人取证也没问题，有时候污点证人就是控方证人，二者有重合的地方。其实按照刑事诉讼法的规定，只有找被害人以及被害人提供的证人取证，才需要“双批准”“双同意”。所谓“双同意”就是被调查取证的人本人同意和检法机关同意。只有这个是有限制的，其他的证人只要本人同意，我们就可以去调查取证，不要有什么顾虑。另外，言词证据能揭示案件的本质，比如行贿受贿，比如是不是强奸，就那么几句话，你收了还是没收？是他索要的，还是你主动送的？你同意还是不同意？这么关键的几个字，就能决定案件的走向和案件的性质。所以说虽然言词证据比较敏感，但是该调取还是得调取。我就说这么多。

**陈雄飞** 两位律师谈得都很透彻了，我也没有太多补充。我只想强调一下：调查取证首先要说法律上是否允许，其次再说实践当中你会不会做，或者说做了会不会有风险，不要把这些问题混淆。不能说实践当中做了可能会有风险，所以就说法律上不允许。法律上允许，实践中有风险，就应该考虑怎么防范。若防范不了，或者不能处置，你要么退出，要么向当事人家属或者当事人解释取得他们的理解，要么找其他的律师一起来帮忙，要么采取其他手段来化解。但绝对不能说因为有风险，所以就告诉当事人法律上不允许。我发现实践中好多律师确实给家属就这么解释的，说这在法律上就不允许，这是不合适的。

## ——— 答疑解惑 ———

Question 1 针对鉴定机构的内部检验鉴定过程及技术规范资料，是否可以向检院提出阅卷的要求？

**陈雄飞** 这个问题中提到的鉴定机构的内部鉴定过程及技术规范资料，我理解是不是指鉴定依据的全部材料，比如，办案机关给鉴定机构提供的账目资料、做评估时提到的周边的房价或者说市场上同类产品的价格，等等。目前鉴定机构只提交鉴定意见，鉴定意见书依据的资料很多不提交。这种情况有两种解决方法：一种是律师要注意看一看，鉴定依据的材料有一些在案卷材料里边就有，就不需要再单独要了；另一种是案卷材料里边没有，比如像我刚才说的周边房屋市场价格，这种就属于我们可以向办案机关申请调取、查阅的事项。当然，你也可以“另起炉灶”，直接推翻鉴定意见。仍以评估报告为例，所谓的房屋市场价格是从哪得出来的？是从真正的市场得出来的，还是从政府的成交指导价中得出来的？大家都明白，有的时候为了避税，房产局备案的合同很多都是按照政府指导价签合同，实际成交价可能是政府指导价的几倍。这时律师就有必要去中介机构了解一下真正的市场价格，这实际上还是一个调取证据的问题。

Question2 被告人阅卷权和查阅案卷材料的权利只是名义上的区别，其实实质是一样的，可以这样理解吗？

**陈雄飞** 我个人认为实质上也不一样。什么叫阅卷权？阅卷权是指自己有权利独立要求办案机关把案卷材料给他查阅、复制、摘抄，这才叫阅卷权。辩护人有权利向被告人核实案卷材料与被告人有权独立要求办案机关把案卷材料给自己，这是截然不同的。

Question3 当事人如果不请律师，他是不是就没有阅卷权？

**陈雄飞** 按照中国目前的刑事诉讼法的规定确实是这样。被告人如果不请辩护人，确实就没有阅卷权，就没有权利要求办案机关把案卷材料交给他查阅、复制、摘抄。辩护人有权利向当事人核实案卷材料，通过这种变通的方式，当事人能够查阅到卷宗，或者了解到案卷材料，但这个不是阅卷权，这个是律师给他核实的权利。这个问题背后隐含着律师是不是独立行使辩护权、律师辩护权是来源于当事人授权还是来源于国家赋予等问题。

**许兰亭** 我简单地回应一下。刚才雄飞也说，如果没有律师，那就没有阅卷权，按照目前来讲是这样的，但是现在强调刑事辩护全覆盖，基本都有律师了。实践当中还有这样的做法，就是说他虽然没请律师，但是当法官见他的时候，他说我要阅卷，我不阅卷的话我无法开庭，我无法质证。法院考虑到要保证庭审的顺畅和效率，有时候也提前把他叫到法院让他阅卷，或者把卷带到看守所让他去阅，还有开庭的时候，当公诉人出示一份证据或者一组证据的时候，被告人说我要看卷，要不然我无法回答问题。这个时候法官也让他看，也在保证他的阅卷权。

## Question4 与被害人和解属于取证吗？需要注意什么问题？

**薛火根** 我还是要强调，我们律师就是调查材料，而不是取证。我们向法院、检察院提交的也是材料，而不是证据。与被害人和解，应该属于调查材料的一个范畴。这个说法还是要坚持的，而且法律也是这样规定的。

那么需要注意什么？首先，应该要经过办案单位的许可、同意。在此过程中，需要签订和解协议，并递交到法庭。这样和解协议就属于辩方提供的材料，是法庭量刑时一个重要的参考依据。

## Question5 调查证人时，做调查笔录好还是让证人自书好？

**薛火根** 我认为，律师作为法律工作者，有调查的权利。当我们向证人调查时，如果证人愿意，我们依法依规做调查笔录，这样更好。对调查取得的材料，法庭经过质证可以采信。至于自书的材料，我们当然也可以提交法庭，但是在提取自书材料的过程中一定要做笔录。至于怎么适当指导的问题，我认为指导就是告诉证人把自己所见所知的情况如实反映出来。我们要告知他不要作伪证，实事求是地陈述真实情况。要注意的是，我们不能事先告诉他案件的其他相关证据，这样会涉嫌引诱或者是误导。

**许兰亭** 说自书可不可以？我认为是可以的，自书比做笔录更真实，更原汁原味，他自己写的更可信，我认为没问题。至于自书以后怎么办，是不是要交给律师，律师要做一个提取的笔录？我觉得没必要，还不如直接寄给法院或者检察院，这样更好，省去中间环节。至于说需不需要指导，我们的指导就是实事求是，千百遍地重复实事求是，你知道多少就是多少，没看见就是没看见，听见了就是听见了，所以说知道多少算多少，绝对不能想象、猜测。

**陈雄飞** 大家的问题都问得非常好，但是因为时间的关系，我们不能一一作答。很多问题在我们讲课中实际上也都变相地、直接或间接地做了回答，我们以后可以进一步线下再交流。

感谢各位同行，在这么晚的时间陪了我们这么久。我们几个人也仅仅是和大家一起分享、交流一下我们各自的经验、做法以及教训，绝不意味着我们这些经验就比在座的诸位强。其实在座的诸位，可能很多人来到这个平台上讲得会比我们好，很多人技术处理上比我们更高超。我们三人之间互相切磋、互相交流，我们也和现场围观的各位同仁、各位朋友互相交流、互相学习。

非常感谢大家今天这么晚还在收看我们的节目，同时再一次对无讼平台表示感谢。借用无讼平台的口号：每晚直播晚 8 点，我们每天与大家互相学习，共同进步，谢谢大家。

# 刑辩业务核心技能

# 庭审发问

顾永忠 / 朱明勇 / 王亚林

# 作者简介

## 顾永忠

中国政法大学诉讼法学研究院教授、博导

中国刑事诉讼法学研究会副会长

中华全国律师协会刑事业务委员会副主任

## 朱明勇

北京京门律师事务所主任

中国政法大学刑事辩护研究中心联席主任

西北政法大学刑事辩护高级研究院副院长

## 王亚林

一级律师

中华全国律师协会刑事业务委员会委员

安徽省律师协会刑事业务委员会主任

安徽金亚太律师事务所管委会主任

庭审发问

- 我国庭审发问与英美交叉询问的区别
  - 在庭审中的地位作用不同
  - 发问/询问的规则不同
  - 被告人在发问/询问中的诉讼地位不同
  - 对庭审效果及裁判结果的影响不同
- 我国庭审发问在庭审和辩护中的局限性
  - 发问对象主要是被告人，对证人、鉴定人发问非常少，需要着力解决
  - 对被告人发问是双方举证质证之外的独立阶段，需要理性认识
  - 发问规则尚不成熟、健全，需要不断完善
  - 律师对被告人发问应当与质证、举证、辩论统筹设计，一并发力
  - 当庭宣判非常少，对发问效果应当理性认识
- 庭审发问的准备
  - 对被告人庭前辅导
  - 草拟发问提纲，对回答做出预判
- 如何进行庭审发问和庭审对质
  - 庭审发问
  - 庭审对质

## 一、我国庭审发问与英美交叉询问的区别

**顾永忠** 一说到庭审发问，很多人往往就联想到了英美国家的交叉询问，英美国家的交叉询问和我们中国的庭审发问有没有区别？区别又是什么？我大概给大家梳理一下，主要有以下四个方面的不同。

一是在庭审活动中的地位和作用不同。我们中国的庭审发问，包括两个部分：一个部分是庭审开始后对被告人的发问，这是法庭上必经的阶段之一；另一个部分是对证人、鉴定人以及其他有关人员的发问，这一部分不是独立的庭审阶段，而是融入法庭调查控辩双方的举证质证过程中。第一部分对被告人的发问在庭审中一般是可以得到实现的。但是，第二部分对证人、鉴定人等人员的发问，在庭审中是很少的。因为证人、鉴定人在司法实践中出庭很难，庭审活动当中除了发问之外，大量的时间、工作是由控辩双方举证、质证、辩论，而举证、质证、辩论这三个方面，其实主要是书面工作和口头工作，和发问基本上就脱离了。但是英美国家的交叉询问可不能小视，整个庭审活动几乎都在进行交叉询问。当然，需要说明的是，英美国家的交叉询问主要适用于陪审团的审判，而陪审团的审判又主要适用于不认罪案件，在这种庭审活动中交叉询问是庭审活动的主要组成部分。英美国家陪审团审判案件，大

体上是三个阶段。第一个阶段叫开场陈述（opening statement），这一般需要 20~30 分钟。最后一个阶段，终结辩论或结案辩论（closing argument），一般时间也不会太长。中间的这个阶段在干什么？交叉询问，从始至终都在进行交叉询问。所有的证人，包括我们所说的狭义的证人、鉴定人，英美国家叫专家证人、被害人、侦查人员等，一律都要出庭，接受交叉询问。不仅人证如此，涉及实物证据，包括物证、书证等，都会通过有关人员出庭带到法庭上，而在我国，实物证据都是单独进行举证和质证的，但是在英美国家交叉询问的制度下，任何实物证据都必须有人出庭把它带出来。比如，在案发现场提取的物证、书证，是谁提取的，就要由提取该证据材料的警察在法庭上出庭接受询问，对于他怎么发现、提取、保管、移送证据的情况等，都要接受询问，所以陪审团审判案件少则三五天，长则十几天，甚至一两个月，这么长的时间在干什么呢？就是在进行交叉询问。

二是我国的庭审发问与英美交叉询问在询问规则上有很大的不同。我国不能说没有询问规则，但可以说询问规则非常简单，也非常松散，甚至有的询问规则可以说是不当的，是错误的。比如，我们中国的庭审发问有一个规则，不管控方还是辩方，一律禁止诱导性的发问，这其实是一种错误的安排。英美国家的交叉询问规则极其严密，也极其严格。庭审过程中，控辩双方律师的发问要严格遵守相关的询问规则，一旦有人违反了询问规则，对方律师就要提出反对，即使对方律师不反对，有时候法官也会制止。而且发问规则的设计也是非常符合诉讼原理的。比如，律师向本方证人发问，要求一般要采用开放式的问题，而律师向对方证人发问，可以使用封闭式的问题，也就是我们经常说的诱导式的问题。这样安排是符合诉讼原理的。我们设想一下，律师向本方证人发问，必须采用开放式的问题。如果采用封闭式的问题，律师一直问本方证人，你说了这个是不是？你看到那个是不是？你听到那个是不是？在这些问题当中实际上已经包含了选择性答案，显然给法庭、给陪审团造成一种印象，律师是在诱导本方证人作证，这就会使本方证人作证的可靠性、真实性、可信性受到质疑。

但是本方律师向对方证人发问时，为什么可以采用封闭式的也就是诱导式的问题？因为向对方证人发问是建立在对方证人先为他自己的本方律师作证，在他为他的本方律师作证的基础上，本方律师发问时不能离开对方证人前面作证的范围，所以本方律师势必就会问对方证人你刚才说了什么是不是？你是不是做过什么？这就出现了封闭式的、诱导式的问题。这样问的目的又何在呢？这些封闭式的、诱导式的问题，是来者不善，是在质疑对方证人在作证中可能有虚假，甚至有撒谎，所以要对他进行质疑，进行弹劾，要动摇他的作证，所以可以采用诱导式的问题。但我国是一律不允许诱导式的问题，这就不是很恰当。

三是被告人在发问和询问中的诉讼地位不同。在我国，庭审中向被告人发问是强制性的、必经的，被告人不能不接受发问。在程序上首先由公诉人讯问，再由辩护人发问，审判人员如果有问题还可以接着讯问，被告人不能不回答。而在英美国家交叉询问制度下，被告人依法享有沉默权。如果他想行使沉默权，他可以在庭审过程中始终保持沉默，一句话都不说，包括不回答任何人的问题。既然沉默权是权利，被告人当然可以放弃，放弃沉默权意味着什么？被告人可以作为案件的证人为自己作证，这时首先由他的律师对他进行直接询问，或者叫开放式的发问。在他的律师问完之后，控方也就是公诉人势必也会对其发问，这个时候对他进行交叉询问，可以是封闭式的发问、诱导式的发问。

所以，我们可以看出，同是被告人，其在中国和英美国家诉讼制度上的诉讼地位是不同的，这种诉讼地位不同，也决定了被告人是否有权不接受或者拒绝发问，两者是完全不同的。

四是基于上面几点不同，我国和英美国家的庭审发问对庭审效果和裁判结果的影响也是不同的。首先，在我国，庭审发问在庭审中首先是次要的，因为在整个庭审活动中发问所占比重很小。

其次，庭审的主要活动是控辩双方在审判长的主持下，对庭前控方移送的书面证据材料进行所谓的举证、质证。所以，理论上把这种活动叫作“卷宗中心主义”。最后，我国的庭审发问，对于庭审的结果影响很小。今天开了庭，可能在十天、二十天，甚至半年、一年以后才可能宣判，特别是重大疑难复杂案件以及控辩双方争议大的案件，判决往往是在庭审过了几十天、几个月之后才作出，此前庭审发问的效果早已烟消云散。所以，庭审发问可能当场觉得效果很好，但实际上等到合议庭研究案件的时候，等到审委会讨论案件的时候，这些信息早就没有了。英美国家就不同了，交叉询问主要适用在陪审团审判的案件中。陪审团是由 12 个普通老百姓组成的，他们并不懂法律，但坐到法庭上就要决定被告人的命运。庭审前他们一份证据材料、一张纸都不能看，也不知道案情，他们依据什么来对被告人有罪还是无罪作出最终的裁决？依据的就是他们在法庭上全程亲眼看、亲耳听、亲自观察控辩双方对本方证人、对对方证人进行交叉询问，他们根据交叉询问的情况来了解案件事实，掌握案件证据，最后在法官的指导下，回到闭门的评议室里作出被告人有罪或者无罪的裁决，而这个裁决是当庭要作出、当庭要宣布的。大家设想一下，这种庭审上的交叉询问，对庭审的效果影响大不大？对裁判的结果影响大不大？我认为可以说这种交叉询问的影响极大。

## 二、我国庭审发问在庭审和辩护中的局限性

刚才的问题延伸下来，我们可以感受到我国庭审发问在庭审和辩护中的局限性。第一，发问对象主要是被告人，证人、鉴定人出庭接受发问很少。这个问题严重制约了庭审实质化改革的进程。党的十八届四中全会决定提出推进“以审判为中心的诉讼制度改革”，其实质就是要庭审实质化，而庭审实质化的核心就是要让证人、鉴定人等出庭作证，接受控辩双方的质证询问，但是现在司法实践中还是很少有证人、鉴定人出庭，这是下一步要着力解决的问题。

第二，对被告人的发问在庭审中是独立于举证和质证的另一个独立阶段，这样一种程序设计、制度安排是需要反思的。大家知道庭审一开始先由公诉人讯问，之后才开始律师发问以及审判长的讯问，而这些活动并不属于举证和质证的阶段，往往是讯问结束以后，审判长才说“现在法庭开始进行举证、质证”。前面这一段活动称作什么，实际上在理论上和法律上是讲不清楚的，这种制度安排是我们从苏联的刑事诉讼制度和刑事诉讼法上照搬过来的。在 20 世纪 80 年代，我们中国翻译出版的苏俄刑事诉讼法典上就是这样安排的。公诉人宣读起诉书以后就是讯问被告人，而且讯问的对象不叫被告人，叫作“受审人”。

20 世纪 90 年代苏联解体以后，俄罗斯联邦对苏联的刑事诉讼法进行了多次修改，也吸收了世界上大多数国家一些具有共性的先进文明的制度。但是这个开庭后对受审人的讯问仍然延续了下来。国内理论界、实务界有同仁提出，这种制度安排其实是纠问式诉讼的残余。所以，多年来有不少学者也包括我在一些场合也提出，我们应当对这个制度安排进行反思，进行改革。但是，我国刑事诉讼法几经修改这个制度仍然保留下来了。不过，现在我国有些法律文件其实已经对此进行改良或者改革，比如，最高人民法院的《法庭调查规程》已经对被告人的讯问、发问作出了新的规定。该规程指出，如果是讯问与证据有关的问题，应当在举证、质证阶段进行。我还知道有的地方法院和检察机关已经达成默契，在讯问和发问阶段尽量少问甚至不问，以提高诉讼效率。

但是不管怎么说，现行法律还是保留了这项制度，在此情况下，辩护人还是要充分利用好这一环节，为整体上庭审的辩护发挥作用。那么，发挥什么作用？就是通过对被告人的发问，包括对同案被告人的发问，把对你的被告人有利的事实、有利的证据，在法庭上展示出来。这就是在没有改革的情况下，向被告人发问对于辩护的意义所在。

第三，发问规则很不成熟，也不健全，需要不断完善。其实，近两年有关的法律文件已经在不断作出完善的尝试。比如，《法庭调查规程》对于证人出庭以后谁先问谁后问的顺序已经作出了新规定。之前，最高人民法院的司法解释规定为，谁申请证人出庭谁先向证人发问。现在《法庭调查规程》的规定是，证人出庭以后，证人为谁作证，由谁先问，另一方后问。这基本上体现了向证人发问的诉讼原理。从而也为建立向本方证人发问应当采用开放式的问题，向对方证人发问可以采用诱导式问题的询问规则奠定了基础。

过去的“谁申请，谁先问”的方式是有问题的。在法庭开庭之前，辩护人、被告人申请证人出庭比较多，而且申请的证人往往主要是控方的证人。设想一下，如果申请了控方的证人并且其能够到庭，他是控方证人却让辩护人先问，辩护人怎么问呢？辩护人的发问本质上是质证性发问，质证是以作证为前提、为基础的。该证人还没有为控方作证，辩护人的质证发问何以谈起？所以这次《法庭调查规程》对此作了纠正，我认为非常好。但也有一点不好的东西还是保留下来了，就是不加区别地对控辩双方一律禁止诱导式的发问，这是不符合诉讼原理的，希望将来能把这个问题加以解决。

第四，律师在发问的设计安排上，要清醒地认识到把发问与后面对控方证据的质证、辩方向法庭的举证以及法庭辩论，要一并统筹考虑和设计。不能孤立地考虑怎么发问，当律师设计怎么发问、问什么的时候，必须要考虑与后面的质证、举证、辩论联系起来，进行统筹设计安排。

我们经常说律师在法庭上其实是在说服裁判者，那我们要靠什么说服？到了庭审阶段，说服的手段有四个：一是向被告人发问，二是对控方证据进行质证，三是如果有证据就向法庭举证，四是与控方展开辩论。这四个辩护手段就是说服法庭、说服法官的手段。所以，不能孤立地考虑发问，要把四个手段统筹起来设计安排，一并发力。

最后，我国当庭宣判的案件很少，现在在认罪认罚案件，特别是速裁程序案件中，法律提出了明确的要求，原则上应当当庭宣判。但是，在速裁程序、简易程序中，恐怕很少有发问询问的问题了。因为，如果被告人已经认罪，并同意适用速裁程序或简易程序，还有什么发问的必要呢？所以真正的发问还是在普通程序，特别是不认罪、重大复杂疑难案件中。而前面我已经反复强调，这些案件很少会得到当庭宣判。当庭不能宣判，其实就把当庭发问效果大大削弱了。

所以，我们辩护律师一方面，要认识到庭审发问的效果、对裁判的影响，不像我们想象的那么大；另一方面，我们不仅要下功夫做好发问，还要下功夫做好其他方面的工作。特别是要充分利用发问，并将其和其他辩护手段密切配合起来，做好庭上的辩护工作。

我想说的主要是以上两个方面的问题。我不知道朱明勇律师还有王亚林律师，就我刚才说的这些有没有需要补充的？

**王亚林** 我补充三点。刚才顾老师解释了我们的发问和英美法系交叉询问之间的差别，我再强调三点，对我们做实务的律师来说还是非常重要的。

第一点，英美法系的交叉询问有规则，而我们的规则模糊，只是规定不能威胁、误导证人，不能进行诱导式发问。而何为威胁，何为诱导式发问，以及何为误导？在我们律师的理解上，和公诉人和法官往往是存在争议的，我们国家庭审发问规则几乎不具有可操作性。

第二点，英美法系的交叉询问规则，一旦违反，有比较严重的法律后果。如果法官认为任何一方律师违背了发问的规则，会禁止你再发问，这对诉讼的一方是非常严厉的惩罚。而我们国家对于诱导式发问基本上没有明确规定法律后果如何。大不了就是法官在法庭上说："朱明勇律师你注意一点！"

第三点，对于顾老师刚刚说发问的实效非常有限。我想说的是，发问是否有效和中国的刑事辩护是否有效，这两部分完全是相适应的。我们国家的法官特别讲究证据的印证规则，如果我们通过发问，让各个被告人的供述在法庭上能够形成一种印证。我想这种印证规则对于法官的自由心证或者说内心确信，还是能够起到非常大的作用。我自己曾经经历两个贩毒案件，就是因为法庭发问让被告人供述在法庭形成了印证，把死刑改判了死缓；还有一起案件完全是通过法庭的发问，把故意杀人罪的指控改为故意伤害罪。

## 三、庭审发问的准备

**顾永忠**　好，下面就进入今天正式的核心技能——庭审发问的准备。要进行庭审发问，必须要打有准备之仗，有把握之战。所以发问之前必须要做好相关的准备。这部分由王亚林律师和朱明勇律师主讲，然后我们再进行交流。

**王亚林**　我先讲庭审的发问准备，我认为总共有以下几个方面的问题：

### （一）对被告人的庭前辅导

对被告人的辅导我认为最起码应该包括以下几点：

1. 核实证据

如何核实？关于这一点大家已经形成了共识，向被告人核实证据，我们可以采取宣读和出示证据材料的方式。

关于刑事被告人有没有阅卷权一直有争议。前不久我还读过陈瑞华教授的一篇文章：《论被告人的阅卷权》，也有很多律师认为被告人没有阅卷权。但是，无论如何，在开庭之前，我坚决认为，被告人有权在走上法庭之前全面地了解指控他的证据。这个问题很多同行谈了很多的理由，我想，顾老师应该对《律师会见规范》的建议稿有印象。《律师会见规范》（建议稿）是以中华全国律师协会名义起草的，最后虽然没有正式公布，但是反映了全国律协的官方意见。《律师会见规范》（建议稿）中规定：自审查起诉之日起，辩护律师会见时可以向犯罪嫌疑人、被告人宣读、出示案卷材料，核实证据，与犯罪嫌疑人、被告人讨论辩护意见。

2. 告知被告人庭审的程序以及注意的事项

我们要求律师在开庭前一天去会见被告人，告知他庭审的程序是我们的基本工作。具体我会告诉被告人以下几点注意事项：

（1）告知庭审争议焦点，将本辩护人拟发问的问题告知被告人，但不要告知答案。除了告知被告人庭审的程序之外，还包括在开庭之前，对被告人去进行辅导时，告知被告人庭审时辩护人将会问哪些问题，可以把我们要问的问题全部列出来。实践中，我甚至会告诉被告人，明天法庭和公诉人会问你哪些问题。我想这些都是合乎律师执业规范的。我认为，律师可以告知被告人控辩双方将要问他什么问题，但是至于他如何回答，我们应该要求他实事求是的回答。

（2）提醒被告人在回答每一个问题前，注意稍微停顿一下。这一要点的目的是有助于谨慎作答，让辩护人来得及反对，也可以观察法官的反应。

（3）正面回答问题，切忌回避和装腔作势。我们有的时候会发现有的被告人，因为已经被羁押了一两年，当他第一次向他的亲友、同事去展示他的形象时，他在法庭上有一种表演欲，装腔作势，扭捏作态，这样的话会让法庭感觉很不舒服。因此，我会提醒被告人庭审应正面回答问题。

（4）不要和交叉询问人争吵。即使讯问人发言不当或出言不逊，也不要和公诉人、审判人员争吵，否则容易被认为态度恶劣，抗拒审判。

（5）不要避讳说记不清和不知道。实事求是，能记得清就记清，记不清就是记不清，有权回答不知道。

以上五点注意事项，基本上是英美法系进行直接询问的时候，律师对他的被告人做辅导的内容。我认为，虽然我们和英美法系不一样，我们不分直接询问和交叉询问，但是我觉得上述做法依然适合我们。

关于对被告人的庭前辅导，还有一个问题必须引起我们的注意。因为控方和侦查机关基于其控诉立场，有可能在对犯罪嫌疑人进行讯问和调查时，犯罪嫌疑人的辩解、犯罪嫌疑人想陈述的事实，在卷宗材料中却从来没有出现过，那么我们辩护人就要在法庭上把它揭示出来。

我们曾经办理过一个在泰国发生的强奸案。在泰国那一天晚上，两个人发生性行为之前，到底发生了什么事，卷宗材料中从来都没有展现。但是当我去会见被告人的时候，被告人说，他进入女孩子的房间，在两个人发生性行为之前有互相的抚摸行为和接吻。除此之外，前一天晚上还没去泰国时，他们两个人还发生过性关系，但是因为男孩子的原因，男孩子即该被告人未完成该行为。之后，女孩子回到家还给他发短消息，问自己会不会怀孕？男孩子说没事，我都没做完。在此之前，女孩子还主动给男孩子发过黄色录像。我们庭前把微信的截图都提交给了法庭。

有很多时候，我们在会见时得知的事实，卷宗材料可能没有任何体现，我们只有通过法庭发问，才能首先在法庭上揭示出来，并通过此后的举证予以证明。

而这些问题如果想在法庭上顺利、完整地展现出来，就需要庭前对被告人进行必要的辅导，告诉他应如何表达。

### （二）草拟发问提纲，对回答做出预判

庭前发问的时候要草拟发问提纲，并且对回答的问题做出预判。预判证人、被告人应该会怎么回答。香港律师有一个守则，叫“律师请闭上你的嘴巴，除非你知道法庭上的答案”。也就是说，律师在法庭上发问，应该是明知故问的，不管是向自己一方的被告人发问，还是向控方的证人（英美法系称之为对方证人或敌对证人）发问。无论你庭审经验多么丰富，我认为都应当提前要草拟好发问的提纲，同时我们要对回答做出一个预判。

关于庭前对被告人的辅导和发问，我就暂时先讲到这里。

**朱明勇** 王律师讲的是对被告人的庭前辅导，我们在法庭上肯定要对被告人进行发问，在发问前我们要对自己发问的内容和被告人回答的内容做到心中有数，这是没有任何问题的。我想补充一点，除了需要对被告人进行庭前辅导，我们也要对专家辅助人进行庭前辅导，这里的专家辅助人，在刑事诉讼法中被称为有专门知识的人。对于有专门知识的人出庭的案

件，对他们进行庭前辅导特别重要。根据刑事诉讼法第 197 条的规定，辩护人可以申请法庭通知有专门知识的人出庭，就鉴定人作出的鉴定意见提出意见。由于有专门知识的人和我们律师不属于同一个行业，他们可能是某个专业的专家，拥有某种专业知识，他们的一些想法和表述跟我们法律上的表述可能不尽相同，因此我们就有必要在庭前跟他们进行充分沟通。

那么，应该如何去跟这些有专门知识的人沟通呢？我觉得有几个原则必须要把握：第一，辩护人需要发现和提炼案件中涉及专业技术的问题焦点；第二，辩护人需要把这些问题焦点用一种易于理解的方式表达出来；第三，辩护人需要将自己在法庭上要问的每一个问题提前告知有专门知识的人。

需要强调的是，问专家的问题不能太过复杂，否则专家容易在他的专业领域内过分展开，讲很多很专业的内容，让法庭上的法官、公诉人、诉讼参与人都听不太明白，而且可能越听越晕，达不到应有的效果。因此，我们要把案件当中需要解决的几个最关键的技术性问题提炼出来，这几个技术性的问题一旦解决，就可能推翻原有的鉴定意见。

经过沟通，要让有专门知识的人明确我们要解决的问题和达到的目的，是要解决鉴定意见当中的某一个问题？还是要推翻鉴定意见中的某一个观点？还是将整个鉴定意见全部推翻？抑或是支持我们在新的理论基础上推出的一个新的结果？让有专门知识的人有一个目的性指引，他们在出庭作证时就会更有的放矢。

遵循以上几点，我们需要跟有专门知识的人进行长时间的充分沟通。一方面，对有专门知识的人来讲，我们提出的很多技术问题可能跑偏了，显得外行；另一方面，有专门知识的人认为很重要的内容倘若从法律评价的角度来看，可能并不是我们所需要的。但是这些都没有关系，我们可以通过沟通，一个问题一个问题地去提炼。我们可以与有专门知识的人一起探讨用什么样的表达方式才能让我们把我们想要说清楚的专业问题说得通俗易懂，让不了解这个专业知识的人更容易理解。

我给大家举两个案例，这两个案例都是通过有专门知识的人出庭使案件得到了重大或者彻底的改变。第一个案件，是安徽的两个警察涉嫌刑讯逼供致人死亡，被公诉人以故意伤害罪起诉，一审判了 10 年有期徒刑，我们二审介入后，对案件中的鉴定意见提出了疑问，针对死者的死亡原因我们提炼出三个焦点问题。该案中鉴定意见认为，两名警察对死者实施了“冻”“饿”“折磨”行为，最终导致了被害者死亡的结果。

警察辩解说，他们没有对被害人实施“冻”“饿”行为，也没有实施“折磨”行为，但被害人死亡是一个客观事实，在没有现场录音录像的情况下，这个事情已经说不清楚了，因此只能在鉴定意见中寻求突破。鉴定意见上载明，死者身上有冻伤，所以有“冻”的痕迹；死者胃里基本上没有什么东西，所以有“饿”的痕迹；死者身上有勒痕，有长时间限制体位的痕迹。如果由律师去说死者的死亡不是因为“冻”，不是因为“饿”，也不是因为“折磨”，在法官眼中这可能只能算辩护律师的一种主观判断，因此这个时候我们就希望能够引进有专门知识的人。

在选择有专门知识的人的时候一定要考察鉴定意见中鉴定人的身份级别以及其在所在领域的地位和影响力，我们要找的有专门知识的人一定要在专业领域内的地位和影响力方面超过鉴定人，这样我们的专业意见才有说服力，否则，人家找的是教授出具的鉴定意见，我们找个讲师作为有专门知识的人出庭，说服力肯定是不够的，但如果别人找的是一般的法医师，我们找的是一个教授、博导，甚至全国顶级的法医专家，那可能从普通公众的认知上就觉得我们的专家说的是有道理的。

我们当时请了一个全国顶级的法医专家，他是教授、博导，我们在跟专家沟通时就告诉专家在法庭上可能需要解决的三个核心问题：第一，死者是不是被“冻”死的？或者说死者有没有被“冻”

的痕迹？或者说“冻”的程度有没有可能导致死亡的结果？第二，死者是不是被“饿”死的？他死前的状况是不是“饿”？这种“饿”会不会导致他死亡？第三，死者有没有被“折磨”的痕迹？这种“折磨”有没有可能导致他死亡？经过沟通，我们和有专门知识的人最终就这三个问题达成了一致意见。

我们在法庭上就问了这三个问题，专家就回答了这三个问题。我问专家的第一个问题是，根据现有的这些技术资料，被害人死亡的结果跟他受冻有关系吗？专家说，被害人死亡跟受冻没有任何关系，鉴定意见是根据被害人皮肤上“鸡皮疙瘩”来认定这是“冻”的痕迹，但这个很好解释，因为人死亡以后，他的皮肤并不是马上死亡，所以本案被害人死亡以后被拉到室外来，受到一瞬间的冷风刺激，他的皮肤就产生了这种应激反应，所以说，死者皮肤上的“鸡皮疙瘩”并不能说明他是被冻死的。专家进一步地讲了，如果真的是“冻”导致人的死亡，那么死者可能会是一种什么状态，死者的皮肤上会有什么样的表现，会达到什么样的程度，而本案死者身上均没有上述表现，因此死者不是被“冻”死的，也不存在因为“冻”而导致他死亡的可能性。

我问专家的第二个问题是，被害人有没有可能是被“饿”死的？专家直接肯定地说，绝不可能是饿死的。从理论上讲，一个人当胃排空以后才会产生饥饿感，产生饥饿感以后，还要经过很长时间，比如正常的人可能要三天水米不进的话，才有可能导致死亡。但本案中，被害人仅仅是一顿晚饭没有吃，而且尸体解剖显示死者胃里边还有 50 克的米粒没有消化，因此死者不仅不可能饿死，他甚至连饥饿感都没有产生。专家这样一说，事实就很清楚了，被害人没有可能是被饿死的。

我问专家的第三个问题是，是不是我们的警察对死者进行了长时间的疲劳审讯，比如，折磨他、打他，或者限制他的体位导致他死亡？这个时候专家就强调了一个非常专业的问题，说这个案件被害人是心源性心脏病的急性发作猝死，一般人可能会理解是因折磨而导致被害人心脏承受不了引发猝死。但我们的专家进一步解释说，猝死有两种情形：一种心动过速导致的猝死；另一种是心动过缓导致的猝死。而本案的被告人恰恰是属于心动过缓导致的猝死。这种情况下，被害人不可能因为刑讯逼供或者被折磨而半夜死掉，因为如果一个人有心源性心脏病，而且是心动过缓的话，如果警察在半夜时不时去打他一顿，去折磨他一下，他就会产生应激反应，他的心动就会加速，一旦加速，他反而不会因为心动过缓而猝死。而本案被害人这种情况恰恰可以反推出警察没有打他，没有折磨他。

专家对我们这三个问题的回答直接促使我们的案子彻底翻盘，被告人一审被判有期徒刑 10 年，二审改判 3 年，其实被告人当时已经被羁押 3 年了，改判之后马上就出来了，属于一种“实报实销”型的实质无罪。由此可见，通过跟专家充分沟通，提炼出核心问题，用简洁准确而易于理解的方式表达出来，对案件的解决极为重要。

另外，很多朋友可能注意到，在 2018 年年底，我们在江苏办理了一起非法销售制毒物品 2 万多吨的案件，第一次开庭后，检察院变更起诉为销售伪劣产品罪，第二次开庭后又变更起诉为非法经营罪，我们连续做了三次无罪辩护，最终迫使检察院撤诉，被告人无罪释放。其中在销售伪劣产品罪诉讼过程中，我们就遇到一个关键问题需要求助专家辅助人，但因为这个案件属于涉毒案件，我们找的很多专家都不愿意出庭作证，后来我们经多方寻找和沟通，找到了一位化工领域的博士，根据国务院的文件规定，副高级职称以上的或者取得博士学位的，就是国务院认可的专家。

这个案子的基本案情很简单，就是我们的当事人买来的是甲苯，但销售后开出的发票上写的是芳烃，检察院就认为，你买的是甲苯，卖的是芳烃，买甲卖乙就是销售伪劣产品。那么我们就必须要解决，我买的这个甲苯和我卖的芳烃之间，到底是什么样的一种关系。专家说，这个问题非常简单，是高中化学里边就会讲到的一个常识，甲苯就是芳烃，甲苯是芳烃类物质，是芳烃的一种，他们在逻辑上是种属关系。再简单一点说，我们可以把它们类比为苹果和水果的关系，你买了一车苹果，卖的时候说是水果，难道能说你是销售伪劣产品吗？这肯定不行。

在专家出庭作证前，我们和专家确定了三个问题，在庭上我们就问：第一个问题，什么是甲苯？他就回答甲苯是什么样的一个结构，是一种什么物质；第二个问题，什么叫芳烃？他回答芳烃是含苯环的一类化学物质的总称；第三个问题就是甲苯和芳烃的关系？他回答甲苯就是芳烃，芳烃里边包括甲苯。到这里其实就已经非常清楚了。当然后面还有几个细节的问题，但是核心的问题就在这里，这个案件的被告人最终彻底地被判无罪了。

所以，如果我们辩护人申请有专门知识的人出庭，庭前一定要与其进行非常充分的沟通和非常仔细的辅导，而且还要注意一点，庭审中公诉人和法官也有可能会询问相关问题，这个时候我们就需要把握住案件的全部信息，提前让专家吃透，提前预测公诉人和法官可能还会问的问题，然后和他沟通如何用简洁准确易懂的语言解释清楚。

我想大家可能已经注意到，现在越来越多的律师在辩护的时候都会针对鉴定意见中的技术性问题申请有专门知识的人出庭，而且这种申请相较于申请证人出庭而言，法院同意的可能性更大。所以，我想再次强调，我们在为庭审做准备的时候，一定要对有专门知识的人做好辅导，这是非常重要的一项工作。

**王亚林** 关于专家辅助人辅导，我想说一个与辅导有关的题外话，这个题外话是是否申请专家辅助人到庭？其实对于这一点我们律师还是需要慎重的。

我也曾经有一起案件，针对一个医学上的问题，我们申请了雷洋案件的专家辅助人到庭，但是控方看我们申请了北京的专家辅助人，就从华中科技大学也申请了另外一个法医做专家辅助人。而两位专家的意见是相反的，法院采纳了控方专家辅助人的意见。刑事诉讼法第 197 条第 2 款规定：“公诉人、当事人和辩护人、诉讼代理人可以申请法庭通知有专门知识的人出庭，就鉴定人作出的鉴定意见提出意见”。《人民法院办理刑事案件第一审普通程序法庭调查规程》第 12 条第 1 款规定：“控辩双方可以申请法庭通知证人、鉴定人、侦查人员和有专门知识的人等出庭。”刑事诉讼中的鉴定意见一般是控方证据，因此，申请专家辅助人似乎是辩方的权利，但法条和司法解释又同时表述为控辩双方都可以申请，这样，如果控辩双方都申请专家辅助人的话，法庭一般会认为控方的专家意见才在理。

控方有无针对控方的鉴定意见也申请专家辅助人到庭的情况，我想听一听顾老师高见。

关于出庭证人的庭前应对，我们本来讨论的是对此称为出庭证人的庭前辅导，后来我们想，律师恐怕没法对控方出庭证人进行辅导。出庭的证人无外乎分成三类，第一类是控方证人，如受贿案件的行贿人；第二类是辩方证人；第三类是有特殊身份的警察到庭。我用三个简单的案例来尽量概述三种出庭证人的庭前应对。

首先，毫无疑问的是我们要研究出庭的证人立场，研究他在过去的卷宗材料中是如何陈述案情的。如果警察到庭是证明有没有刑讯逼供，他的立场是显而易见的。对于辩方证人，辩护人是可以提前进行接触的，对于控方证人，按照我们中华全国律师协会的指导意见，我们应该小心接触，这也是顾老师一直提醒的。但是，我认为所有的出庭证人在我国的法律的语境下，辩护人都可以在庭前对他进行调查，只要不指使他作伪证就行。

我根据三类情况讲三个比较典型的小案子。

第一个案例是关于辩方证人的案件。

有一起被称为“黄山贩毒第一案”的案件，我的被告人是第二被告，被判死刑立即执行，第一被告也是被判了死刑立即执行。在二审庭审的发问过程中，我们通过发问，让二审法院认定了我们的这位上诉人有重大立功情节。安徽省高级人民法院直接把死刑立即执行改成了死缓，只是维持了第一被告人（上诉人）是死刑。

我的当事人姓唐，有一个同居的女朋友，我们申请他的同居女友到庭作证。我提前在想，我怎么去对她进行庭前辅导。由于她只是女朋友而不是妻子，而且应该说是个风尘女子，我也不敢给她进行辅导。于是，我的方法是，首先，申请她出庭，安徽省高级人民法院也签发了出庭的通知书。其次，开庭的前一天晚上，我把她带到我的宾馆，给她做了一个谈话笔录。之后我对她说："你的谈话笔录，你有权复印一份，你是否要求复印？"这个证人应该说是辩方证人，用手机拍照后，拿走了她给我作证的复印件。第二天在法庭上，我就完全按照给她做的谈话笔录进行发问。这样发问和回答极其顺利。

第二个案例是关于控方证人的案件。

有一个副厅级干部，是个国有公司的老总，起诉书指控其在自己的办公室收受行贿人 6 万元现金，时间是 2016 年的春节之前。还有其他事实我就不说了，结果他后来翻供，我们又申请排除非法证据，侦查人员在庭前会议上作证，等等。

开庭前一天上午，我去对我的被告人进行辅导的时候，他突然想到了一个问题，说行贿人所供述的 2016 年春节前到他办公室送了 6 万元这一情况不属实。因为在 2015 年 10 月，也就是说送钱前两个月，他已经从旧办公楼搬到新办公楼了，搬到新办公楼以后，这个行贿人绝对没有去过他办公室，因此这个人根本就不知道办公室在几楼。原来的老办公室在 3 楼，现在的新办公室在 8 楼。而且现在的新办公室有走廊，走廊做了一个玻璃隔断，玻璃门只有用门禁卡才能刷进去，而秘书就在玻璃隔断的外面。来客人必须要秘书通报后才可以刷卡进来。

我得知这个信息如获至宝，因为行贿人第二天要到庭作证，又因为是异地审判，已经来不及去取证了，所以赶快打电话给他的家属，让他到这个公司的保卫科去调取搬家的书证，如搬迁通知等。结果没有找到书证，但调取了保卫科写的证明，并加盖了印章。除此之外，领导原来的秘书拍了玻璃门的照片。

第二天，证人出庭时，我们可以采取归谬的方法发问，足以推翻该证人过去的证言。因为 2016 年的春节控方证人说他到被告人办公室送 6 万元时，绝对没去过被告人的新办公室，他所说的办公室只是他去过的老办公室。

这是关于对控方证人的庭前应对，核心是通过反复地会见和研究卷宗材料，找出控方证言当中的漏洞，从而去动摇法官的内心确信。

第三个案例是有特殊身份的警察作证。

在一个滴水成冰的宪法活动日，我用了三个小时的时间，盘问到庭的两个警察。之所以用三个小时的时间发问，是因为我一边请求法庭播放同步录音录像，一边让出庭的警察去解释录像中的奇怪现象。比如，录像有 4 月讯问的，有 12 月讯问的，当地的 4 月和 12 月的温差高达 17 度。那么差 17 度的情况下，为什么犯罪嫌疑人穿同一件睡衣，而警察也穿同样的衣服。12 月气温是摄氏零上 3 度，而 4 月是零上 21 度，居然穿一样的衣服。

同时，我们发现警察讯问的时候，不像检察院的同录有画中画，只有被告人的图像，录像机就在警察的前面，警察面前的下方就是笔记本电脑。笔记本电脑的键盘为什么没有敲击的声音？而门距离很远，反而有开关的声音。

所以发问的时候，我们就问警察，为什么没有这种声音？警察很聪明说，我早就预料到你会说这个问题了。我说你很聪明，你预料到我说这个问题了，那么请你给解释一下。结果警察回答说：我当时没有关注到门响的声音。我说现在不是你当时关注不关注到的问题，而是现在要解释为什么录像当中有门的声音反而没有敲击键盘的声音？

第二个警察回答，我上面放了那种防止磨损的透明的塑料膜，所以没有声音。正好我们有一个同行的电脑也有塑料膜，我当即出示给法庭看，请法庭明白，假如有塑料膜遮住键盘，我们通过摄像机仍然可以看到键盘而且仍然会录到键盘的敲击声，但是同步录像中虽然看到有手指在动，却听不到键盘声音。

我们还发现录像显示，4 月和 12 月讯问室的窗帘居然都在动，窗帘在被告人的后面，空调在侦查人员的后面，空调即使开启，空调风也不可能吹动窗帘。

因为时间关系不能对具体案例展开太多，我想说的是，出庭证人庭前应对无外乎三类人，控方证人、辩方证人，还有警察。我们律师所要做的是认真研究材料，做好各种预案。对证人如何进行回答，也提前要有预测。当然能预料到尽量预料，真的预料不到的话，只有到时候随机应变。

**顾永忠**　亚林结合几个自己办过的案例，就庭前如何对证人出庭的应对做好准备，谈了很好的意见。这个单元是谈庭审发问的准备，但实际上刚才有些内容已经谈到了庭审的发问活动了。对庭审发问的准备，我想补充几点，估计也是很多律师，特别是年轻律师关注的问题。

首先，就是对被告人怎么辅导？辅导什么？我想说三点：第一，辅导被告人出庭的衣着举止问题。这个问题可能在我们中国好像不是特别重要，在英美国家是非常重要的。我前面说到了，12 名普通老百姓组成陪审团来审判案件，被告人站在他们面前给他们什么样的印象，是会有形无形地影响陪审团对案件的最后裁判的。我们中国虽然没有陪审团，但是在庭上法官也好，人民陪审员也好，当看到被告人的形象、言谈举止，多多少少对他们也会有一些这样那样的影响。比如，有的案件的被告人，膀大腰圆，满身刺青，这样的人出庭前，律师最好给他做做工作，还是穿个长袖衣服，把这些东西遮一遮。

第二，心理心态的辅导。很多被告人要出庭了还是会很紧张，需要律师在庭前给被告人在心理上做一些辅导，让他冷静、镇定、从容、自然，保证庭审时相互能够有一个很好的配合，庭审有一个好的效果。

第三，对庭上发问的辅导。辩护律师与被告人以及本方证人是一种配合关系，特别是被告人出庭前律师肯定要会见他，所以要和他讲庭上将会问什么，至于被告人怎么答，当然律师不能教给他答案，但是要跟他讲技术要领。有一个最重要的要求是，律师不能提虚构的问题、虚假的问题，所提的问题应当是在案件事实里有基础、有依据的，这样让被告人实事求是回答就行。不论他参与的、经手的还是没有参与、没有经手的，都实事求是地回答。只要实事求是回答问题他就不会紧张了。如果撒谎、虚构肯定会紧张，而且容易被识破。总之，对被告人的辅导是一项很重要的工作，律师一定要做好。

对于律师与被告人核实证据的问题，我也简要说几句。律师向犯罪嫌疑人、被告人核实证据是2012年刑事诉讼法修改正式规定进去的，我全程参与了修法的过程。我想强调的是，核实证据权与被告人的阅卷权有没有关系？有一种观点认为，二者没有关系。但我认为两者有着天然的关系，如果没有天然的关系，法律就不可能赋予核实证据权，也不应该赋予核实证据权。

被告人的阅卷权，不管法律上有没有具体规定，在诉讼原理上、在法律精神上必须要有并且要保障。因为这是公正审判权所包含的应有的一项基本要求。一个人被指控犯罪甚至面临要被杀头，难道还不让他知道检察机关用什么事实、用什么证据、用什么罪名来指控他？这是不行的，世界上很多国家的刑事诉讼法在这方面都有规定，如德国、法国、日本都有相关的规定。但是，发达国家每个被告人都有律师为他辩护，加上被告人虽有权利能力，但是行为能力不足，所以主要靠律师的帮助来行使。我国法律没有直接规定被告人阅卷权，但刑事诉讼法规定的被告人的核实证据权实际上是建立在阅卷权的基础上的。

事实上，我国现在一些新的法律或司法改革文件，把这个问题已经说得很清楚了。比如，最高人民法院发布的三项规程里面的庭前会议规程就明确做了规定。我相信亚林律师、明勇律师都参加过不少庭前会议，庭前会议目前最重要的一项任务就是证据开示。还没有开庭，就让控辩双方对控方证据、辩方证据在庭前做一个开示，并且还要初步交流意见。而庭前会议不能排除被告人到场，他不仅有权知悉对控方证据而且有权发表意见。庭前会议如果被告人不到场，律师就要到看守所向被告人征询其对控方证据的意见，这个过程势必就要告诉被告人控方的证据有什么是什么。

认罪认罚从宽制度大家现在都很清楚了，刑事诉讼法也对其作了明确规定。2019 年 10 月“两高三部”出台的《关于适用认罪认罚从宽制度的指导意见》又对此作了进一步的规定。在审查起诉阶段，检察机关办理认罪认罚案件，办案人员要充分听取犯罪嫌疑人及其辩护律师、法律援助律师或值班律师对于案件定罪量刑、认罪认罚从宽以及程序适用的广泛意见，为此还赋予辩护律师、值班律师享有阅卷权、会见权等。这些权利看起来是保障辩护律师、值班律师的，实际上是保障犯罪嫌疑人的。因为辩护律师、值班律师并没有参与犯罪，并不了解案件中涉及犯罪嫌疑人是否参与或实施犯罪的实质性的事实和证据材料。所以，辩护律师、值班律师看了卷，必须要和嫌疑人、被告人进行交流，听取意见，核实案件有关事实和证据材料。

其次，我想特别强调一下庭前发问的准备问题。刚才说过我们中国庭审活动中证人、鉴定人、侦查人员出庭很少，怎么办呢？最希望这些人出庭的是辩护人，是被告人，如何实现这一希望？辩护律师要在庭前会议上充分地向法庭提出申请证人、鉴定人、侦查人员等出庭作证的理由和根据。不少律师也会提出申请，可是只是提供一个证人、鉴定人名单，没有陈述具体理由和根据，如果我是法官，恐怕我也不会批准这样的申请。

辩护律师申请谁出庭，要有充分的依据、充分的理由。如果你的理由是充分的，根据是充分的，法官不批准，未来这个案件办错了，法官就应当承担一份责任。而且《庭前会议规程》以及《法庭调查规程》都对于证人、鉴定人、侦查人员出庭作了一些新的规定，这与原来刑事诉讼法的规定是有所不同的。

比如，申请证人出庭，刑事诉讼法规定了三个条件：第一，控辩双方对证人证言有异议；第二，这个异议对定罪量刑有重大影响；第三，法庭认为证人有出庭必要的。三个条件是相互独立、并列的，缺一不可。新的《法庭调查规程》已经把三个条件变成两个条件了：第一，控辩双方对证人证言有异议；第二，法庭审查这个异议对定罪量刑有重大影响。具备这两个条件就要通知证人出庭作证，这意味着只要控辩双方对证人证言有异议，而且异议对定罪量刑有重大影响，证人就应当出庭，不存在这两个条件之外还有一个独立的“法庭认为证人是否有出庭的必要”条件。律师在申请证人出庭的时候，一定要注意这些新规定。

再如，侦查人员出庭，过去理论上和法律上理解侦查人员出庭往往是在涉及非法证据排除的时候，需要有关的侦查人员出庭。《法庭调查规程》现在对侦查人员出庭规定了四种情况：第一，对侦查破案的经过需要他出庭的；第二，对证据的来源需要他出庭的；第三，对证据的真实性需要他出庭的；第四，对证据收集的合法性需要他出庭的。这就大大扩展了侦查人员出庭的范围。律师在办案中，如果涉及证据的来源有问题、证据的真实性有问题，都可以向法庭申请侦查人员出庭。

总之，辩护律师要想在庭审中有机会向证人、鉴定人、侦查人员进行有效发问，首先要在庭前向法庭积极申请他们出庭。如果他们都不出庭，律师向谁发问呢？这是关于庭前发问准备我想补充的第二点。

最后，刚才明勇律师和亚林律师都谈到了一个非常重要的问题，就是专家辅助人的问题。我刚才听到两位律师在发言中，对专家辅助人的诉讼地位甚至包括名称还有不一致的地方。事实上，据我了解，现在司法实践中对专家辅助人的诉讼地位以及作用的认识也是很混乱的。所以有必要在这里也强调一下。

朱明勇律师前面强调的一点我非常认同，就是专家辅助人给辩方提供了一个有力的法律武器。过去辩护律师面对控方的鉴定证据由于自己不是专业人士，往往很难进行有效的、有针对性的、有充分理由和有根据的质证、发问。专家辅助人则为辩护律师提供了一个非常有效的手段，这是 2012 年刑事诉讼法修改写上去的。

专家辅助人到底是什么？我在这里强调一下。第一，他不是证人；第二，他不是鉴定人；第三，他也不是专家证人。专家证人是英美法系的一个专门术语，就是我们中国的鉴定人。刑事诉讼法上叫作“有专门知识的人”，在理论上被界定为“专家辅助人”。一方面他是某一领域的“专家”，另一方面他在诉讼中是“辅助人”，不是独立的一方诉讼参与人。那他是辅助谁的？刑事诉讼法规定得很清楚，控辩双方可以向法庭申请，聘请有专门知识的人出庭对鉴定意见提出意见。《法庭调查规程》对这一点讲得更清楚、更具体，控辩双方对对方的鉴定意见证据，有权申请专家辅助人出庭，协助本方向对方的鉴定人、对方的鉴定意见发表意见，也就是协助控辩双方进行质证。这就是“辅助人”的含义所在。

需要指出的是，看起来法律上规定控辩双方都可以申请专家辅助人，但是申请的目的是什么？是对对方的鉴定意见提出意见，也就是协助申请方向对方鉴定意见进行质证。这就意味着如果对方没有鉴定意见，也就无从申请专家辅助人。据此我们可以认为，在法律上控辩双方享有这项诉讼权利，但是事实上控方对辩方很难行使这项权利，因为在刑事诉讼中，辩方很难有条件单方组织或委托鉴定并向法庭提出鉴定意见证据，这就使控方没有条件申请专家辅助人。相反，在刑事诉讼中，特别是公诉案件中，几乎所有鉴定意见证据都是控方向法庭提出来的，针对这些鉴定意见，辩方当然依法有权申请专家辅助人出庭协助本方进行质证。

本方有鉴定意见，能不能再请一个专家辅助人？刚才好像听亚林律师说到一个案件，控方本来有一个鉴定意见，又请了一个专家辅助人出庭帮助控方，说这个鉴定怎么科学，怎么正确，怎么无误。如果确有这样的情况发生，我认为这是违反法律规定的，是没有法律依据的。鉴定人本身就是专家，比专家辅助人还要专家，所以法律上把鉴定人规定为一种特殊的证人，享有独立的诉讼地位，出具的鉴定意见是证据种类之一。而专家辅助人并不是证人，也不是鉴定人，他表达的意见并不是证据。既然鉴定人是独立而又特殊的证人，出具的鉴定意见又是法定证据种类之一，那么，庭审一旦需要，鉴定人就应当出庭，说明你出具的鉴定意见是科学的、可靠的、正确的，并且应当能够回答对方的质疑。而不能鉴定人不出庭，却安排一个“专家辅助人”出庭支持鉴定意见。这完全是舍本求末。相反，对于没有鉴定意见的辩方来讲，由于鉴定意见专业性很强，为了有效进行质证，则完全可以聘请专家辅助人出庭协助本方质证。这正是刑事诉讼法建立专家辅助人制度的目的所在。

说到这里希望各位要注意，如果你在办案中遇到了这种情况，控方有鉴定意见，不安排鉴定人出庭，却申请专家辅助人出庭，论证鉴定意见如何正确、如何科学，那么，你就要提出反对，指出这样做没有法律依据。

2012 年以前刑事诉讼法没有关于专家辅助人的规定，很多律师办理专业性很强的案件的时候，往往显得力不从心。2012 年刑事诉讼法修改专门写上这一条，就是在总结过去鉴定意见这种证据的特殊性、专业性的基础上，才专门规定的。而且我刚才说了，事实上这项诉讼权利主要是辩方才会用到，这对辩方当然是利好的。希望各位律师在这方面要善于利用。

## 四、如何进行庭审发问和庭审对质

### （一）庭审发问

**顾永忠** 接下来我们先来谈一谈如何进行庭审发问，也就是辩护律师在庭上如何向本方被告人，向同案被告人，向证人、鉴定人等进行发问。在发问中如果出现了证人与证人之间、证人与被告人之间、被告人与被告人之间对同一事实、相关事实作证的陈述不一致的，还会涉及相互对质问题，这些也属于庭审发问的范围。在庭审发问这个环节，主要涉及四个问题，先请朱明勇律师发表高见。

**朱明勇** 那我就先谈一下对被告人发问。这是庭审当中的一个非常重要的环节，也可以说是一个可能会改变整个案件走向的环节。

由于我们在开庭前是可以会见被告人的，而且可能会多次会见，加上我们的阅卷，对案件的基本事实以及被告人曾经做出过什么样的供述，对指控的犯罪是认罪还是不认罪，是承认还是翻供，应该心里很清楚。基于这些情况，我们在庭审中对被告人的发问可以分为几种情形。第一种是看他是认罪还是不认罪，如果是认罪，发问就相对来说简单一点，而且可能会重点去问一些法定或酌定的从轻、减轻的情节，如认罪之外还有没有自首立功、坦白等情节；第二种是如果被告人不认罪或者是翻供，这个时候需要注意，除了庭前的辅导以外，庭上也可能会发生一些变化，所以律师要根据案件本身的特点，如这个案件在当地的影响力，被告人的身份，还有被告人的表达能力和庭审应变能力等，进行一个全面的研判，制定一个总体的设计。有些案件可能只需要问几个核心的焦点问题，比如，被告人有没有在案发现场？有一些案件涉及指控的犯罪事实比较多，比如，一些职务犯罪案件，指控的犯罪事实有上百起，那其中被告人可能会对几起事实认罪，几起事实不认罪，有的是对基本事实认可，有的连基本事实都不认可，因此要分清情况。

在作出整体的一个研判之后，就要考虑庭审的安排。有一些案件指控的犯罪事实非常多，法庭安排的庭审时间又非常有限。我们前几年办理的一个非常重大的职务犯罪案件，某省的一个大学校长在江西南昌审理，法院安排三天要审结这个案件，但是这个案件指控的犯罪事实一两百起，案卷有上百本，而且每一起犯罪事实都还不一样，性质也不完全相同，而且被告人对起诉书的绝大多数指控都不承认，认为绝大部分指控的基本事实都不存在。在这样的情况下，如果真的三天审结完这个案件，那么基本上可以说是走过场。那么我们必须考虑如何能够用比较合适的方式把这个案件说清楚，协助法庭把案件事实查清楚。

法庭安排的时间就是三天要审完，所以这个时候你就要从整体上考虑如何安排庭审，准备重点是在法庭调查阶段、法庭质证阶段还是在法庭辩论阶段，你要考量怎样去把控发问、质证和辩论。江西这个案子由于指控的事实比较多，所以我们经过总体考量，决定通过发问把每一起事实的来龙去脉，被告人庭前供述的形成过程以及现在的辩解连接起来，把事实调查清楚。因为正常的发问，法庭是没有办法阻止的，我们可以通过发问把起诉书指控的一两百起事实从头问到尾，通过发问把每一起指控事实讲清楚。

发问的过程中，有时我们就可以见机插入一个程序，向合议庭申请启动非法证据排除，如果被告人所陈述的这些事实，已经说明在侦查讯问过程当中，侦查人员采用了刑讯逼供的非法方法。如果还有医生作为证人，我们还要申请医生出庭作证，这样的事情就非常多，需要彻底发散开来。

也就是说，如果有多起犯罪事实，我们就一起、两起、三起地去问，每一起事实问的时候，又涉及刑讯逼供，我们就再次申请启动非法证据排除。法庭如果说不启动非法证据排除程序，法庭得给我一个理由。当每一起事实都涉及非法取证情形的时候，即使法庭的不启动非法证据排除这个程序，但所有的诉讼参与人、旁听人，包括视频、直播、电视媒体都会知道。被告人在那里娓娓道来，说自己如何被刑讯逼供，听众的内心基本上都会形成某种确信，确信他可能是受到了非法的取证行为。

通过对被告人的发问，我们可以把案件当中的矛盾之处，需要推翻以前有罪供述的辩解理由都弄清楚，同时还可以启动一些新的程序性辩护，比如，启动非法证据的排除程序，申请新的证人出庭作证，调取以前已经存在的对被告人有利的一些证据。这样的话，整个辩护就不是“点到点”，而是从点到面展开，这样对我们总体的辩护就是很有利的。通过这样的一些发问，最终就会使案件的真相慢慢呈现出来，不管法院最终怎么判，所有听到过公开庭审的人，他内心其实都会对这个案件有一个内心的判断，实践证明，它是可以影响到法官的内心确信的。

前面我只是重点说了对那些翻供的、不认罪的被告人的发问非常重要，而且每一个案件的具体情形都不太一样。所以，为什么我们经常强调经验的重要性，不是说像下象棋一样，老师告诉你“马走日”“象走田”，你就可以去“打仗”了，每一个学过象棋的人都知道是这么走，但是每一次对手先出的前几招可能都不一样，所以你的应对就必须做出相应的调整，必须要强调具体问题具体分析。

接下来我重点强调一下，对同案被告人的发问要注意的问题，这是实践当中比较棘手的一个问题。有的同案被告人可能跟我们当事人的观点是一致的，如都认罪，或者都不认罪，甚至不同的被告人之间的辩护律师还有过交流，也基本上掌握彼此的辩护思路和各当事人在法庭上可能会怎样来对案件进行陈述和解读，这就对庭审的辩护创造了比较好的条件。但是也有一些特殊的案件，我稍后会重点讲一些特殊的案件，比如，其他的同案被告人跟你的当事人的观点是完全相反的，而且他在庭前作出的同案供述对你的当事人是有所指证，这相当于同案犯是协助公诉方指控你的当事人有罪。还有一种情形是，在共同犯罪当中，同案犯可能为了推卸自己的责任，而作出对你的当事人相当不利的言词证据。那么，遇到这种情况我们辩护律师怎么去应对？

这个时候考验的是辩护律师的判断力。我们就要分析其他的同案被告人的回答和心理，你要问的哪一个问题他可能会做出怎么样的回答，而且他这个回答是加强了指控，还是协助了辩护，对于这些我们辩护律师必须要有一个提前的内心研判。由于庭前是没有办法接触到同案被告人的，因为他们多半都是被羁押的，那么这个时候你就要根据案件的情况，甚至就是像古代的“五听”制度那样，观察他庭审当中的表现，看公诉人问他的时候他是怎么回答的，看他自己的辩护人问他的时候他是怎么回答的，然后你再根据实际情况，迅速作出调整。

比如，前不久发生在在安徽的一个涉黑案件，一共 14 名被告人，我的当事人是第一被告人，后边还有 13 名被告，而且这 13 名被告人全部认罪认罚，只有第一被告人既不认罪也不认罚。那么作为律师，你对其他的被告人是问还是不问？如果你不问，他们都已经认罪认罚了，他们的所有的供述以及他们的认罪认罚具结书，都可能会变成是对我的当事人的指控，至少会是一种效应的增强。如果你要问，他已经签署了认罪认罚具结书了，他也不敢改口，怎么办？我认为我们需要分清具体情况。

第一被告人不认罪认罚，第二被告人及其后的所有被告人全部认罪认罚，而且第二被告人与第一被告人的位置排序更接近，在被指控的黑社会性质组织犯罪当中，他参与的事情会多一些，发挥的作用也大一些，但是他又认罪认罚，很可能把所有的责任都推给我们的第一被告人。这个时候作为第一被告人的辩护律师对他发问，他可能会非常排斥。所以，我想强调一点，对同案被告人的发问，往往是阻力重重，但你还是要在这重重围堵中冲出一条血路，为什么呢？在对同案的被告人发问会面对以下几种阻力：第一，你要面临同案被告人本人的抵抗，他们会不配合或者推卸责任，这样的话有可能你越问越被动；第二，同案被告的辩护律师也可能会极力阻止，因为他的当事人是认罪认罚，他希望获得一个相对从宽的结果，他要维护认罪认罚具结书的效果，如果他的当事人被问出来一些不认罪认罚的说法，他怕影响到实质上的处理，所以同案被告人的辩护人也可能会反对；第三，来自公诉人的阻力，公诉人说他都签了认罪认罚具结书，你还问什么呢？他所有的情况都认了，辩护律师你也不要问了；第四，审判长也可能会反对，审判长也可能会说他都认罪认罚了，什么事情他都认了，辩护律师你问那么细干什么呢？

这时就考验辩护律师的智慧、胆魄、策略和技巧了。我一般会从第二被告人开始进行发问，但是这个时候的发问，不能够泛泛地问，一定要找出一个非常重要的具体的事实，而且具体的事实能够证明他认罪的虚假性，是跟已有的证据相矛盾的，这样的话就通过发问把这些东西揭示出来，让他无法回答，如果他不愿意回答，支支吾吾的，或是顾左右而言他，大家都能看得很清楚。此时再适时抛出我们的证据，证实他说的认罪是假的，而且是对我们当事人的一种栽赃陷害，甚至可以“上纲上线”说这是作伪证。如果我们把第二被告人虚假认罪而造成的对我们极其不利的这种态势扭转过来，后面可能就会顺利一点。

以对某案同案第二被告人陈胜华的庭审发问片段为例。

**庭审发问录像 1**

**朱明勇：**陈胜华，你刚才向法庭多次陈述说你是 2009 年 6 月加入宁波车队，而且你说这个日子你记得特别清楚，这个没错吧？起诉书指控你 2008 年三四月的某一天，孙军带着你去戎成金的家门口拦截围堵正在上客的客车一个小时左右，阻止发车。现在你认罪认罚，但 2008 年的时候你还没有加入车队，你在法庭上也说是 2009 年 6 月经闫新安介绍才加入车队，才认识孙军，那么你怎么穿越回去一年多的时间，跟着孙军去拦别人的车？你对这个也认罪呢还是不认罪？就说你连起诉的内容你都没有注意看，你都认罪认罚了。你全部认，但是如果这个事情根本就没有认真看你就认罪，那你不是对别人的栽赃和陷害吗？你说你跟着孙军去，但是你那个时候根本就不认识孙军。

**陈胜华：**尊敬的辩护人，我不是在陷害别人，我认罪认罚，这是对我本人，我绝不会对任何人，我只对我本人。

**朱明勇：**在法庭上是你说你对指控的事实都认。

**陈胜华：**你在说我在陷害人，这句话让我非常不舒服。

**朱明勇：**你非常不舒服就对了。因为你在 2008 年就不认识孙军，你在法庭上说 2008 年孙军带着你去拦别人的车，这不叫栽赃，不叫陷害，不叫作伪证，叫什么？

**陈胜华：**我在认我自己的罪行。

**朱明勇：**起诉书指控你的就有2008年三四月的这起事实，而且你说这次就是孙军带你去的，你告诉我这个时候你认识孙军吗？而且你在法庭上明确说你是2009年才认识孙军的，那么一年以前他怎么带着你去拦别人的车？你能把这个事情向法庭解释清楚吗？你不解释清楚，你不是伪证吗？你不是栽赃吗？是我说你栽赃吗？起诉书第7页倒数第6行也明确说的是陈胜华于2009年加入宁波车队，那2008年你是怎么在孙军的带领下去人家家里拦截车辆的？而且你在公安侦查的时候你不承认这个事情，你现在怎么又承认了？你这些不需要解释吗？法庭不需要查明吗？你认罪认罚我们可以理解，但如果这个事情根本就不存在，你去认，就比如没有人被杀，你说你杀了人，你这样的认罪，是对法庭的尊重吗？你这是在戏弄法庭，戏弄法律你知道吗？而且你不仅仅是戏弄法律，你还牵扯到无辜的别人，孙军没有带领你去，你说他跟你一起去拦截别人的车，你这不叫栽赃吗？这不叫陷害吗？

**朱明勇** 这就是我说的同案第二被告人。他跟第一被告的关系相对来说就比较直接，而且联系也比较多，他对所有的指控全部认罪，而且包括没有的事情他也认。没有的事情他去认，对我的当事人来说就会多一条罪名。在这种情况下，我们辩护律师要心中有数，如果你问第二被告人他认不认组织、领导、参加黑社会性质组织罪，他肯定承认，你问他认不认寻衅滋事罪，他肯定也认，你这样泛泛地发问效果可能就不好，你必须在所有的指控当中提出我们绝对有把握的一两点，把他的谎言和矛盾揭露在法庭之上，法官心里很清楚这是怎么回事。

此外，我在刚刚这个案例中加了几点，不仅仅是要问到这个事情，而且要让他把矛盾充分展现出来。前述案件是一个涉黑涉恶案件，那么它的定性就非常重要，第二被告人对全部事实都认罪认罚，我们不仅仅是要揭露他是虚假的认罪，而且要揭示他认罪的非自愿性，那么非自愿性可能会引申出来一个新的问题，即为什么他没干的事情也会认？公诉人要不要履行法律监督的职责去解决这个问题？此外，对于别人没有做过的事情，你说别人做过，这不就叫栽赃陷害作伪证吗？栽赃、陷害、作伪证都是刑事犯罪行为，这个时候我们可以给他“上纲上线”，上升到刑法规定，明知他人没有构成犯罪的，你去诬告人家、陷害人家，作伪证证明别人实施了犯罪，这就是犯罪行为。通过这种方式，给他施加巨大的心理压力，告诉他在法庭上必须说真话，不能够去诬陷别人，不能够为了自己要从宽处理，就给自己加一个罪名。还要注意的是，由于他是第二被告人，后面还有 12 个同样都是认罪认罚的同案被告人，我们这样的发问也能产生一个示范效应，如此一来，对后边的同案被告人的问话相对来说可能就会顺利一些。

除了上面说的这种积极对抗的情形，还有一种消极回避的情形，这种情况就需要我们对案件的具体细节挖空吃透，用细节和逻辑来揭示真相。我们可以这样发问，比如，有人说你杀了人，你说你认罪，人可能确实死了，但是你用什么杀的人？你用刀杀的吗？你从哪买的刀？杀人的刀去哪了？尸体在什么地方？捅了几刀？先捅哪一刀，后捅哪一刀？好，我们这个案件当中就出现类似情况。以对刚才这个案件中的另一个被告人李磊的发问为例。

**庭审发问录像2**

**朱明勇：**李磊，我是孙军的辩护人，我问你几个问题，你说你花800元去买了出生医学证明，你是找谁去买的？

**李磊：**我在证言中都有说明。

**朱明勇：**你还记得你在证言中是怎么说的吗？

**李磊：**不记得。

**朱明勇：**不记得？那你为什么要去买出生医学证明？

**李磊：**不记得了。

**朱明勇：**你买出生医学证明是在哪个地方买的，你还记得吗？

**李磊：**我是在网上。

**朱明勇：**你是通过什么途径买来的呢？

**李磊：**就是在网上。

**朱明勇：**你在哪个网上买的呢？

**李磊**：记不起来。

**朱明勇**：到底有这个事没有呢？

**李磊**：有这个事。

**朱明勇**：你回想一下，你是通过网上哪一个渠道购买的，网上有上万条渠道，你是通过什么渠道买的呢？你是怎么获取卖方信息的？

**李磊**：已经过了几个月了，很多事情我都记不得了。

**朱明勇**：买出生医学证明这个事情，你在哪里买的？通过什么途径买的？通过哪个渠道买的？找谁买的？你都现在不知道了是吧？

**李磊**：对，以前我都讲过。

**朱明勇**：你都不知道了，你认罪是怎么个认法呢？你每一个细节都不知道，这个事情到底有还是没有？你从头到尾都不知道你怎么认罪呢？

**李磊**：起诉状指控的这些罪名我都认。

**朱明勇**：所以我们要核实一下你是怎么买的出生医学证明，因为这还涉及其他卖出生医学证明的人也构成犯罪。案件审理过程当中，如果发现有新的犯罪事实或者新的犯罪嫌疑人，司法机关还要移送给侦查机关去侦查。因为这里面已经涉及新的犯罪嫌疑人，你买了一个出生医学证明，如果是假的，那么卖的人肯定也构成犯罪，既然是你买的，你一定知道这个卖的人是谁，不然你怎么买的？付钱怎么付呢？所以你不向法庭交代清楚你明明已经知道的犯罪人，你觉得这个问题合适吗？

**李磊辩护人：**审判长，我们请法庭注意，刚才被告人李磊已经回答过这个问题。

**审判长：**好，你可以继续问下一个问题，好吧？

**朱明勇：**这个问题是本案当中一个具体的犯罪，而且具体犯罪还涉及新的犯罪嫌疑人，还有犯罪事实，而且他已经认罪，那就说明他对卖出生医学证明人的信息和联络方式是非常清楚的，他为什么不愿意交代呢？还有，他说他是买了出生医学证明，但是他是在哪里买的？通过什么渠道买的？钱是怎么付的？这个证明是怎么收到的？他所有的细节他都不知道，他这个犯罪就难以证明存在。他认什么罪呢？

**李磊辩护人：**审判长，刚才被告人已经明确回答，他现在具体记不清了，但以当时的供述为准。

**朱明勇：**他记不清了，他就认罪，这问题就很严重啊，他连最基本的事实都不知道有没有。

**审判长：**辩护人对被告人回答的问题，法庭已经记录在案。

**朱明勇**　这一个发问大家是否注意到，被告人认罪，但是他对指控犯罪的所有环节都记不清了。如果所有的环节都记不清了，你从法律上能给他定罪吗？因此，上述庭审发问的效果呈现在法庭上会从证据上动摇法官的内心确信，他会想这个事情到底存在不存在？

我们经常会在很多案件当中遇到同案的被告人或者相关的证人，在出庭作证的时候，由于受到一定的影响，这个影响可能是来自他自身的心理压力，也可能是来自公诉机关甚至侦查机关，他不敢说出真实情况，所以他在庭上能回避就他人的发问尽量回避，就说自己脑壳蒙了，李磊也是这么说的。于是我就提醒审判长说："被告人李磊说他的头已经晕了，现在是冬天，这个季节是最容易发生脑血管意外的时候，我们是不是休庭？否则在法庭上出现这种审判的意外事件，恐怕也是不好的。"我的意思是要适时提醒合议庭注意，他为什么头蒙了，他愿意认罪，但是不愿意回答问题，这里面一定有猫腻。

刚刚我说的是第二种情形，这种情形中同案的被告人不是那么反抗，他只是消极的应对，尽可能地回避你的问题。对此，我们就问很多的细节，直至问到他没有办法回答。这个时候大家都会清楚，这个事情到底是真的还是假的。

接着再往下，我们还要分析，有一些被告人可能到一定的时候会发生认罪态度的转变，比如，有十几个被告人，有一些被告人到了后期慢慢发现，以前认罪认罚不对，本来没有干的事情怎么能去认呢？或者确实干了某一个事情，但这个事情不是被指控的那种性质的犯罪。比如，被告人认为他就是作为车队的司机去开了一个车，怎么就被认定为黑社会了呢？那么我们必须时刻关注法庭上被告人认罪状态上发生的变化。在这个案件当中，同样认罪认罚的另外一个被告人，不同于第一种情形的被告人的积极抵抗情绪，也不同于第二种情形中被告人的消极回避，他就比较配合，他说，他就是开个车，怎么就变成黑社会了呢？他怎么加入黑社会的他也不知道，在哪里加入的他也不知道。我们现在来看该案件当中的第三个片段，以对同案被告人闫新安的发问为例。

**庭审发问录像 3**

**朱明勇：**我是孙军的辩护人，我问你几个问题。你加入宁波车队的时候，主要是想到车队里面干什么？

**闫新安：**当驾驶员。

**朱明勇：**你是有大客车的驾照是吧？

**闫新安：**对，A 类驾照。

**朱明勇：**你去了之后是开大客车吗？

**闫新安：**是的。

**朱明勇：**当时你是通过谁介绍进入车队的？还是怎么进去的？

**闫新安：** 我通过一个朋友介绍的。

**朱明勇：** 朋友介绍之后，你具体是怎么进去的，你还知道吗？比如说是在哪个地方跟谁见个面，办个什么手续？

**闫新安：** 没有办什么手续，那时候不需要办手续的，就是他们介绍说这是谁，他有大车的驾驶证，你们车队需要人，你看他行不行？我介绍你们认识一下。我们到车队以后，还要去试驾一次，看你有没有这个技术才可以录用的。

**朱明勇：** 你进宁波车队是跟谁见面谈的呢？

**闫新安：** 进车队的话，一开始是跟孙军见的面。

**朱明勇：** 孙军同意你进来？

**闫新安：** 先去开，试用一下，一般的人进去都试用的。

**朱明勇：** 让你试驾。他有没有跟你讲过这个车队是一个黑社会，你要讲什么规矩，给你讲什么规矩吗？比如说黑社会的那些规矩。

**闫新安：** 没有。

**朱明勇：** 有什么穿着打扮要求、行为举止要求或者工作请示汇报要求吗？

**闫新安：** 我肯定地说，没有！我们进去的时候就是一个正常营运的车队，没有什么规矩，没有这些东西。就说你有驾驶员资格，你通过两次上路以后，跟着的驾驶技术好的驾驶员认为你车技水平不错，那你就可以帮我们开车，不行的话你就走人，就那么简单。

**朱明勇：**好，你说你离开是2010年是吧？

**闫新安：**离开是2010年，应该差不多2010年的下半年左右。

**朱明勇：**离开以后，再没有跟宁波车队有任何关系是吧？

**闫新安：**没有，也没去参加过他们的任何活动。

**朱明勇：**你离开的时候你是跟谁说要离开？

**闫新安：**离开的时候当然是跟孙军，因为他是负责人，好像是……时间太久了，我具体怎么跟他说的，打电话跟他说的，还是在办公室说的，我现在就搞不清楚了。

**朱明勇：**你还记得你离开的时候有没有遇到有人告诉你我们这是一个什么黑帮组织，你不能够想加入就加入，想离开就离开，然后你离开还要怎么样？有什么交代吗？

**闫新安：**我可以肯定地说，没有！没有这些，我们就是正常营运的车队，没有，那时候还没有。

**朱明勇：**好，我再问你，起诉书第13页的最上边，第23起寻衅滋事事实，你注意到没有？

**闫新安：**我看到了。我当时没注意到第23起寻衅滋事事实，我不可能跟这两个人在一起，不可能的，我首先肯定地说没有。

**朱明勇：**你说不可能跟谁一起啊？

**闫新安：**我跟张秀生本来就不熟，到车队以后我才认识他，但是我跟他交往很少，我不可能跟他在一起去到什么五里高大桥打人，没有的。

**朱明勇：**你现在看清楚第23起寻衅滋事事实里面说的是什么内容吗？

**闫新安：**还有什么李兵什么的，我不知道，我不认得。

**朱明勇：**你不认识李兵这个人是吧？那在2010年这一天你有没有跟着陈胜华和张秀生去五里高大桥附近拦截了一个涡阳的客车？

**闫新安：**我没印象，我不知道这事。上面我已经写得很清楚了，不是现在才说。我已经看过了，看过以后我知道的我就写知道，不知道就不知道。

**朱明勇** 我们注意到，刚才这个案件当中对三个同案被告人的发问，每个人的发问的策略和方法都不太一样。也就是说，在庭审中，你需要判断同案被告人可能属于哪种类型，然后对其采取不同的发问策略，而不能固守传统意义上说的辩护人发问的时候问题要简洁准确。因为，有时候没有办法做到简单，你也没有办法让他回答准确，因为他就是不配合你，所以辩护人要准备好相应的应对方法。

第一个同案被告人属于积极对抗的类型，对他的发问其实是可以设计得复杂一点，甚至可以借助发问陈述一个事实，把这个事实完整地陈述出来，而且通过发问将他之前的供述和现有的证据之间的矛盾揭示出来。第二个同案被告人属于消极回避的类型，那我们就从细节出发，慢慢地问，问到他没有办法回避。第三个同案被告人愿意配合律师讲述真实情况并且善于表达，所以我们的问题相对来说就简洁直接，让他来把问题讲清楚，而且通过他的口说出来会更有说服力。

我们上面说了，对于不同的同案被告人要设计不同的发问方法，那么如何来评估同案被告人属于哪种类型呢？这个时候律师需要根据案件的情况、案件的背景作出初步的判断，在庭上要对被告人察言观色，看他的性格特点、语言表达能力和他认罪的程度。比如，还有一些同案被告人，他一方面想认罪以获得一个从宽的处理结果，但是他内心又不想真的认罪，他又想抓住机会来为自己辩解，说自己在犯罪中的作用是多么轻微，甚至他的辩解导致这个行为在法律上还不一定构成犯罪。我们在庭审中就需要随时关注，适时发现这种情况，并及时应对。我以前办理过一个江苏的恶势力犯罪案件，在庭审过程当中，通过公诉人发问和他的律师发问，我就发现有一个同案被告人比较有意思，这个被告人认罪，但他一旦讲到所谓被指控的犯罪细节的时候，他所讲的内容完全不是犯罪，所以，轮到我发问的时候，我就把这个情况放大，让他在公诉人或辩护人发问中没有完整表达清楚的内容再通过我的发问让他补充完整，表达清楚。

在江苏的这个恶势力犯罪案件中，起诉书指控我的当事人实施非法拘禁，同案被告人也参与了，他也认罪，所以我就向同案被告人发问细节。

**庭审发问录像4**

**朱明勇：**这个被害人到你们公司来以后，你给他安排在什么地方住呢？

**同案被告人：**我不存在安排，他到我公司来了就不走了。

**朱明勇：**他不走，那晚上吃饭是怎么吃呢？

**同案被告人：**我们是顿顿有酒，顿顿有肉。

**朱明勇：**是你们公司自己就有厨房吗？

**同案被告人：**我们公司外边楼下有一个餐厅，一到吃饭的时候，这家伙比我跑得还快，他就先去点酒点菜。

**朱明勇：**后来为什么第二天他还没走？

**同案被告人：**我们都烦了，我都不理他，第二天他老婆都找来了，他老婆来骂他，让他回家，结果他说他不回，他说他回家还没有在这里吃得好、喝得好、睡得好，还不如就在这里有吃有喝有睡，而且别人还不欺负他。

而且这个同案被告人还讲了一个细节，后来这个被害人在他们公司待时间长了，还主动问这个公司还招不招人，想到公司来上班。这样一种情形，根据正常人的认识，能是非法拘禁吗？因此，我们要敏锐地捕捉庭审中出现的一些细节，及时地调整，然后引导他说出对我们有利的话，让他自己说出，他对被害人是非常友好的，既没有限制他的通信，也没有限制他的人身自由，还好酒好肉地进行招待，所以即使这个被告人自己认非法拘禁罪，但是法庭也不能对此作出认定。最终那个案件虽然是恶势力犯罪，但是我辩护的第一被告人最后也就被判了三年多有期徒刑。

总之，对同案被告的发问非常重要，发问一定要审慎，没把握的时候不要问。老师会告诉我们一些需要遵循的交叉询问的规则，但掌握这些规则与在实践中运用这些规则完全是两码事，理论跟实践确实是有差距的，我国跟外国也是有区别的。因此，针对每一个不同的案件，我们要综合研判，具体问题具体分析。

如果你觉得自己还不能很有效地掌握发问的这些方法、技巧，也不能当庭作出判断并及时应对，应该怎么办？我们在实践中有一个误区，认为律师拿到律师证之后就可以去操作所有的案件。但其实不是这样的，就像医生一样，刚刚拿到医师执业证书就去处理新型冠状肺炎患者肯定是搞不定的，因为你的经验还达不到，告诉你方法了，你实际操作也不行。因此，我们很多年轻律师要注意，不是所有的案件你都要去接，一定要看你能不能拿得下来，同时，要不断地在实践中积累经验。

**顾永忠** 明勇这一段讲得很鲜活生动，对大家一定有很多启发。对同案被告人发问方面，亚林有什么高见需要补充？

**王亚林** 我想补充一下我对同案被告人的发问的一些要点总结。

发问的分类：（1）对自己被告人的发问叫本方证人的发问；（2）对对方证人或者敌对证人的发问。如刚才案件的第二被告人；（3）对中立证人的发问。我指的是类似于明勇刚才的举的第二个例子中类似于中立的，而且摇摆不定的被告人。

发问的目的：关于这个问题，刚才明勇讲得已经很清楚了，我认为最起码有四个目的。第一，对辩护的铺垫目的；第二，展示我们的辩护观点；第三，弥补不利的因素；第四，争取化解不利的因素。

发问的要领：第一，要简明扼要。问题不能太复杂，你问得很复杂，容易把人家弄糊涂；第二，要拆分问题。我特意学习过美国律师如何进行交叉询问，一定要拆分，要多进行拆分问题训练；第三，明知故问。要通过明知故问的方式提醒法庭注意；第四，避免重复，但同时又需要制造重复。如果仅仅是重复，法庭会制止，但是我们这里说的制造重复是指问不问被告人同一个问题，这样的话就会制造重复，可以引起法庭的注意。

同时，我们在发问的过程中，要注意和审判长进行适当的沟通。在发问的过程中，辩护人要和被告人有眼神交流。我曾经有一个故意杀人案件，我坐在第一排，我要求站起来发问，就是因为需要和被发问人进行眼神交流。

如果是对于同案自己这一方的被告人的发问，英美法系直接发问的方法就是“5W”：Why？What？Where？Who？When？因为你提前进行了庭前辅导，你就可以直接发问。

关于拆分，避免重复和制造重复问题，我下面以一个30公斤海洛因的毒品犯罪案为例。

第一被告人因为已怀孕，一审被判无期徒刑；第二被告人因为重大立功被判死缓；我的辩护对象是第三被告人，被判死刑立即执行；第四被告人也被判了死刑立即执行。在二审中，我发现一个核心的问题，他们在一个叫伊斯兰堡的宾馆的茶舍里商量是不是贩毒，如何贩毒。我的被告人张某学在侦查阶段交代，他参与了在伊斯兰堡宾馆商量活动，但是在一审开庭的时候他翻供了，说他在侦查阶段的交代是刑讯逼供的结果。除此之外，同案还有判处死刑的第四被告人冯某志也说我的当事人参与了贩毒。

在二审发问的时候，被告人有张某学、王某和、张某、李某平。我对其他同案被告人采取诱导式的发问。问：“你们在某年某月交代，你们在伊斯兰堡宾馆商量贩毒这些事实是否属实？”他们都说属实。然后我再对他们每个人发问：“为什么在这一份口供当中，你没有提及张某学是否在场和参与商量？”他们每个被告人在分别询问的时候都回答我的被告人张某学不在场。于是，我最后申请，与所有的被告人进行对质。

对质的时候，我先问我的被告人张某学，是否参与了伊斯兰堡宾馆的商量活动，他说他没参与，他过去之所以交代他参与了是刑讯逼供的结果。然后我再问他的同案被告人张某士、王某和、张某、李某平，他们都说张某学没参与。因为，在我分别向他们询问的时候，我已经向他们提示，他们过去的交代没有涉及我的被告人。

最后是向被告人冯某志发问，我采取的方法除了技术性的诱导之外，还有心理的强制诱导。我声色俱厉地说：“冯某志，这是你的最后一次机会。你要实事求是，既要如实交代自己的罪行，也要交代同案犯的情况，你是否清楚？”他说：“我清楚，我应该如实交代。”我就问：“冯某志，你说在伊斯兰堡宾馆商量贩毒的时候，我的上诉人张某学到底是否参与了？”冯某志回：“我不确定，应该没有参与。”

由上，对于有利害冲突的被告人，按照我的分类，他属于对方证人，因为他和我的被告人两个人中至少有一个要被判死刑立即执行。当时在法庭上，当他这样回答的时候，我当时就意识到，我的被告人的命可能被保住了。后来发回重审之后，我的被告人就改判了死缓。

我认为，我们国家之所以禁止诱导式发问，有可能是对英文的翻译有问题，我们把它翻译成诱导式发问了。如果把它翻译成指引性发问、提示性发问，就有可能不会被禁止。

对于对方证人或者敌对证人，或者是同案被告人当中的有利害关系的人或者是控方证人，或者是受贿案件中的行贿人，应当也只能进行诱导式发问。发问目的是揭露对方证人事实和观点的谬误，动摇对方证言的可信性，起到一种摧毁、弹劾的作用，甚至可以通过所谓的“设局”方法去归谬。

比如，我前面提到的那个副总受贿案，我在法庭对行贿人发问时就先让他咬死行贿的时间是什么时候？他说是 2016 年的春节，我就在法庭上提出保卫科出具的证明，证明 2015 年 10 月，被告人已经搬到了新的办公楼，请证人向法庭陈述他到办公楼去送钱时，总经理办公室在几楼？他回答，不是 3 楼就是 5 楼，最东边第二间。我当即就指出，10 月公司就搬家了，被告人的办公室在 10 楼，而且中间隔了要刷门禁的玻璃门。行贿人无法向法庭作出解释，审判长都急了问："你说他到底在几楼？什么时间？"行贿人坚持说，在 3 楼，时间是 2016 年的春节。这种归谬的方法必然动摇证言的真实性。

关于对方证人，我们很难让他去证明我们所认定的案件事实，能够动摇对方证人、控方证人的可信性，起到一种摧毁和弹劾的作用就是理想的效果。

### （二）庭审对质

**王亚林** 关于对质的问题是我要求我们这次一定要交流的。我办过三起案件，有两起刚才已经提到了，就是因为法庭的发问和对质，导致这个案件本来判了死刑立即执行，后来改判死缓。

为什么会出现这种情况？因为法庭特别讲印证规则，而通过对质，法庭和公诉人、审判人员亲眼看到了这些被告人、上诉人他们的真实表情，他们对于案件事实的描述，动摇了合议庭的内心确信。所以，我认为对质，在我们国家的法庭上是非常重要的。我注意到大量的法庭，当法官问是否需要对质的时候，除非是控方要求，辩护人很少要求进行对质。所以我建议我们这一次交流的时候，一定要讲对质的问题。

刚才顾老师提到的，《人民法院办理刑事案件第一审普通程序法庭调查规程》明确规定，被告人之间可以对质，证人之间也可以进行对质。通过对质的方法去认定一个案件事实是非常重要的。

大致的案情是这样的，我的当事人叫钱某，他的现任的女朋友是香港 TVB 的形象小姐。有一天，钱某正在歌舞厅唱歌，突然接到他的前女友给他打电话，告诉他，他的现女友正在和别人在银河会所约会。于是，钱某很生气，打电话给他手下的三个人，让这三个人过去，让对方吃点亏，最后打电话过去说："你们可以带着刀，你们可以搞狠一点。"

但是据钱某说，他最后一再要求他的三个手下，不要打得太重，不要出人命。

为了证实有没有这件事，侦查阶段我申请公安机关进行调查，去恢复他微信内容，甚至去找到苹果手机售后，看看能不能恢复已经删除的内容。因为事发之后被告人们把微信给删掉，把手机也扔到了水里了。

但是微信删除之后就不能恢复，手机一旦扔到水里，也不能恢复，不能提取出来信息。于是，我就把所有的希望放在法庭上。被告人钱某说他给他的手下说了，不要把人打死，不要打得太重。所以法庭想正式往下进行举证、质证的时候，我要求法庭进行对质。后来我跟公诉人交流，公诉人说你要求对质，我就知道这个事就坏了。

我的当事人钱某非常有意思，小学文化程度，但是我在第三次会见他的时候，他突然问我："王律师，我的行为为什么不是实行过限？"请注意他是小学文化水平，他问我他为什么不是实行过限？我都不敢相信我的耳朵。我说："你说什么？"他说："我的行为为什么不是共犯过剩？"他先说实行过限，又说共犯过剩，所以我们的被告人还是很厉害的。

这个案件本来公诉机关是以故意杀人罪进行指控的，包括最后呐喊、助威的第四被告人都定的是故意杀人罪。但是对于是教唆犯的我的被告人，合议庭改变了定性，最后对他定的是故意伤害致人死亡罪。案件现在已经判决，也早就发生法律效力了。

**庭审对质录像**

**审判长：**公诉人对各被告人有没有要补充讯问的？

**公诉人：**没有了。

**审判长：**各辩护人有没有要补充发问的。

**辩护人：**审判长，我是被告人钱某的辩护人，我请求对各个被告人进行当庭对质。

**审判长：**可以。

**辩护人：**好的。何某志，我是被告人钱某的辩护人。在今天上午的法庭调查阶段，你回答法庭的时候说了这样一句话，你、刘某和丁某祥在去银河会所的路上，刘某说了这样一句话，叫“不要打得太重”，是否属实？刘某在车上是不是说了这句话，今天上午你在法庭交代的是否属实。

**何某志：**属实。

**辩护人：**刘某，我是被告人钱某的辩护人。刚才何某志说，你们在去银河会所的路上，你给他们说不要打的太重。你有没有说这句话？刘某，请你直接向法庭回答，你有没有说这句话？有还是没有？

丁某祥，你是否记得当时刘某说的这句话，你没听到？是你没听到还是刘某没说？

还有被告人钱某，刚才你向法庭供述，2015 年 12 月 1 日，你也向侦查人员交代过这样一句话，就是人砍了以后，你们在广开城路上的一个砂石场见面。刘某当时说了这样一句话，“不是听说捅人不会死亡，经常听说有人被捅了也没死，不会这么倒霉吧”？请你向法庭回答你这种交代是否属实？

**钱某：**属实。

**辩护人：**刘某当时说的这句话是这样的吧？好的。那么刘某，请你向法庭陈述一下。当时在广开城路上的砂石场，你是不是说了这句话？好的，你是说了这句话

再问被告人钱某，刚才你向法庭交代，你是如何安排刘某去银河会所的，跟过去在侦查阶段你的交代一样，你的语言表达是，“把好亏给他吃一下”，是不是这样？

**钱某：**对。

**辩护人：**那么被告人刘某，11 月 30 日晚上，钱某安排你去会所看看。他是不是说了“把好亏给他吃一下”这句话？是不是说的这句话？说了这句话，那么请你向法庭明确交代，他当时说的是“把好亏给他吃一下”，还是你向法庭交代的，他要你带人带东西去打人。当时他是说的是什么？钱磊是用语言的方式，还是用打电话的方式，还是用微信文字的方式来说“把好亏给他吃一下”的？是用微信文字的方式对吧？请你向法庭直接回答还是不是？是。不管是语音还是文字，反正是通过微信说的“把好亏给他吃一下”，对吧？

那么你当时是如何理解“把好亏给他吃一下”的？你用普通话向法庭翻译一下，“把好亏给他吃一下”的意思就是过去打他，对吧？

钱某，你刚才向法庭交代，过去也交代过，你同时还给刘某

说，不要把事情搞大，不要出人命，还说了这句话。是你刚才向法庭交代，是打电话的还是微信文字的？

**钱某：**微信文字。

**辩护人：**微信文字，除了说把好亏给他吃一下，还说了不要把事情搞大，不要出人命，是这样吧？

**钱磊：**是的。

**辩护人：**那么被告人刘某，刚才钱某说的是否属实？

**刘某：**去的路上看到其他信息，再没注意这些信息跟电话了。

**辩护人：**当时你已经在去银河会所的路上，没注意到钱某有没有说不要把事情搞大，不要出人命这句话是吧？是不是这样？那么你在事后有没有去听了微信或者看了微信？

**刘盼：**后来是见面才知道的。

**辩护人：**后来见面的时候你有没有看到你的微信上面有这样的文字或者语言？

**刘盼：**后来见面我们在他车上的时候，当时去银河路上的时候，没在意那些电话跟信息，见面以后才知道的。

**辩护人：**我明白，你刚才的意思是当时你只顾往银河路上赶，没有注意他给你的微信的留言或者文字。事后了，人给打了以后，你们在开城，你才看到微信上面确实有这样的文字或者是声音，是不是这样的？

**刘盼：**对。

**辩护人：**是这样的吧？是文字还是声音？

**刘盼：**文字。

**辩护人：**好的。谢谢，我想书记员已经记录在案了。审判长，谢谢，我庭审对质完毕。

## 王亚林

我再总结四句话：第一，我们除了要熟悉案情、技术娴熟之外，我们律师在法庭上还需要有一个比较强大的心理素质。

第二，发问要明知故问。但同时，芝加哥的一个刑事大律师说，有的时候我们不得不去剑走偏锋。也就是说，原则上是明知故问，但是有的时候你必须要采取一种剑走偏锋的查证方式，对质就是这样。

第三，我想告诉大家的是，在我们的法庭上，诱导式发问是可以的。何为诱导式发问？这是存在争议的。一般来说，诱导式发问，是指你的答案设定在发问当中，大家可以看到，不管是朱明勇律师刚才的发问，还是我的发问，都有大量的诱导式发问。

第四，在发问完之后，我们作为发问人，可以进行总结。除此之外，“法庭调查规程”也明确规定，辩护人每一次发问完之后，可以立即发表质证意见。

**顾永忠** 谢谢亚林，也谢谢明勇！刚才这个单元，他们用自己亲身办案的经历和经验，做了很好的针对不同对象进行发问包括对质的技能和技巧，我听了以后也很受启发，大开眼界。我现在直接办案非常少，听了他俩的讲述也了解了当下律师办案特别是几位大律师办案的情况，收获很大。同时，我想把他们刚才讲的内容做一个提炼，也做一些补充，提出一些对庭审发问的要领，包括对质的带有一般性、规则性的要领，供大家思考和参考。

第一，一定要清楚发问的目的是什么。律师提出问题，不论是向被告人发问还是向证人发问，具体目的是什么一定要清楚。要把发问的目的与辩护的目标结合起来，因为律师的发问、举证、质证都是服务于辩护的，不能脱离辩护的目标，不能分割发问与举证、质证的关系，这是我认为庭审发问一个最基本的规则性的要领。

第二，律师的发问是在公诉人讯问之后，这里就涉及如何处理好与公诉人讯问的关系问题，我大概提出这么几点：

其一，轮到辩护律师向自己的被告人发问时，要注意调整对方的情绪。大家知道公诉人讯问一般是义正词严、声色俱厉的，有的时候被告人很难招架，心理上、精神上容易受到很大的打击。轮到辩护律师发问的时候，要从语气上、语调上、提问的问题上甚至称谓上都要调整，要让被告人尽快从刚才那种紧张慌乱的情绪中恢复正常，配合好律师的发问，回答好律师的发问。这是我们特别要注意的，比如，对被告人的称谓，我国的律师们一般也是称被告人谁谁，有的甚至声色俱厉地向被告人发问，好像为了与被告人划清界限。其实完全没有这个必要，谁规定了必须称“被告人张三”“被告人李四”？我们直呼其名可不可以？甚至有些合适的对象，我们叫他“某某先生”或“某某小姐”可不可以？我觉得都是可以的。

其二，刚才亚林也谈到了，就是法庭上通常会禁止诱导式发问，但是律师发问有时候又离不开用此种方式发问，特别是在公诉人讯问之后发问，有些问题势必是产生于公诉人讯问的内容之中，此时为了防止审判长以诱导式问题为由制止律师发问，你可以技术性地说：“刚才你回答公诉人的问题，说了××××是不是？”这样问的话，即使审判长想打断，也不好打断。因为你是基于公诉人的讯问和被告人的回答提出问题的，并非凭空提出诱导式问题。

其三，策略式的重复发问。为什么强调这个问题？因为审判长一听到重复性问题往往就会制止，律师就要注意不能简单地重复，否则马上就会受到制止。律师可以说：“刚才你回答了什么问题，对不起，我没有听清楚，能不能请你再重复一下，大声地向法庭说清楚？”审判长听到你这么说，就不好意思制止了。但要注意重复的问题不是一般性的问题，应当与案件有实质性的关系，对律师后面的举证、质证能够产生积极的影响、实质性的影响，一般问题不应当重复。

其四，善于给被告人提供机会让他对一些重要问题作出解释。被告人在接受公诉人讯问的时候，有些情况他本想作解释，但公诉人不让解释，只要求被告人回答“是”或“不是”，但事情并非如此简单。轮到律师发问时就要给被告人提供机会，让他对有关问题进行解释。比如，我们辩护律师可以对被告人说：“刚才你回答××问题时公诉人不让你多做解释，但这个问题对定罪量刑有重要的影响，你现在可以向法庭作出解释。”由于你说这个问题与案件定罪量刑有重要影响，不论审判长还是公诉人都无法打断或反对被告人对此前无法解释的问题作出解释。

其五，我想强调的是，律师一定要避免向被告人提出他不理解、难回答甚至对他不利的问题。刚才亚林说了，有时候我们也可以不妨剑走偏锋一下，但是剑走偏锋一定要心里有数。万一问出一个对被告人不利的问题，就很被动甚至尴尬，还不如不问。

第三，就如何对同案被告人发问和对质，根据两位律师的讲解我提炼概括出以下几点：

其一，向同案被告人发问时，应当注意其与本方被告人的利益或者利害关系。共同犯罪案件中，一案中有不少律师，每位律师向其他被告人发问，要清楚自己能问什么，不能问什么，要注意发问的问题与本方被告人的关系，与你的被告人有关你可以问，与你的被告人无关审判长可能会制止，公诉人可能会反对，同案被告人的辩护人也会反对。

其二，向同案被告人发问时，应当注意其与向本人所辩护的被告人发问的关系，以及与同案被告人自己的辩护人发问的关系。法庭发问中，首先是每位辩护人向自己的被告人发问，然后才能轮到其他律师对同案被告人发问。所以在发问的时候一定要注意和前面的同案被告人本人的辩护人发问的关系，一方面要维护自己辩护的被告人的合法利益，另一方面也要尽量避免与其他同案被告人的辩护人发生正面冲突。但在不得已的情况下，该冲突还得冲突。这也是法律不允许同一律师同时担任同一案件多名被告人辩护律师的原因所在。

其三，要善于向对于本方被告人有利的同案被告人发问。在同案被告人当中，有的被告人的供述和辩解是对你的被告人不利的，有的是有利的。刚才两位律师演示的庭审视频中就有这种情况。同案有利的被告人，其实就相当于有利的证人，他们出庭是没有问题的。律师要利用好这个机会向同案被告人问出对你的被告人有利的问题来。

其四，对于对本方被告人不利的同案被告人要谨慎发问。有的同案被告人所做的陈述，所做的认罪，有可能对你的被告人是不利的，那么你就不能贸然向他发问。一旦贸然发问，对方回答出了对你的被告人不利的事实，那就很糟糕。总之，对同案被告人发问要非常谨慎，有把握才去问，没有把握轻易不要问。因此，我们辩护律师一定要在事先充分研究了案情和案卷材料，做到胸有成竹。

其五，我非常欣赏刚才两位律师在法庭上的对质，确实现在法庭上对质很少，但是法庭调查规程对庭审对质作了明确的规定。所以，我们律师要善于发现并抓住时机在庭上申请就有关事实在被告人相互之间或证人相互之间进行对质，对质如果做得好，产生的效果是相当积极的，对辩护非常有利。

## ——— 答疑解惑 ———

Question 1　在开庭前已经申请了侦查人员出庭，但是法院没有批准怎么办？

**王亚林** 首先，现在的三项规程，关于证人到庭的条件，取消了过去司法解释和刑事诉讼法规定的，“经法院审查认为必要”这个条件。所以，我觉得在我们每次申请证人到法庭去作证的时候，需要进行交涉。我一般写申请的时候，会在申请里面强调现在跟过去规定不一样，现在有新的规定。

其次，我会详细说明我为什么要申请证人到庭？证人到庭不仅是因为我的被告人对证言提出异议，而且这名证人过去的证词和其他的证据有矛盾。我们不能在申请里只提到证人的名字，这样法院肯定不会批准。我们的申请要具备以下几点：第一，要说明法律依据。第二，要说明申请证人到庭的详细理由。有的申请书中的理由甚至和辩护词的内容、质证的意见差不多。根据我自己的体会和经验，用这样一种方式申请证人到庭，绝大部分法院都会采纳。所以，申请证人到庭的时候，我们应该采取这样的一种方法，不要仅是单纯地列明证人名单，还需要明确向法院提出法律、司法解释上规定的理由和事实上的必要性。

**顾永忠** 我补充两句，现在证人出庭难原因有很多，既有法庭的问题，也有律师自身的问题。律师自身的问题是什么？我在前面和刚才亚林都谈到了，律师要求证人出庭，需要考虑理由和依据是不是充分。如果本身就不充分，法官当然就不可能批准了。如果理由是充分的，法官不批准怎么办？我前面也说到了，律师应当把申请证人出庭的理由、根据写清楚，用书面方式的递交给他。这能起到备案作用，将来案件出了问题甚至办错了，追查办案人员的责任，有可能与此有关。

此外，律师在庭审后要向法院提交书面辩护词或辩护意见，要把之前庭审中发表的有关意见，包括要求证人出庭但被拒绝的意见写到书面辩护意见里。将来一旦发现证人应该出庭而没有安排出庭，这实际上是对法官办案的一个不良记录。如果这样做构成程序违法，就要追究他的责任。

Question2 在庭审过程中，辩护人向被告人进行发问时，法官打断辩护人发问，请问这个时候您有没有应对的经验和技巧？

**顾永忠** 坦白地说，首先律师要从自身做起做好，你问得是不是得体？问得是不是精练？问得是不是抓住了要害？这些都很重要。在我的印象中，过去我做专职律师和现在做兼职律师，在庭审发问被告人的时候，好像没有被法官打断过。也就是说，律师发问要设计好。首先，内容要能问到点子上，都是实质性、关键性的问题；其次，发问在表达上干净利落，不拖泥带水，这样法官可能就没有打断的机会。但是也不排除，律师发问很好，法官也会打断。这个时候我们就在后面发表的意见里给他记上一笔，或者在庭后向法院内部有关部门去反映投诉。去年网上传的一个庭审视频，广东省高级人民法院审理一个案件，律师刚发问了一两句话，一位女法官就制止律师发问，多次打断。后来这位法官公开向那位律师道了歉，并且广东省高级人民法院也对那位法官做出了一定的批评或者处理。所以，律师庭审发问首先自己要过硬，同时要利用法律赋予律师的诉讼权利，敢于主张权利、争取权利。

Question3 实务中律师作无罪辩护，须经司法行政机关报告和许可，律师的辩护权受到限制，如何协调解决？

**朱明勇** 关于律师作无罪辩护要经过司法行政机关的报告和许可。首先，我没有看到有这样的法律规定。我记得是在1996年律师法颁布以前有个《律师工作暂行条例》，里面规定律师作无罪辩护要经律师事务所研究，但是也不是经过司法行政机关的报告和许可。实践当中，我们的确注意到有一些案件，特别是涉黑案件当中，个别地方的司法机关、司法行政机关，要求律师作无罪辩护时要提前向他们报告，但是许可我也没有见到过。

大家要注意，律师事务所接受当事人的委托，指派所里面的律师去辩护，律师作为诉讼参与人去查看案件材料，会见当事人，然后基于案卷和会见的情况作出一个判断，与当事人沟通后决定是做罪轻辩护还是无罪辩护。如果律师要作无罪辩护，没有法律要求律师要经过司法行政机关的报告和许可，而且如果真的向他们报告和许可反而可能会存在违法的问题。比如，一些涉密的案件，如国家监察委员会认定为机密的案件，这样的案件你作无罪辩护，向司法行政机关报告，就势必导致你要将案件的一些材料和内容要向他们报告，其实这就是泄密，这反而是违法的。而且，其他人不是辩护人，他就不应当了解案件的情况，也不应当向其提出辩护意见。他没有看到案卷材料，他也没有会见当事人，他怎么知道你的无罪辩护是对还是不对？是适当还是不适当？

另外，如果他许可，你要作无罪辩护；如果他不许可，他会给你什么样的一个文书？如果这个案件将来是无罪，法院改判无罪，因为你要作无罪辩护被司法行政机关不允许，司法行政机关会不会涉及滥用职权犯罪呢？所以，对于这个问题，我觉得如果遇到，在没有法律规定的情况下，这么要求本身就是违法的，这是一个原则问题。但是对于有些案件，比如，群体性案件，领导比较关注，汇报也是可以的。至于你怎么去辩护，我觉得只要是依法辩护就没有问题。总之，大家一定要按照法律规定来处理，有些所谓的司法行政机关的要求并不真正是司法行政机关的要求，他可能是司法行政机关的某一个人的要求，他不能代表司法行政机关，你可以跟他们讲清楚，这个案件可能是涉密的，可能还涉及商业秘密或当事人隐私，为什么要向他汇报，他知道后要干什么？

## Question4 对于处于囚徒困境的一方怎么辅导？

**王亚林** 我认为很多律师对于囚徒困境的理解可能有误。囚徒困境应该说最早是美国的一个例子，大致是两个被告人都被抓后，警察对两个被告人分别进行讯问，如果他们各自攀咬，对方两个人谁都跑不掉；如果他们各自扛住不说，说不定他俩都无罪，这叫囚徒困境。我想最原始的应该是这样，假如是我所说的原始的囚徒困境，我们律师没法辅导。

今天我们讨论的辅导是庭前辅导，即开庭前的辅导，是我们律师已经都看过卷宗材料后的准备。所以我估计有的律师问的囚徒困境应该是另外一种理解，就是我们朱明勇律师举的例子。我有一个案件也是这样，有64名被告人，我的被告人不认罪，其他的被告人都认罪，那么对我的被告人怎么辅导？我认为这还是涉及我们的辩护方案。如果经过沟通，我们辩护人和被告人进行沟通，像明勇律师刚才提到的孙军案件一样。确实开庭的时候可能会很孤立，不认罪也只有坚持下去。

## Question5 朱明勇律师以前写过一篇关于贩卖麻精药品的文章，买受人并非真正的吸毒人员是否构罪？

**朱明勇** 这个里面我觉得首先要明确一个原则，在目前的司法实践当中，包括刑法理论当中，贩卖麻精药品跟贩毒不能画等号。麻精药品是指麻醉药品和精神药品，贩卖麻醉药品和精神药品理论上讲不能认定为贩卖毒品罪。因为刑法中第357条规定，“本法所称的毒品，是指鸦片、海洛因、甲基苯丙胺（冰毒）、吗啡、大麻、可卡因以及国家规定管制的其他能够使人形成瘾癖的麻醉药品和精神药品”。除了明确列举的六种毒品外，还有一个概括规定，即“国家规定管制的其他能够使人形成瘾癖的麻醉药品和精神药品”。这里边有几个关键词，第一，它首先是麻醉药品或精神药品；第二，它是国家规定管制的；第三，是能使人形成瘾癖的。所以并不能认为只要贩卖麻精药品就一定是贩毒，还要看这个药品本身会不会使人形成瘾癖，大家要注意，不是所有的麻精药品都能够使人形成瘾癖，使人形成瘾癖的也不都是麻精药品，如糖、烟、酒也可能使人形成瘾癖。更重要的是，前面还有一个限制词，叫“国家规定管制的”。很多人包括司法机关，甚至包括最高司法机关和立法机关的人也有时会忽略这一点。刑法第96条明确规定，国家规定是指全国人民代表大会及其常务委员会制定的法律和决定，国务院制定的行政法规、规定的行政措施、发布的决定和命令。只有这些规范性文件才叫国家规定，其他的都不叫国家规定，比如，公安部发布的、卫计委发布的、食品药品监督总局发布的，以及他们联合发布的文件，都只是部门规章，都不叫国家规定，这是一个非常明确的罪刑法定的原则性问题，刑法当中说得很清楚。所以，我们就要看案件中的麻精药品，第一，它是不是纳入了国家规定管制，这是一个非常重要的规范性要件；第二，它能不能使人形成瘾癖，这个需要相关的证据进行证明，不能想当然。

最后，最重要的一点，即使符合这三个要素，贩卖的是国家规定管制的能够使人形成瘾癖的麻精药品，也不一定构成贩卖毒品罪。为什么呢？还要考虑贩卖毒品罪的法益，最高人民法院有一个关于审理毒品案件的武汉会议纪要，在会议纪要里边有一个非常重要的标准，就是要考察贩卖麻精药品的流向和用途，如果涉案的麻精药品没有流向毒品市场被当作毒品使用，就不能够以毒品犯罪处理，至于是不是构成其他的犯罪，要看其他的情况。这个问题，其实大致就是这么几个核心的观点。大家如果仔细研究就会发现目前我们的司法实践当中，关于贩卖麻精药品的判决里，有一部分是宣告无罪或改判其他罪名了，但有相当一部分是判错了，司法实践当中比较混乱。但是我们辩护的时候一定要说理充分，有法律依据，你要一条一条讲清楚，法院就难以认定为毒品犯罪。

## Question6 在犯罪嫌疑人认罪认罚具结书上律师的签字有什么意义？

**顾永忠** 我认为这个问题非常有意义，有价值。对这个问题我要特别强调，目前我看到的很多理论界、实务界的人对这个问题的解读是有偏差的，大多数人把它理解为这是一种见证行为，我认为这是完全错误，甚至是严重错误的。不管是委托的辩护律师、法援机构指派的辩护律师还是值班律师，当他们在审查起诉阶段参与认罪认罚案件的时候，在犯罪嫌疑人签署的认罪认罚具结书上签的这个字，绝不只是一个见证，不只是说你看到犯罪嫌疑人在认罪认罚具结书上自愿地签了字，而是有着更重要的意义。这个意义就是你作为律师，通过之前参与办理案件，确认犯罪嫌疑人：第一，他确实是有罪的；第二，他是自愿认罪的；第三，他是同意检察机关提出适用认罪认罚的有关审判程序以及给他提出的量刑建议的。在这三个方面律师能够确认，才可以、也应该在认罪认罚具结书上签字。根据刑事诉讼法的规定，不管辩护律师是受委托的还是法律援助机构指派的，还是值班律师，在审查起诉阶段办理认罪认罚案件时，法律的要求是完全一样的，都可以阅卷和会见，可以在检察机关听取意见的时候充分地表达意见，还可以与检察人员协商量刑建议。同时，律师要与嫌疑人充分沟通交流，帮助他确认自己有罪，确实愿意认罪认罚，确实能够接受或者通过律师的协商，能够接受检察机关提出的量刑建议。在这样的前提下，律师才应该签字。如果律师不能确认这些，我认为律师不应该签字。如果签这个字，将来案件一旦出了问题，律师的责任是跑不掉的。

## Question7 如果被告人当庭又不认罪认罚了怎么办?

**顾永忠** 这非常简单。认罪认罚必须建立在本人自愿上，即使他在审查起诉阶段签署了认罪认罚具结书，但到了法庭上他又反悔了，法律允许他反悔，并且要保障他反悔。我过去写文章谈到怎么保证认罪认罚自愿性的问题？自愿性有很重要的几个保障，其中一个就是要保证他有反悔的权利。如果不能反悔，“自愿性”就打了问号。一旦被告人在庭上反悔了，法官就必须停止按照认罪认罚程序审理案件，必须转为普通程序来审理。律师对此没有什么发言权，认不认罪、认不认罚要由犯罪嫌疑人、被告人自己决定，律师可以提供法律咨询，但不能对此作决定。至于法官也不能干预，只能提示、核实他是不是确实对认罪认罚表示反悔，如果对方确认反悔，法官必须转为普通程序审理案件。

**王亚林** 如果本来是认罪认罚程序而被告人当庭又不认罪，那么此时律师应该请求法庭休庭，然后由律师和被告人进行沟通，如果律师认为应该认罪认罚，而被告人认为无罪，两个人意见达不成一致，律师应该解除委托，这是有相关的职业规范规定的。同时，律师在这个时候申请法庭休庭，根据

2015 年的“两高一部”关于依法保障律师执业权利的规定，法庭应该休庭。我相信这种情况下，法院也愿意休庭，因为法庭毕竟还是想继续进行认罪认罚程序的。

另外，还有一个问题，我们提前沟通的时候，遇到公诉人反对怎么办？遇到法庭制止怎么办？

刚才顾老师说应该坚持下去，我们可以对法庭的程序提出异议。我可以对你法庭的审理程序提出异议，认为你的程序是违法的。根据“两高三部”关于律师权利的规定，律师对程序提出异议，原则上法庭应该休庭，去协商如何处理。法庭可以驳回，当法庭驳回的时候，我们律师有权要求复议。当复议再给驳回的时候，对不起，我服从法庭的决定，但是我有权对于法庭处理的程序违法陈述我的保留意见，要求书记员记入笔录，以此作为上诉和向检察机关进行控诉的理由。所以，我觉得律师只要坚持我们的意见，你有一种一往无前的精神，你的权利就必然会被尊重。

Question8　被告人不认罪，办案人员说，听说你儿子正在高考，弟弟开了大公司，被告人很清楚这句话什么意思，于是认罪了。那么这种行为明显是威胁，但又不在相关规定之内，应该怎么申请？

**王亚林** 我想说的是，首先这样一种行为，确实不在严格排除非法证据规定的范围。严格的排非规定是这样说的，采取严重损害本人及其近亲属合法权益等进行威胁的方法，使犯罪嫌疑人遭受难以忍受的痛苦，违背了意愿应该予以排除。根据问题的表达，如果仅仅以这个理由，法院肯定会驳回你的申请，不会启动非法证据排除程序。在质证的阶段，认为含有威胁的成分，因此违背了自白任意性规则，你可以对真实性提出质疑。

**顾永忠** 我基本同意亚林的回答。首先，对于威胁被告人能不能作为排除非法证据的对象？我们可以好好看一下刑事诉讼法的规定。虽然刑事诉讼法正面规定禁止以威胁、引诱、欺骗等非法方法收集证据，但是在排除非法证据的规定当中，对于"威胁"获得的证据应当要排除的规定只是针对证人证言、被害人陈述，没有规定对被告人威胁获取的口供也要排除。为什么这样？表明刑事诉讼法针对证人、被害人和针对被告人的排除非法证据的标准，是有不同尺度的。

其次，我们一定要注意一点，把"非法证据"这个概念和"依法应当排除的非法证据"这个概念区别开来。"非法证据"是个大概念，并不是所有的非法证据都要排除。在所有的"非法证据"当中有一部分法律规定应当排除，我们把它叫作"依法应当排除的非法证据”。总之，并非所有的非法证据都要排除，甚至美国也做不到。美国也有非法证据排除的种种例外情形。在德国，非法证据排除叫作证据禁止，证据禁止里面又有证据收集的禁止和证据使用的禁止。证据收集的禁止范围要大得多，证据使用的禁止就范围小，类似于我刚才说的，属于应当排除的非法证据。所以要对这个关系认识清楚并正确要处理。

## Question9 专家辅助人出庭需要提前出具书面证明意见吗？辩护人可以搜集到哪些专家辅助人专家库？

**朱明勇** 首先，专家辅助人出庭不需要提前出具书面的证明意见，但实践当中有一种情形，辩方请求专家辅助人出庭，但法庭不同意，有的律师可能会请一些专家辅助人出具一个书面审查意见，对案件当中的鉴定意见进行一个书面审查，然后由专家根据自己的专业知识对原来鉴定意见的结论以及依据做一个书面的审查意见，然后写一个书面的材料提交给法庭作为参考。

关于辩护人可以搜集到哪些辅助人专家库？这里也没有一个系统的、统一的专家库。辩护人可以根据案件的不同情况，可以去找法医学的、枪击弹道方面的、机械加工方面的，或者其他具体的专业领域的专家。专业领域的门类非常庞杂，即便是一个法医学里边可能也分为脑血管、心血管、肾、肺、生殖系统等不同的专家领域，但一般都会有一些专业行业协会，可以考虑从这里面去找。比如，心脑血管疾病专家委员会。辩护律师要根据案件的具体情况、难易程度以及当事人的承受能力去找。或者也可以不在专家委员会里面去找，因为法律上称其为“有专门知识的人”，这个表达比较宽泛，什么叫有专门知识？也并不一定就是说专家，他还可以是一个民间艺人，可以是一个非物质文化的传承者等都可以，只要他有一定的专门知识，能够解决具体的技术性问题就可以。

**顾永忠**　我补充一下这个问题。第一，专家辅助人出庭要不要庭前提供一个书面意见？从法律上没有要求，但是从辩护人向法庭申请专家辅助人出庭的角度看，需要律师陈述申请的理由，恐怕就需要一个这方面的材料，才能说明为什么申请专家辅助人出庭。所以，申请文件应当由律师写，但可以把专家辅助人对鉴定意见的书面意见作为申请书的附件一并提交法庭。这样法庭才能很好地审查，才能决定到底让不让专家辅助人出庭。

第二，专家辅助人有没有专家库？我同意朱律师刚才所说的，但是要注意的是，法律上没有统一的要求，有的地方建立了一些专家辅助人库，如果确有这样的库，律师办的案件所涉及的问题，从专家库里面能找到相应的专家，能解决相关的问题，律师可以到专家库里选择专家辅助人。但如果当地并没有这样的专家库，律师当然可以按照办案和专业需求来物色、选择专家辅助人；即使当地有这样的专家库，但是库里的专家解决不了案件的专业问题，律师也可以另行聘请专家辅助人，但是要和法官进行充分的协商沟通。

# 刑辩业务核心技能

## 举证质证

韩嘉毅 / 焦　鹏 / 徐宗新

# 作者简介


## 韩嘉毅

中华全国律师协会刑事业务委员会秘书长

北京市律师协会刑事诉讼法专业委员会主任

北京大成律师事务所高级合伙人

## 焦　鹏

中国政法大学诉讼法学博士

北京天驰君泰律师事务所高级合伙人

中华全国律师协会刑事业务委员会副秘书长

中国政法大学兼职教授

## 徐宗新

上海靖予霖律师事务所主任

靖霖律师事务所创始人

华东政法大学刑事辩护研究中心执行主任

中国检察学研究会理事

# 举证质证

- 质证工作的现状
  - 现状·评估
    - 不敢说
    - 不想说
    - 不会说
    - 胡乱说
  - 原因·症结
    - 法官理念
    - 司法体制
    - 自我放弃
  - 重视·强化
    - 辩护基石
    - 三大技能
    - 尽职履职
- 质证工作的准备
  - 证据的系统分析
    - 阅卷——分析证据
    - 会见——核实证据
  - 质证的文案准备
    - 质证意见提纲
    - 全面质证意见
  - 控方举证顺序与方式的预判
    - 控方做法
      - 准备充分
      - 不予提供
      - 出其不意
    - 模式列举
      - 按卷宗顺序
      - 按证据类型
      - 按要件事实
      - 按起/次事实
      - 按罪名
      - 按被告人序列
      - 按主要、次要要件事实
      - 按争议大小、充分与否
      - 按定罪、量刑事实
      - 自由奔放式
  - 庭前会利用
    - 庭前会可否质证?
    - 被强迫要求质证如何处理?
    - 举证质证方式能否沟通?
    - 能否交换质证、举证意见?
    - 排非、搞证据突袭的可操作性?
- 证据分析工具
  - 用证据"三性"质证的利弊
    - 熟练度
    - 难易度
    - 准确性
    - 覆盖面
  - 证据分析工具举要
    - 普通逻辑
    - 公众常理
    - 证据规则
      - 意见证据规则
      - 最佳证据规则
      - 瑕疵证据规则
    - 证据理论
      - 毒树之果
      - 证据资格
      - 证明责任
  - 证据分析的五个维度
    - 证据本身
    - 证据与证据
    - 证据与待证事实
    - 证明标准
    - 证明体系

# 举证质证

- 质证与辩论表达方式的区别
  - 质证、辩论表达的对比
    - 对象
    - 工具
    - 结论
    - 注意事项
  - 质证表达的逻辑结构
    - 三段论
    - 直言判断
    - 归纳推理
- 举证思路
  - 举只可能有利，不可能不利的证据
  - 辩方证据
    - 依证明目的
      - 反驳类
      - 证明类
      - 质疑类
    - 依证明事项
      - 定性类
      - 量刑类
    - 依证明力
      - 证明事实类
      - 提供线索类
  - 举证目的
    - 控方证据不能采信
    - 指控证据体系不能成立
    - 至少提出合理怀疑
    - 证明辩方事实
- 证据要求
  - 有关联性
  - 来源合法
  - 客观真实
- 举证方式
  - 庭审五天前提交证据目录及证据复印件，写明待证事实，可装订成册，一式两份，可考虑抄送同案被告人 辩护人（不搞证据突袭）；
  - 庭审时带上原件；
  - 一证一举一质一答辩或说明（也可以分组）；
  - 案卷中有利证据可以列入辩方举证材料，以有利于展示完整的辩方证据锁链；
  - 公诉人出示，但未宣读的证据的有利部分，可以在质证时提出，也可以在举证 时说明；
  - 对公诉人质疑，可以当庭提出调查申请 或申请证人出庭作证；
  - 可使用多媒体示证方式，增强说服力

**韩嘉毅** 刑事辩护业务的举证、质证无疑是刑事案件庭审中最重要的一个环节。在这个环节里，我们回答了法庭发问留下的疑问、困惑，为法庭辩论打下坚实基础。同时，这个环节涉及的刑事诉讼法、证据规则的相关理论非常多、非常深。如何认定一个事实或一个情节，案卷中的材料是否能够成为证据，证明的目的能否实现，证明材料能否经查证属实、成为作为定案依据的证据，都是在这个环节完成。

如果说在一个刑事诉讼程序中，法庭辩论考核的是刑辩律师的实体法功底和能力的话，那么在举证、质证环节更多的是考察刑辩律师诉讼法知识的掌握程度。很显然举证质证环节是我们辩护的一道重要防线是我们此后运用刑法知识理论的基础和前提。我是学刑事诉讼法出身的，我认为诉讼法理论是最难、最深、最广的知识领域，必须经过艰苦的努力、默默无闻的学习，才能掌握相关的原理、知识。相较于刑法，刑事诉讼法难就难在证据部分的认定规则太多，很难搞清楚、学透彻。

有一个非常值得关注的问题，在实践中，很多时候我们可以看到，辩护人与公诉人、法官的冲突往往不是发生在一开始的法庭讯问、发问环节，也不是发生在法庭辩论环节，而是基本上发生在举证、质证环节。原因在于举证、质证环节，双方对证据的认识分歧太大。

一份关键证据如何认定，对于本案的定罪量刑非常重要。对于如此重要的一份证据，如果辩护人与其他各方在认知上产生了巨大的矛盾和偏差，就会导致矛盾和冲突的产生。在我看来，之所以会产生冲突和矛盾，是因为没有一方能够把证据法学的原理说清楚并令对方信服。如果一方能够把相关的证据法学原理说清楚，让另一方信服的话，这种矛盾就不会产生，或者可以化解。双方都说不清楚，产生的矛盾、冲突都浮在问题的表面，双方都在喊口号、讲原则，就会让矛盾、冲突逐渐升级。就像两个小孩打架，谁都不能说服谁，说不通道理就会动手，能够说通道理就不会动手了。

我先简单地说这么几句，希望我们这一次对话能够引起大家更多的思考，思考关于证据、证明的相关立法，以及背后的立法原则、精神。熟悉、掌握这些法学原理，能够帮助我们站得更高、看得更远，帮助我们在法庭的对抗和冲突中说服对方。

## 一、质证工作的现状

### （一）现状·评估：不敢说、不想说、不会说、胡乱说

**焦　鹏**　关于举证质证工作的核心技能，我们要从质证开始说。出过法庭的律师都清楚，作为辩护人，

我们参加庭审都是从质证工作开始的。所以，在这里我们首先讨论律师在法庭质证过程中应该掌握的核心技能。

有的律师同仁觉得质证工作很容易，进行得很顺利。但有的律师却觉得很挫败，很无力。从实践现状看，从我们到全国各地去开庭、去调研的情况来看，我们都觉得质证工作是辩护律师提升空间最大的一个地方。那么提升的基点在哪？我认为这个基点在律师质证工作的现状，我们必须清楚地了解刑辩律师在质证阶段的工作现状。根据调研和实践的情况来看，我认为问题集中表现在以下四个方面：

第一种表现是“不敢说”。大部分律师在开始接触律师业务的时候，大多是从民事案件开始的，很少直接上来就办理刑事案件。办理民事案件觉得很容易，法官会组织双方律师进行举证、质证，过程很顺利。但是，如果遇到刑事案件，有的律师就感觉很被动，发表质证意见时，经常会被法官打断、制止，自己却搞不清楚怎么回事，出现了畏难情绪。在办理各种重大刑事案件时，我们到全国各地去开庭，很多律师在质证阶段基本上不敢说话。一系列的、半天的、一天的、几天的庭审中，检察官举证，律师在质证阶段基本上就是摇头，一句话不说。这种情况我把它总结为不敢说。

第二种表现是“不想说”。很多律师认为没有说的必要，觉得自己说多了是给法官添乱，准备等到最后辩论阶段一起说。在质证阶段就不说了，自己主动消极地放弃了质证的权利。

第三种表现是“不会说”。由于刑事案件质证具有特殊性、对抗性和针对性，存在很大的难度，有的律师说完以后，自己也不知道自己说的是什么，感觉很灰心。这个问题是我们要着力解决的问题。

第四种表现是“胡乱说”。这是指律师在庭审时使用一些莫名其妙的法律术语，表演给当事人看，但是确切的意思自己并不清楚，公诉人、法官和同行更不清楚。但是他自己觉得很满意，觉得自己说了，就是给当事人卖力了。

当然也有很多律师表现得很不错、很从容、很有针对性，但我们要解决的主要还是现在这四个方面的问题。知道了问题，我们就得知道原因是什么，症结在哪儿。找到原因和症结所在，我们才能有针对性地解决。

### （二）原因·症结：法官理念、司法体制、自我放弃

**焦　鹏**　第一个原因是个别法官理念的原因。实践中，存在极个别法官对律师的质证意见不重视、不支持的情况，有的甚至不允许，尽可能地不让律师多说。法官主

导审理案件，他要是对质证不重视，的确会给律师带来一定的影响。

第二个原因是侦检理念的原因。无论是刑事诉讼法还是最高人民法院的相关司法解释，包括《律师办理刑事案件规范》，在关于庭审这一部分，都特别强调法庭质证。没有经过质证的证据不得作为定案根据，这是基本的法律规定。所以宏观上的司法体制没有问题。但是因为侦、检自成体系，比如，公安局有法制机构，检察院有批捕和起诉机构，他们都认为自己将证据梳理得很好，从理念上认为，律师质证就是在挑毛病，意义不大。

第三个原因是律师自己的问题。有的律师会因为有法官理念的问题，侦检理念的问题，主动放弃质证阶段，把质证意见都归到法庭辩论里一起说，这样做实际上就弱化了质证在法庭上的功效。

### （三）重视·强化：辩护基石、三大技能、尽职履职

**焦鹏** 律师要重视、强化刑辩律师的质证技能。首先，质证是辩护的基石。刑事案件尤其是有罪无罪、此罪彼罪的案件，肯定要有一个系统的辩护方案。这个辩护方案最基本的就是质证这一块，对证据的分析，对证据提出意见。如果质证没有做好，那么案件的其他部分、甚至整个案件都很难做好。

其次，质证是刑辩庭审的三大技能之一。刑辩庭审有三大技能，就是发问、质证和法庭辩论。这三大技能实际上是互相联系、互相依托的，而它们所有的依托基础还是在质证这块。现在难度最大的就是质证，但同时，我们应该看到提升空间也是最大的。最后，质证是律师尽职尽责的一个表现。一般来说，辩护工作最后都要体现在法庭上。律师辩护水平怎么样，效果怎么样，都会在法庭上体现出来。这与非诉是不一样的，非诉是体现在法律意见书上。而刑事辩护要在法庭上体现，法庭前面有发问，中间有公诉人举证，后面有法庭辩论。如果辩护人没内容可说，甚至放弃了质证，这显然就没有尽职，更没有尽责。

律师法庭工作做没做好，实际上公诉人是清楚的，法官是清楚的，我们同案的其他律师也是清楚的。所以说律师是否尽职，我们这些法律人都是清楚的。因此，律师要从重视开始，只有重视才能提升自己的能力。

**徐宗新** 我补充三点：第一，举证质证的技能很重要，特别是如何质证，律师必须掌握，这样有助于完成辩护任务。第二，法官对律师质证要求高，法官如果打断律师，会使律师心情更紧张，生怕做不好，这导致有些律师不敢说、不想说，担心自己的表现。有的律师希望法官足够宽容，充分重视、尊重律师，让律师尽情、大胆地提出自己的观点，但法官不可能任由律师发挥，所以律师必须掌握质证技术。第三，在辩护机制方面，质证阶段有其独立性，只要从关联性、合法性和客观性的方面把证据谈清楚了，质证就简单化了。比如说，没有关联的，律师就不需要在证据上再进一步地分析，也不需要在事实评判上把证据纳进来分析，所以我们有很多的辩护意见，其实在质证阶段就已经发表完了。在辩论阶段，被排除掉的证据无须再评述。所以质证是辩护基石，非常重要。

**韩嘉毅**　我的总体感觉是，目前律师的法庭质证活动太过平淡。法庭质证应该是有波折的，应该是一波一波、一浪一浪，一个高潮接着另一个高潮，是一个战役、一个战役地打响，律师不能跟着公诉人的节奏来质证（公诉人希望一切都在掌控之中，一切都要按部就班，按既定计划来顺利地完成举证、质证工作），而应该试图去控制节奏。质证活动过于平淡的原因主要在于：

第一，律师找不到关键证据。这可能是实体法的原因，如找错了，或者没有找到定罪、量刑的关键证据，也可能是程序法的原因，如对于证据的资格、证明力认识不清。没有找到关键证据，则没办法提出有质量的质证意见。

第二，找到了关键证据，不知如何发力去质证。怎样扩大一个证据的影响力，怎样从刑事诉讼法的角度把证据的合法性、证明能力问题说清楚、说到点上，结合立法和法理将证据充分展现出来，很多律师诉讼法理论基础不扎实，所以在这方面做得不够好。

第三，表达方式有问题。法庭发问要简洁、简单，要让所有人都容易听懂。但在质证环节，律师要更多地去使用证据法学的相关专业术语来表达，要通过特别的语言表达形式把这份证据咬死（固定住）。让这份有力的证据在法庭上停留的时间更长一些，也就是对这份证据质证的时间更长一些，交锋得更激烈一些，对撞得更猛烈一些，让更多的人对它留下深刻的印象，这是我们好多同行做不到的。

第四，当事人在质证环节没有发挥作用。实践中存在的更大的问题是，很多律师没有注意发挥自己的当事人在质证中的作用。被告人参与质证，效果完全不一样。被告人参与质证，他的质证意见更加直接、朴素、有感情，有被告人参与的质证活动，要比仅有律师一个人参与质证的效果更好。很多律师都还没有意识到这个问题，所以质证时很多当事人没事干，律师自己忙活半天，当事人不参与也听不懂，这是完全不对的。

第五，没有启发同案的被告人参与质证。同案的几个被告人都是证据形成过程中在现场的人，等律师发表完意见，也可以请同案被告人及其律师再发表意见。同案的几个被告人以及他们的律师也会开足马力，对这个证据发起攻击。

质证过程中，存在两种情况：一种情况是整个过程没有波澜，很平淡，公诉人根据自己的计划掌控着节奏；另一种情况是控辩双方激烈对抗或是律师与法官之间的碰撞，整个过程波折不断，这两种情况都很常见。质证阶段是最容易产生冲突的，但很多时候双方吵的是一场“糊涂架”，没有深入到证据学原理、证据规则中，没有结合诉讼法的知识、证据法的知识、实体法的理念等。没有搞清楚究竟是实体法问题，还是程序法问题；是事实问题，还是法律问题；是自由证明的问题，还是严格证明的问题，等等，控辩双方互相不能说服彼此。

## 二、质证工作的准备

**焦　鹏**　我认为，一项好的工作，在法庭上并不完全是靠天才发挥的，而是靠充分的准备才能做得好，尤其是质证这样一个激烈对抗的工作。那么质证工作怎么来准备？

### （一）证据的系统分析

**焦　鹏**　质证的第一个工作是要对证据进行系统分析。要想把质证这项工作做好，首先要对我们准备的质证的案卷材料，也就是对我们工作的对象作系统、全面的分析。

这里主要包含两个方面的工作：

一是阅卷。我们总在说阅卷，那么，卷是什么？卷除了那些诉讼文书，就是证据，就是指控被告人、证明被告人有罪无罪、罪重罪轻的一些证据。所以我们要对案卷进行全面系统的分析。

二是会见。律师一般通过会见被告人来核实一些主要的证据和指控的待证事实。

### （二）质证的文案准备

**焦　鹏**　质证的第二个工作，是看这个庭有没有准备好，看质证文书有没有准备好。通常讲，我们现有的质证文案，有两种方式：

第一种方式是质证意见提纲。这个提纲是相对传统一点的做法，是把准备要质证的那些证据找到，有针对性地做好质证意见的提要。还要求律师要全面审查证据，然后把重点作一个提炼。相对应地，要准备好提出质证意见的这些证据，一般来讲会在案卷里精准地标注出来。这种文案是提纲性质。

第二种方式源于两个工作：一个是传统的案卷摘要工作。在阅卷的时候写案卷摘要，就把质证意见写出来了，这是一种相对传统的做法。另一个是从公诉人那边学来的案卷摘录工作。公诉人习惯有一个案卷的摘录工作，在开庭之前把质证意见全部都做好了，存放在自己的电子文档里边。

一般来讲，全面的质证意见要写出来证据有异议的所有地方，但全面的质证意见也要对疑点、争点和最后的辩点在证据方面进行区分。所谓疑点，就是这个案件当事人、被告人、犯罪嫌疑人可能有异议的地方，觉得事实不一定成立的地方。在阅卷的时候要首先把疑点列为需要核实的内容，但是随着阅卷和核实证据的深入，可能有一些疑点就被放弃了。剩下的就是可以争论的点，随着我们对辩护方案的不断筛选，最后可以把争点确定为辩点。

在质证文案准备的时候，如果律师做的是全面的质证意见，要先确定哪些点是在法庭质证阶段要陈述的，这就是我们说的结合辩点而形成的质证意见。可以看出，质证意见提纲和全面的质证意见其实是异曲同工的。

总的来说，文案准备的两种方式都是有用的。不管律师是做质证提纲还是做全面质证意见，都是可以的，只要自己习惯就好。

有了文案，律师还要注意在庭上不要照本宣科。很多律师把质证意见提前写好了，开庭时就看着电脑读，读的时间长了就被法官制止了。律师要关注这个问题，要跟上法庭审理、法官组织庭审的节奏。

在文案准备这个问题上，律师要根据自己的情况逐步完善。一定要有质证文案，没有就容易导致在庭审时随意发挥，很难把质证工作做好。

### （三）控方举证顺序与方式的预判

**焦　鹏**　质证准备的第三个工作，是要对控方的举证顺序和方式有一个预判。如果想跟上庭审的节奏，把质证做好，还是要对控方做一个预判。

质证是针对控方的举证来进行的，控方举证辩方质证。那么，控方如何举证，是引导辩方质证、也是决定辩方质证的节奏和顺序的关键。所以，如果不对控方举证顺序做一个预判的话，辩方的质证工作很难开展。

一般情况下，控方是怎么做的？首先，控方在举证之前，基本上会准备好电子文档，而且内容非常全面，几乎对所有的证据都有摘录，控方会把他准备好的摘录提交给书记员和合议庭。然后控方在开庭的时候也会对此进行宣读，但他不会将这些摘录提供给辩护人。公诉人准备的举证质证的文案是不给辩护律师的，因此，公诉人举证的顺序和节奏往往是各不相同的。有很多辩护律师准备得很好，阅卷很充分，但由于控方举证方式出其不意，律师质证的节奏被打乱，经常找不到相应的证据材料。这种情况导致的混乱，完全是能够通过技术解决的。

我们根据目前开庭的情况做了一个总结，总结现在公诉方的一般的举证模式，根据公诉方按照什么序列来举证，大致可分为以下十种模式：

第一种是按照卷宗的顺序来举证。比如，按照侦查卷第一卷、第二卷、第三卷……的顺序往下走。这个是最容易的，大多数律师特别擅长处理这种举证方式。

第二种是按照证据类型来举证。比如，有的公诉人习惯言词证据进行举证，对证人证言、被告人供述、被害人陈述依次质证；然后对书证进行举证；再对物证进行举证，等等。

第三种是按照要件事实来举证。

第四种是按照“起”“次”来举证。这种一般针对存在多起案件事实的情况，比如，有 20 起盗窃事实，公诉人可以一起举证。

第五种是按罪名来举证。如果是多罪名的案件，公诉人可能会按罪名来举证。比如，对于组织领导黑社会案件，公诉人大多会一个罪名一个罪名来举证。

第六种是按照被告人的序列来举证。这种一般针对有多个共同被告的案件，公诉人可能会按照第一被告人、第二被告人、第三被告人的顺序，一个一个进行举证。

第七种是按主要、次要的要件事实来举证。

第八种是按争议的大小，或者是证据的充分与否来举证。有的案件有一些待证事实可能是证据确实充分的，还有一些事实不是。为了举证的顺利进行，控方有时会先对证据很充分、争议也不大的事实来举证，把一些不太重要的、争议比较大的证据或事实放在后边。

第九种是对定罪事实、量刑事实分开来举证。这种情况是2014年、2015年进行量刑改革的时候留下的一个尾巴。法官审理定罪事实，控方列举定罪部分证据，然后，法官审理量刑事实，控方再举量刑事实部分的证据。

第十种是自由奔放式的举证方式。公诉人从案卷里摘录了很多东西，法官让举证开始，他就宣读，宣读完了就要求法庭质证，没有什么逻辑顺序。

以上这些模式都是我们在实践当中观察总结出来的。总的来说，律师准备得越多，准备得越充分，在开庭的时候，慌乱程度就可能越小，节奏跟得就越紧，质证意见的针对性就越强。

## 徐宗新　律师同仁经常会有这样的困惑，会见时应该如何核实证据？

在审查起诉阶段，核实证据的范围如何把握？是不是所有证据都可以给犯罪嫌疑人直接看？这个一直有争议。在庭审阶段，是不是就可以给被告人看？两个阶段是否有区别？对这个问题我想表达下我的观点。我认为审查起诉阶段，因为案子还在审查起诉，随时可能补充侦查，因此采用人证分离的方式进行核实较为妥当。犯罪嫌疑人的供述，还有书证、物证等客观性证据，可以直接给他看和辨认，直接听取他的意见。

对于证人证言，特别是同案犯的供述，律师先研究，把证据、内容上不利的方面拎出来跟犯罪嫌疑人进行核对，防止犯罪嫌疑人知道不利以后去搞串供，防范影响诉讼的风险，也便于律师了解犯罪嫌疑人真正的辩解。

到了审判阶段，应该要全面核实，法律依据是最高院《人民法院办理刑事案件庭前会议规程（试行）》第 4 条，被告人不参加庭前会议的，辩护人应当在召开庭前会议前就庭前会议处理事项听取被告人意见。所以依据这一条，辩护人可以向被告人全面展示证据，听取他的意见。也就是说在审判阶段，辩护人可以全面向被告人核实证据。

关于质证的文案准备，我认为从内容上来说应该有两部分：第一部分是律师把每一个证据的三性分析透彻，第二部分就是每一节事实应该有一个总结性的评论，对这一节事实证据是否充分进行一个总结。此外，我觉得辩护人在法庭上发言质证时也应该有一个总结，当然，这个总结要简洁明快。

对于准备的文案版本，我一般是准备两种版本，一种是书面版本，另一种是口头版本。书面版本一般比较详细，可能会和其他证据的内容、质证意见有重复之处，但我认为详细是对的，而且在有必要的情况下可以附在辩护意见之后，让法官仔细审查和比对。口头版本就是庭审发言时的版本，因为庭审时间紧，要求辩护人发言简洁明快，不能照本宣科，要紧紧抓住庭审焦点，让法官能当场明白，所以，我一般是准备两个版本，以书面的更详细的版本为基础，然后在庭审时根据情况作简洁的、抓重点的发言。

关于庭审举证的顺序，我一般会先跟公诉人交流，问公诉人举证方式是按什么顺序？这样我们好做相应的准备。如果公诉人拒绝的话，我们向法官提出来，因为法官可能对质证要做一个庭审的准备和安排，问法官能不能帮律师向公诉人把庭审举证提纲要过来。有的法官向公诉人要到庭审举证提纲后，就会直接给我们一份。还有种办法是在庭前会议时正式提出来，双方沟通，这种办法也是可行的。提前做准备便于我们把质证意见进行排列组合，在法庭上可以精准地发表，也可以提高质证效率。

关于庭前会议问题，我谈一谈我自己的观点：第一，庭前会议是否可以质证？我认为可以进行简单质证。有意见我们就说有意见，但对“三性”中哪一个有意见，我认为不需要详细地发表，但是如果是作为申请取证线索的证据，在证据模糊的情况下，我们要求申请调查取证的意见可以详细发表。如果没有意见的话，那就说没有意见，那在庭审举证的时候就可以一句话带过质证。因此，我觉庭前会议时简单地发表质证意见还是有必要。

举证质证的方式确实有必要进行沟通，是一证一举一质一辩，还是一证一质，然后得所有的辩论意见都放到法庭辩论阶段发表？这个问题一定要沟通，如果不沟通清楚，法庭上必然会产生控辩冲突、辩审冲突，产生冲突是不值得的，会牺牲了很多效率。

第二，庭前会议时能否交换质证意见？我认为是可以的。对于非法证据的排除一定要重视，应该充分运用庭前会议把它解决掉。在实践中我们也运用过庭前会议，把一些非法证据排除了，比如，我们提出要看录音录像，然后再和公诉人充分沟通，讲非法证据的严重性，并且，对于非法证据问题，如果能在庭前会议阶段就解决，工作效果还是比较好的。

**韩嘉毅** 首先，关于庭前准备。我的习惯是把所有证据进行分类，不管是有用的还是没用的；不管是要发表意见还是不发表意见、发表什么样的意见；不管是提出质疑，还是提请法庭关注；不管是希望被排除的，还是要和其他证据进行对比质证的，我都会分门别类地归纳整理好。所有的证据都要进行梳理，搞清楚每一个证据应如何发表意见，是从证据资格角度发表意见，还是从证明力角度发表意见；是从证据来源角度发表意见，还是从证明对象的角度发表意见。要想清楚发表质证意见所依据的证据规则是什么，证据规则背后的原理是什么。还要预见律师发表质证意见后，对方可能采取什么样的理由予以反击，以及自己要如何应对。

所以，我在前期准备时会把所有的证据在自己的头脑里过一遍、两遍、三遍，摘出所有关键证据，把所有关键证据装在大脑里，演练出示这份证据时我应该怎么说清楚我的意见和想法。

其次，关于文案准备。宗新的方法是做两个文案，一个是完整详细的书面文案，另一个是简洁的适合口头表达的文案。我觉得有些案件文案做得太多反而会影响庭审的效果。文案过多、过细，在庭审时就会产生依赖心理，容易去读质证意见，这是不对的。有些案件的文案意见需要做得非常清楚详细，是因为它要被作为辩护词的附件，但是许多时候过分强调做好质证文案，可能会让很多律师在庭审时忽略了表达的方式，可能会适得其反，效果不好。

最后，关于质证的及时性。有的律师问，侦查机关把证据放到案卷里，但是公诉人不出示怎么办？

公诉人举证有一定的随意性，他可以自主决定出示的方法。对于案卷材料里有某一证据，而公诉人没有出示的情况，我们有两种处理方法。第一种处理方法是等公诉人将全部证据都举证完毕后，到辩护律师举证时，再把公诉人没出示的证据拿出来举证。这种方法的缺点是缺少针对性，对应关系体现的不充分。因为公诉人出示全部证据后，你再举证时，就有点衔接不上了，所以这种方式我不是太赞同。

第二种方法也是我常用的方法。我的习惯是不管公诉人举示多少本卷、什么卷，我马上就要在我的脑海里把这部分证据中我关注的证据搜索出来，我立刻就知道第二本证据中我有几个地方要说，第八本证据中有几个地方要说，只要公诉人出示这些证据，我就会立刻把我关注的证据找出来，马上跟法庭强调，公诉人刚才出示的这组证据中，第二本卷有一份证据他没有具体出示，但是我们辩护律师认为这份证据对于本案什么情节的认定非常关键。所以，辩护人可以提醒法庭注意有这样一份证据，然后律师要把庭前准备的关于这份证据质证的所有内容，包括证据资格、证据来源、证明事项、证明标准、证明目的等都解释清楚。这样做的好处是律师的质证和控方的举证是及时对应的。因为证据是紧密相连的，辩护律师所强调的一定是和控方的主张相对应的。从实践情况来看，这种方法比较及时，效果也比较好。

**焦　鹏**　关于卷里有控方的证据，也提交到法院了，但是控方在出示证据的时候没有出示这一问题，我再总结一下：第一种做法是出示法，控方如果不出示某一单独的证据时，我们辩护人出示证据的时候可以向法庭提出：还有 ×× 证据对本案有证明作用。这种方法就是以我们律师出示证据的方式来提出。第二种方法是质证法，是律师在质证的时候出示这份证据。比如有 10 份书证，其中 9 份是证明被告人有罪的，第 10 份证明被告人无罪或罪轻的证据控方没有出示。那么辩护律师在质证的时候就应该向法庭提出：第 10 份证据证明了被告人没有实施犯罪的主观故意，没有实施犯罪行为。

## （四）庭前会利用

**焦 鹏** 质证准备的第四个工作是要充分利用好庭前会议。庭前会议是辩护律师在准备质证意见时需要好好准备的一个前期工作。

但实践中也存在一些问题，给大家也造成了一些困惑。我简单总结一下。

第一个问题是庭前会议是否可以质证。也就是说，庭前会议是否需要发表质证意见。我的观点是原则上，如果法官只给辩护律师一次在庭前会议上质证的机会，开庭就不再质证的话，这就是违法。这一点我们辩护律师一定要明白并说清楚，因为按照刑事诉讼法的规定，所有的证据必须得经过法庭出示质证以后才能作为定案根据。庭前会议毕竟不是开庭，也不是开庭的一部分，只是庭前开的一个准备会。

对于庭前会议的质证，我的做法是拒绝质证。因为我要维护我在庭上的权利。大部分情况下，庭前会议的质证实际上可能会剥夺我们在庭审中质证的权利。

紧接着第二个问题就产生了，如果被要求在庭前会议质证怎么办？比如，有的重大疑难案件，案卷多，开庭时间长，法官要求在庭前会议上进行举证怎么办？

我会坚决拒绝，但是拒绝不了怎么办？我的做法是向法庭提交一个笼统的、概括性的、总体的质证方案，不向法庭提交每一个证据、每一组证据的具体的质证意见。

第三个问题是举证、质证的方式能否沟通？我认为举证、质证方式是一定要沟通的，而且庭前会议最好把这件事落实清楚。通过沟通达成一致以后，律师基本上就会清楚控方的举证顺序，准备就不至于太混乱。一般来讲，如果开庭前会议的话，对控方举证的方式还是可能沟通的。

第四个问题是能否交换质证意见和举证意见？这一问题我认为难度较大，但可以努力争取，如果能够达成交换最好，如果达不成律师还得回到充分准备上来，否则可能就要陷于被动。比如，申请证人出庭、申请调证等我认为还是应该在庭前会议或者庭前会议之前进行准备。

第五个问题是非法证据排除问题。从法律规定来看，在法庭上突然提出非法证据排除的这种行为可操作的空间太小了，大部分情况下都应该在庭前会议就提出非法证据排除申请。如果法院没有召开庭前会议的意向，辩护律师如果要求开庭前会议，就得提前向法庭提出来非法证据排除的申请，这样才可能观看录音录像，才能调取到一些重要证据，在卷里没有的证据。因此把庭前会议利用好是非常重要的。

**韩嘉毅** 庭前会议的设计初衷是非常好的，参考了其他国家的程序。这个程序实际上是为了诉讼的便利、顺畅，让控辩双方在庭审前进行证据开示，看到对方的证据，对举证质证等法庭审理的顺序进行编排，避免在庭审过程中出现申请证人出庭、要求进行鉴定等会让庭审中断的情况。但实践中，有些公诉机关试图利用庭前会议制度摸到律师的底牌，而律师又不愿意让公诉机关摸到底牌，这就容易在双方之间产生矛盾，曾经还出现了庭前会议开三天，庭审只用半天时间的极特别案例。我认为这种情况的出现，实质上让庭前会议变成了秘密审判的工具。

于是我们在制定全国律协的相关规范时，就想办法去解决这个问题，保证法庭审判的顺利进行，比如，全国律协制定的《律师办理刑事案件规范》第 78 条一共列了 15 种律师可以提出的关于庭前会议的意见或申请。实际上，我们在实践中不止这些情况，凡是律师认为可能让庭审不顺畅的情况出现，都可以提出召开庭前会议的申请，这是第一个问题。

第二个问题是召开庭前会议时律师应该把握的基本原则，这一问题更加关键。《律师办理刑事案件规范》第 80 条前两款明确规定，人民法院没有通知被告人参加庭前会议，但庭前会议的内容和决定影响被告人行使诉讼权利的，辩护律师应当申请人民法院通知被告人参加庭前会议。被告人未参加庭前会议的，辩护律师未经特别授权不得代表被告人对实体、证据和程序性问题发表意见。

该条第3款又规定，辩护律师出席庭前会议应当严格遵守刑事诉讼法关于庭前会议的有关规定，不得就依法应当在开庭审理过程中解决的问题发表意见。因为出示证据、发表质证意见应该在庭审中进行，所以庭前会议解决的是哪部分证据庭审不能简化举证，哪个罪名的审理可以简化等概括性问题。如果法官坚持让辩护律师具体发表意见，我们可以以全国律协有规定为由拒绝发表意见。《律师办理刑事案件规范》虽然是全国律协制定的规范，但这个规范是经过公检法三机关同意认可的。辩护律师不能违反全国律协的规范要求，不能在庭前会议中发表详细的质证意见，庭前会议程序中只是针对法庭审判可能存在的停顿、延后、障碍等进行扫除和排清。

有的律师说，如果公诉人出具的证据不完整，只念了证据当中的一部分，对于没有念的部分，律师如果提出质证意见，法院会打断，怎么办？律师要跟法官讲道理。公诉人出示这一本证据，已经出示完了。只念了一、三、五页，如果二、四、六页不让律师念，那就意味着当律师举证时律师再念二、四、六页，那时再举证质证的针对性就没那么强。我认为，从有利于查明案件事实的角度，公诉人出示完一、三、五页，没出示二、四、六页，辩护律师有针对性地出示二、四、六页，并对二、四、六页发表充分的意见，告诉法庭要注意这些证据，与公诉人出示的证据相结合看，它能证明的内容和控方不一样，这样会更有针对性、实效性，更有利于查明案件事实。

**徐宗新** 第一，庭前会议我认为要重视，不要把它当成秘密审判，我觉得要把它当成一次除了庭审以外的完全不同的一次辩护的机会。我觉得不要随意地放弃庭前会议，不要去抗拒，不要把它当成秘密审判。而且据我观察，法官在庭前会议上对律师特别好，特别尊重律师，不会训斥律师，法官会敞开心扉，这有利于律师发表意见。

庭前会议一般针对复杂案件，如果有多名被告人各位被告人的辩护律师一起见面，有利于庭审上整体辩护，大家把自己的辩护观点和对证据的意见进行交流，互通有无，彼此了解，互相借鉴。这样就能避免到法庭上出现第一被告作无罪辩护，第二被告作有罪辩护，而且各辩护律师对某一证据的质证意见不一样，完全没有整体性，反而自相矛盾的情况。如果出现这种情形，就容易被公诉人各个击破，公诉人用第二辩护人的观点来反驳第一辩护人的观点，这就会出现矛盾和尴尬。

第二，因为庭前会议是内部的，所以辩护人的发言尺度可以适当大一些，对于哪些是无罪证据、哪些是要被排除的非法证据都可以大胆地提出来。庭前会议氛围比较宽松，跟法庭上发表的意见有所不同，有时这些大胆的意见往往可能触动法官，触动公诉人。

第三，质证的详略问题。如果法官要求、允许律师详细地质证，我认为，真金不怕火炼，详细地发表质证意见也无妨。因为辩护律师是以说服法官为目的，他既然愿意听，我们当然可以讲。但有的律师担心讲了以后法庭上是不是就不能发表？刑事诉讼法规定必须发表，所以法官不会也不能因为庭前会议已发表意见过就限制律师在庭审上的发表意见，我想法官都会有这样的意识。所以只要法官允许我发表意见，我还是会详细地发表意见，并且我还会和其他的律师进行一些交流。

第四，关于证据出示的顺序问题。对于这个问题，我认为我们可以在庭前会议上商讨，对被告人出场接受发问的顺序也应该达成一致的意见。因为，实践中存在有些案件未在庭前会议和公诉人沟通过顺序，公诉人一上来就提出先对最后一个被告人发问，或者先对某一认罪的被告人发问，这样我们辩护律师就会陷入被动。

第五，关于“证据突袭”问题。我认为采取“证据突袭”手段没有必要。庭前会议上如果律师已展示某个证据，而又在庭审上进行证据突袭，公诉人可以申请延期审理，我觉得反而会造成一种人为的矛盾和对立，这样是不好的。所以，我认为有什么证据有什么意见，就开诚布公地拿出来，大家进行理性的讨论，这也有利于我们辩护观点的采纳。

**韩嘉毅** 要不要在庭前会议的时候打光所有的子弹？如果我们打光了所有的子弹，庭前会议发表一遍意见，庭审是不是还要再上演一遍和庭前会议一样的交锋？还会不会有现场辩论的感觉，真实交锋的感觉？如果在庭前会议交锋过了，庭审现场还能不能交锋？如果庭审现场不能交锋，那么审判公开的原则能不能得以实现？

我认为庭前会议应该是越少越简单越好，它实际上应该是一个公诉人单方的证据开示，不能要求辩护人同样开示证据，因为法律规定开庭前还要宣读案情，律师有提交证据、要求重新鉴定等权利。在庭前会议，我们商量的是开庭的程序问题，包括举证的顺序、证人出庭的方式、询问证人的顺序等，而不是让辩护律师谈具体的质证意见等内容。

我希望公诉人能从头到尾把证据读一遍，读得越细，我的当事人听得越清楚。到了法庭庭审时，公诉人可以少读，可以进行节选，比如，庭前会议宣读过的没有争议部分的证据就可以节选宣读，这样可以节约时间。

**焦　鹏**　现在我们三人分为两种派别：一种是严格按照规范来的，即规则派；另一种是机会派，只要有机会，我跟法官能表达我的意见，我就绝不会放过。嘉毅的基本观点是必须得按照规范来，否则的话我的权利可能会被损害。因为你不知道你在庭前会议说完以后，法官第二天开庭的时候，会不会说你已经发表过意见了，你不用再发表了。

我的观点是：第一，按规范来，第二，把握性质。庭前会议是什么？庭前会议就是预备会，就是为了庭审的顺利进行来解决一些障碍，比如，律师在庭上申请调取证据、申请排除非法证据，这些问题肯定要导致庭审终止，庭前会议就是为了解决这个问题，超出这个范围的事情，我是一件也不做。我相信我们辩护人在庭上能够有充足的时间和机会把我们的观点说清楚。

## 三、证据分析工具

### （一）用证据“三性”质证的利弊

**焦　鹏**　我们要进行质证，首先要对证据进行分析，通过证据分析，形成质证意见。我们用什么来分析？这才是问题的核心。辩护律师在庭审中最大的问题是我们在分析证据的时候，理论不够，工具不够。

第一，我们先讨论用证据“三性”来质证的利弊。很多律师不接受证据分析的工具不足，认为证据的合法性、客观性、关联性在分析证据的时候非常实用，也运用得非常熟练。

我们需要思考的是，仅仅用“三性”来质证，到底准确不准确？这个证据没有客观性，到底指的是什么？律师自己是不是准确地知道证明不具有客观性、不具有真实性、不具有合法性指的是什么？比如，一份公安机关作的证人证言的笔录，日期写错了，质证的时候如果用合法性质证就不够准确。按照最高院刑事诉讼法解释的规定，日期如果写错了，属于瑕疵证据。瑕疵证据，是允许补正的。如果用“三性”分析，说这个笔录是非法证据就不准确，不能得到法官的认可。

第二，我们讨论证据“三性”的覆盖面问题。证据“三性”，一般来讲只是一个维度。运用“三性”质证只解决了证据的可采性问题，就是证据入门的问题，覆盖面实际上是很窄的。用证据来证明待证事实是否达到确实充分的证明标准，仅靠证据“三性”无法解决。现在有些案件证据非常多，这些证据组合起来就是证明体系。证明体系仅靠证据“三性”也不能解决。所以，从全案证据分析的可覆盖面的角度讲，仅仅依靠熟练运用证据“三性”来质证，已经远远落后于公诉人使用的证据分析工具。

**徐宗新** 我认为，不能因为证据“三性”存在一些问题，我们就撇开它谈“五个维度”，我觉得目前的重点是要把“三性”充分运用好，运用到我们的辩护工作、质证工作中去。

**韩嘉毅** 实际上传统的证据“三性”辩护，已经远远落后于司法实践发展的要求。我们很多同行都已经意识到存在这个问题，发现这个问题已经非常严重。《律师办理刑事案件规范》第 95 条明确规定，律师应当围绕证据的真实性、合法性、关联性，就证据资格、证明力以及证明目的、证明标准、证明体系等发表质证意见。实际上全国律协在制定《律师办理刑事案件规范》时，也在试图努力提示大家，改变这种状况，突破证据“三性”的辩护禁锢。

在实践中，的确好多律师确实不懂什么叫瑕疵证据，什么叫非法证据，不懂哪些是由自由心证来决定的，哪些是由法律规定来决定？如果搞不懂这些，还是停留在原来证据“三性”质证层面，在质证时只能是简单笼统地喊口号，说说合法性有问题、真实性有问题，没有认识到有这么多、这么深的与证据相关的理念和原则，这就不仅说服不了控方，还可能会把这种矛盾变成激烈的冲突。我们的对话是要引起大家更多的思考，学习、熟悉那些理论和法理，以便我们能够运用到解决证据认定的实践中，这才是我们关注的问题。

### （二）证据分析工具举要

**焦　鹏**　首先，关于用什么方法来分析的问题，我认为这和学历没关系，我在内蒙古、广东都遇到过很多本科学历的律师，用其他证据分析工具来分析证据，分析得很棒。我觉得这里面可能不是学历的问题，而是态度的问题。

简单列举一下几个分析的方法：

一是普通逻辑。最高人民法院刑事诉讼法司法解释里规定的关于证据之间是不是存在矛盾，同一待证事实是不是有排他性等，就是普通的逻辑问题。例如，有被告人和被害人两个言词证据，但是关键待证事实互相矛盾。比较的时候，我们可以用互相矛盾这一普通逻辑规律来支持。所以，用普通逻辑做证据分析是没问题的。

二是公众常理。公众常理是人类社会生活中的一般常识性判断。例如，最高人民法院审理的聂树斌案的判词里，就多次直接用到“常理”原则判断证据，所以，公众常理是可以用来分析证据的。

三是证据规则。随着刑事审判的发展，其虽然没有像民事审判那样直接制定了一个关于证据的若干规定，但是，在一些刑事司法文件中，实际上也制定了一些可以分析证据的一些规定性的内容。比如，意见证据规则、最佳证据规则、瑕疵证据规则，等等。

四是证据理论。大家耳熟能详的“毒树之果”理论，国内司法规范至今也没有承认这个理论，但这个理论在实践中的接受度还是很高的，也可以用来分析证据。如果是非法取得的证据，再依据这样的证据取得证据，能用不能用？我认为，在提出观点的时候用它来分析证据是没有问题的，不一定要强调这是引用美国的、德国的“毒树之果”理论。理论只是我们分析证据的工具。

还有证据资格、证明责任等，都可以拿来作为证据分析工具。我们今天讨论这个问题，主要是试着把思路打开。以上都可以拿来作为证据分析工具，我们今天讨论这个问题，主要是试着把思路打开。

普通逻辑、公众常理、证据规则、证据理论等，都在我们平时的知识积累和思维训练中。把这些分析工具拿出来用，用到我们质证当中，用到我们的证据分析当中，这样才能提高我们辩护律师的质证水平。

证据分析的“五个维度”，是我在工作实践中总结出来的。我觉得仅仅用证据“三性”来质证已经远远不够了，想要提高质证的水平，可以给大家推荐一个我已经用了好多年的经验。

这“五个维度”我先简单介绍一下。

第一个维度是拿到证据以后，我们分析证据本身的合法性、客观性，其实就是分析证据本身的可采性。

第二个维度是证据和证据之间进行比对，包括不同的证人证言之间、被告人供述和辩解与被害人陈述之间、书证之间、鉴定意见之间等，这些都可以全面的比对。在比对的时候，要找到它们有没有互相印证的地方，要找到它们之间有没有互相矛盾的地方，要找到它们有没有不一致的地方，这些可能都是我们在质证时候能够发表质证意见的地方。

第三个维度是证据和待证事实的关联度。待证事实要细分，也就是说这份证据或者这几份证据是证明哪一个待证事实的。如果证明待证事实的证据并不确实充分，或者关联度不是很高，这个时候我们就得分析证据和待证事实之间的关系。最高人民法院刑事诉讼法司法解释里强调证据和待证事实之间要达到排除合理怀疑、具有唯一性的证明标准。

第四个维度是证明标准。证明标准，看起来是一个证据理论概念。实际上，在实践当中它是非常好用的。用证据证明待证事实到什么程度，就是证明标准。

“本案事实不清，证据不足”是刑事诉讼法规定的证明标准。现在大家也愿意说“不能排除合理怀疑”也是个证明标准。当你把所有的证据分析完之后会发现，证据虽然很多，但并不是确实充分，这就是证明标准问题。

第五个维度是证明体系。有些侦查机关工作人员会搞“证海”战术，对于一些重大疑难的案件，侦查机关会提供很多证据，有时甚至会有几百本卷宗。那侦查机关是围绕什么样的思路组织起来这么多证据呢？辩护律师把这些证据还原一下，思考一下侦查机关是怎么组织证据的，在各个环节上我们去比对它，去论证它，去发现它，就能找到一些辩点，那么这个维度就是证明体系。

那么，“五个维度”跟“三性”分析的不同点在哪？“五个维度”应该是多维的、立体的，是全方位的。我们应该能注意到，如证明标准并不是分析哪一个证据的，证明体系分析是对全案的证明目标或者某一个要件事实证明目标进行分析。用“五个维度”分析，律师能立体地分析案件，把整个案件觉得有问题的地方搞清楚。

为了给“五个维度”说清楚，我再做一个比喻。拿建楼来说，法院要作一个判决，就像要建一栋楼。法院作为业主方，他要找一个建筑方，就是检察院，检察院把证据弄齐了，就相当于把建筑材料弄齐了，开始施工、组装，把楼建好。担心这个楼有质量问题怎么办？于是找到辩护人，来做监理方。假如我们这么比喻一下，就可以这样理解“五个维度”。

第一，律师作为监理方，要看建筑材料合格不合格，这是第一个维度分析证据本身这个维度。第二，看建筑材料之间的搭配是否合理，就像水泥配钢筋行不行？从这个角度来看两个证据之间是不是互相矛盾。第三，看用的建筑材料是否能建成大楼。这叫证据和待证事实之间是否存在关联度。第四，看看根据国家颁布的建筑施工要求，这栋楼是不是达到标准了，刑事案件要求证明达到确实充分、排除合理怀疑。第五，要根据全部的图纸，来看建筑物是否满足了所有设计要求。每一部分包括配楼、主楼，包括卫生间、排水、地基是不是都完全构成了一个完整的大楼系统。这个就叫证明体系分析。从以上五个维度分析完证据，我觉得我们监理方就可以出一个报告了。

如果是一个争议很大的案件，如果你也觉得这个案子需要下些功夫好好做，我推荐大家以这五个维度作为分析工具，分析案件里的全部证据，然后可能会有很多的收获。

**徐宗新** 我倒觉得大部分律师能把证据“三性”用好就不错了。我觉得证据“三性”还是有很多优点。

第一，比较简单，大家都熟悉，法官检察官也能迅速理解。第二，普及程度高，“五个维度”可能普及起来要有一定的理论基础和一定的刑事案件办理经验。第三，证据“三性”所含内容我觉得也挺丰富，并不是很浅显。

我是怎么来考虑证据“三性”的呢？第一，我觉得首先要考察证据的关联性。先分析这一证据跟本案指控的事实有没有关联，没有关联，我们当然就不用去讲，不进入证据评判体系。如果有关联，那是有什么关联，这就涉及待证事实了。有些证据里还有对辩方有利的部分，这个时候辩护人可以补充宣读，说明这和待证事实什么关联。我认为关联性这里大有文章可做。包括焦鹏刚才讲的证据，它的证明力在什么地方？我觉得可以包含在关联性里进行阐述。

第二，考察合法性。不具有合法性的证据分为两种，一种是非法证据，就是刑事诉讼法第52条、第56条讲的非法证据，肉刑、变相肉刑、威胁、引诱、欺骗这个范畴。还有一种是不合法的证据，是不符合法律规定的瑕疵证据，但是又补齐不了，那么就是不合法证据，比如，讯问笔录只有一个人的签名，录像上面也只有一个人参加讯问，这个笔录虽然不是非法证据，但显然它不能作为定案的依据，我认为不合法的证据也未必不能被排除。“毒树之果”

理论、证据资格等，我觉得都可以归入合法性的范畴。

第三，考察客观性。我觉得客观性一般是从三个方面来讲。一是该证据与已经查证的事实不符，所以它不客观。二是该证据与其他的证据不符，这个也是“五个维度”中的第二个维度，证据与证据之间不符，肯定客观性有问题。至于有什么问题，我们可以再综合评判。三是该证据违背常识、常情、常理，包括普通逻辑、公众逻辑，像这些逻辑都属于常识、常情、常理，属于“三常”的范畴。违背“三常”，肯定就不具有客观性了。

我在法庭上发表质证意见，都是从证据“三性”来评判的，一般都很简单，言简意赅，也还是比较丰富的。但是证据“三性”也有一个问题，它解决不了整个证明体系的问题，只能单一地解决单个证据的证明问题，解决不了证明体系的问题。所以，我觉得辩护律师除了要对单个的证据，从证据“三性”角度来分析以外，还要对每一节的证据综合进行证据体系的评判，就是这些证据到底能不能证明指控的事实。

故我认为质证是分为两个层面的，第一个层面是对证据本身的分析，第二个层面是对证据体系的分析。证据“三性”我觉得还是很好用，但是我们要把质证的观念分成两个层面。

**韩嘉毅** 今天最关键的部分就在这里，实际上我们三个律师谈来谈去都是在谈理论问题。为什么会这样？因为质证这部分就是充满了理论性、专业性。证据的审查认定与法理、理论紧密相连，理论对实践具有较强的指导意义。此外，还因为我们是大陆法系国家，和普通法系不一样，也引发了这样的问题。

大陆法系关于证据的规定没有成文法，它是散见在各种立法、司法解释中的，如2010年的死刑案件证据规定、2016年“两高一部”出台的关于电子数据的收集提取的司法解释，这些规定既包括证据收集提取、审查认定的具体规定，也体现出证据法学的基本原则。而普通法系国家虽然是以判例为主的国家，他们却有详细的关于证据的立法如美国有专门的《联邦证据规则》，这就是我们认识证据问题产生分歧的原因所在。

焦鹏的想法是靠到普通法系认识证据的出发点上，在实践中，我们的很多理论、司法解释等规定中，许多的立法依据和普通法的很多概念、理念是相融合的。这就是为什么焦鹏说了“五个维度”之后，宗新不反对，但是宗新认为我们的证据“三性”体制下，内容依然丰富。因为，在我们的证据“三性”认识的里面，可以找到很多普通法系的立法的原则、概念、方式和方法。所以，如果利用我们现有的证据“三性”理论来质证，只要我们把证据“三性”制度的内容扩充得非常丰富，也能囊括到所谓“五个维度”的范围，这是没有问题的。

普通法系中很多原则，在大陆法系、在我国的立法中都已经存在。普通法系遵循的许多原则，比如，可采性问题、关联性问题，传闻法则、意见证据规则、直接言词原则、言词证据原则、瑕疵证据的排除规则、证据的补强和补正规则等，这些其实都是普通法系的概念，但是在证据“三性”体系里，我们的立法中都有体现，依然把它们可以囊括进去。

我们要思考一个问题。我们现在谈证据问题、谈证明问题，到底是依然沿用我们熟悉的“三性”理论，还是改用普通法系的“五个维度”的理论。归根结底我们是在谈学术问题，关于这个问题，我们根本就离不开理论问题的探讨。而我们所有律师关于这方面的学习是不足的，不够的。尽管我是在北京大学取得的诉讼法学硕士学位，学的程序法，但是我深深地感觉到对于证据规则、证据的法理，与证据法学有关的所有的东西，我的学习研究是不够的，仍然存在欠缺。证据规则和证据法的这些立法规则、法学知识方面的研究，在普通法系已经进行了上百年，是众多法律人反复的研究思考之后，才有了这么多的规则、法则等。而这些规则和法则在大陆法系国家是看不到的，是不成体系的，是隐藏到各个司法解释中的。

律师得学习掌握这些背后的原理，具有相关的知识储备。如果搞不清原理，质证时就属于乱打架、打乱拳，就会出现一会儿抛出来的是实体法的概念，一会儿抛出来的是程序法的概念；一会儿又分不清是事实问题还是法律问题，这主要是因为证据法的基础知识太弱。如果每一个律师都认真去学习证据法的相关知识，我们的质证能力会大大提升。证据法领域理论对于刑事辩护实践的指导意义非常重大。

实践中，许多律师的质证存在深度不够的问题，就是因为他的理论不够支撑他的质证活动。

首先，我们谈谈第一个层面，即关联性的问题，这是质证的一个头等重要的问题，没有关联性、就不用再去谈合法性、真实性了，因为这些多没有意义了。以一个合同诈骗案为例，被告人有钱，但他不把他骗得的钱退还给被告人，侦查机关用了很多的时间、精力收集了大量的证据来证明他有钱，钱都是给他的亲戚。这些钱的去处与诈骗罪没有关系，诈骗要证明的是行为人通过隐瞒、虚构的方式，让被害人产生错误认识，基于错误认识主动交出财物。被告人有没有钱和怎么花钱，都与诈骗罪的认定没有关联性。所以，往往有很多没有关联性的证据被掩盖在我们的案卷材料中，让我们的视线变得不清楚。

其实证据关联性问题非常复杂，一个证据有没有证据能力，它的证明对象是什么，证据指向是什么，等等。这些概念对一个普通法系的资深教授来说，都要动脑筋去想一想，就是因为关联性问题很复杂，非常难。什么是要件事实？有没有关联性是由我们的实体法决定的。你必须理解实体法的法律规定，不同的罪名的构成要件不同，要件事实也不同，你必须明白哪一个事实是要件事实，你才能明白哪些证据有关联性。如果你不懂实体法，你就难以找到认定关联性的症结所在。关联性的问题涉及实质性和证明性两个方面的判断。这些原则贯穿于主观证据和实物证据的认定，关联性的问题普通法系有一套成熟系统的理论。

其次，我们研究第二个层面的问题，即合法性的问题。如果没有关联性，就根本谈不到证据资格问题，就不用研究证据的合法性，关联性是审查证据合法性、证明力的前提，但是有了关联性也不一定能符合合法性的要求。在合法性问题中又会引申出一大堆的法律问题，与关联性更多涉及实体法不同，合法性问题涉及的是程序法、证据法学的问题。在法庭上，从律师发表的质证意见、发表的法庭辩论意见的情况，就能看出他懂不懂证据的合法性。证据的合法性问题往下延伸，就会延伸到非法证据问题、证据来源问题。证据的取得方法问题、证据的流转问题、证据的形式问题，以及证据是否符合完整性的要求，是否符合统一性的要求，这些涉及的所有原则，其实在我们的立法中已经逐渐有所体现。而这些问题，是普通法系很多年前、几百年前就开始研究的问题，这些问题都与证据的合法性有关。而证据合法性问题我们国家立法和学界关注得不如普通法系多，在最近几年的立法中才逐渐有所体现。

最后，第三个层面才是证明力问题，这是在证据关联性问题、合法性问题都解决了之后再来研究的问题。证明力问题解决的是什么？证明力问题解决的是一个量化的评价，是待证事实存在的可能性大小问题，这不是一个法律问题，是靠事实、靠逻辑、靠生活常识来解决的问题。在法庭上，很多同行经常把靠事实、靠日常生活的逻辑判断解决问题，和靠法律规定解决问题混淆了。证明力问题是一个判断题，判断这个事实有没有，发生的可能性大小的问题，这个问题会涉及疑点、合理怀疑、优势证明、优势盖然性程度、排除合理怀疑等概念和标准，它不是一个完全能通过法律人运用法律智慧就可以解决的问题。而关联性问题、合法性问题不一样，这两者都是法律问题，所以这些问题的性质是不同的。

如果辩护律师认识不到这些问题的联系和区别，把这些问题混淆到一块去谈自己的质证意见，只会和公诉人产生更多的矛盾和争执。我观察过一个庭审，我就发现控辩双方吵得莫名其妙。

双方都停在问题的表面，没有把问题的本质看清楚，没有分清是事实问题还是法律问题，没有搞清楚应该以什么视角去分析面临的证据问题。控辩双方没有人能说清楚所面临的问题，反而还打得很激烈。

有的时候我在想，我们说刑辩律师，尤其是年轻的刑辩律师，勇气是最重要的，对不对？我觉得不一定全对。如果你把理论知识学扎实了，分清楚证明的原则、证明的方法、证明的对象、证明的标准、证明的体系，你真的能把子弹打准的时候，你才能说有勇气是重要的，但如果你的子弹打不准，你抓的点不对，你的勇气就没有太多的意义。

**焦 鹏** 我简单总结一下，证据分析的工具问题。我们谁都没有说证据"三性"分析方法不能用，它仍然是非常好用的一种分析工具。但是我和嘉毅的意思，就是大家要不断学习，不断总结，要用证据法理论上成型的工具和长期的司法经验总结出来的证据规则进行证据分析。我一点都不怀疑宗新能把证据"三性"用到炉火纯青，但是我们很多律师对证据"三性"认识和理解还是比较浅显的。怎么样提高呢？我想通过自己的经验，给大家提供多一些的证据分析工具，让大家不断学习，不断完善，不断地强化自己。这些工具使用多了，你对案件证据的认识就深刻了，这样的话我们质证水平就有可能提高。不管什么方式、什么工具，用到极致，都是好的。

## 四、质证与辩论表达方式的区别

### （一）质证、辩论表达的对比

**焦　鹏**　关于质证和辩论表达方式的问题，这个问题偏理论，我尽可能说得少一点。

我们从以下四个方面来对比一下质证和辩论：

首先，质证的对象和辩论的对象有所不同。质证通常都是指向某一个证据、某一组证据，就这个证据来说这个证据的事。一般来讲，质证还得包括当次公诉人举证的模式。公诉人举证时一定要说明他这次举证有多少份证据，然后这些证据要证明什么。这样的话，辩护律师这一次的质证意见就是针对这一份或者这一组证据发表的，对象非常清楚。但一般来讲，法庭辩论指向的对象是全案的定罪，是有罪无罪、此罪彼罪和罪轻罪重以及如何法律适用等内容。法庭辩论是对全案总体的事实认定和法律适用的一个综合表述。

其次，使用的分析工具是不同的。质证的分析工具可以是证据“三性”，也可以是证据规则，还可以是“五个维度”里的某一个维度或某几个维度。所以，质证的分析工具是非常清楚的，可能用不到实体法的内容或理论来分析。法庭辩论的分析工具，就无罪辩护的案件来说，用得最多的恐怕是犯罪构成理论，也可能用一些既遂、未遂、主犯、从犯，涉及量刑辩护的理论等。所以，辩论的分析工具往往大多是实体法的理论。

再次，二者所得出的结论不同。质证是对某一份证据发表质证意见，所以一定要对这个证据怎么使用给法官一个意见。给法官意见之前，辩护律师要分析出这个证据的结论，这个结论是对单个证据、单组证据怎么样评价的一个结论。

质证的结论是关于这个证据能不能被采纳，其所证明的待证事实充不充分，能不能达到排除合理怀疑的程度。而法庭辩论的结论，一般来讲是关于被告人有罪还是无罪，此罪还是彼罪，罪重还是罪轻，既遂还是未遂，主犯还是从犯等关于犯罪构成上的结论。如果辩护律师在质证阶段就直接得出关于犯罪构成上的结论，显然就越界了。任何一个法官都有这种直觉，马上就会意识到辩护律师说多了，他现在说的不是质证意见了。因此，质证意见的结论要有度，而且要清晰准确。

最后，我要说一下质证和辩论注意事项。质证阶段可不可以辩论？实际上是可以的，往往有的时候质证中的辩论还不止一轮。

质证阶段的辩论是对单个证据或者单组证据质证意见的辩论，仍然要坚持前面提到的关于对象、工具、结论的原则。质证中辩论所使用的工具还是证据分析的工具。针对的对象就是这一组、这一次、这一轮所出示的证据。结论也应当只限于证据的结论，这是要注意的。不是说质证阶段就没有辩论，我们辩护律师还是要根据法庭的指挥来进行辩护。

法庭辩论时，除非必要，也应尽可能地避免就证据再谈证据。因为到了法庭辩论阶段，辩护律师一般是要讲你如何得出全案怎么处理的意见，谈证据只是基础，把基础谈完了要进行总结、归纳和提升，最后给法庭的意见应该是关于这个案子定罪量刑的结论。

当然如果是第 2 轮、第 3 轮、第 4 轮的辩论，最后争议焦点就剩某一个证据能否采纳，那么也不是不能在法庭辩论的时候谈证据的问题。此二者之间不是绝对地互相排斥。

### （二）质证表达的逻辑结构

**焦　鹏**　关于质证表达的逻辑结构，推荐使用一些普通的逻辑推理方法，比如，三段论推理、直言判断、归纳推理等。

刚才一直在讲法庭质证的时候要简洁干净，要界限清晰，“三段论”其实给了我们质证时的语言表达的基本结构，大家可以试试用它来规范你的语言。比如，在运用证据规则分析证据时，先找一个前提：所有的判断推测性的证言，都不得作为定案根据。这是意见证据规则，法律是有规定的，这是大前提。本案中马某的证言是一种推测性的判断，这是小前提。最后可得出结论：马某某的证言不得作为定案根据。此外的结论不能再延伸了，再延伸了可能会超出质证的范围。

要想提升自己的质证水平，可以套用一下“三段论”这种表达方式。“三段论”表达唯一要强调的是契合性分析，也就是说马某的这段证言到底是不是推测性的判断，这需要律师根据常理，根据我们的生活经验或者是一般的知识来判断。马某说了“估计”，表明这是一个推测性的判断，这个过程就叫契合性的分析。就是本案的证人马某的证言情况，辩护律师把这种证据现象识别出来了，识别出来以后，将这个现象与法律规定是否适用的比照就是契合性分析。

直言判断其实更简单，也用得最多，它的逻辑结构就是主项、谓项、联项、量项等。我们说的最多的是本案能够证明什么，不能证明什么。比如，某个案件中，证人证言的内容很丰富，被告人供述了很多内容，但公诉人把有一些对他有利的就念了，不利的就不念了，面对这种情况应该怎么办？

律师质证的时候可以用直言判断的表达方式：这份证言的第几页到第几页这部分证明了什么，他没有实施某种行为；还可以说，第几页的第几句说明了那天他不在现场，第几页说明了他到哪去了。这些都是直言判断。

直言判断在言词证据里边用得特别广泛，很多东西是可以用直言判断来表达的。直言判断的用法最简单，逻辑结构是：量项、主项加上联项加上谓项。

归纳推理稍微复杂一点，但是我们用得其实也很多，它需要把我们阅卷过程当中遇到的一些具有普遍性、比较复杂的东西，有规律性的东西进行一定的归纳总结。那么归纳推理的要求是什么呢？一般来讲，它是对达成共识的东西，就是控辩双方不应该有争议的内容，可以进行一个归纳，然后把归纳作为发表后续辩护意见的一个结论。通过归纳推理，得出一个前提性的结论。通过这种方式，使我们在质证阶段的表达更加清晰、准确。这是关于质证表达的逻辑结构，也是推荐给大家的一种使用方法。

**徐宗新**　我补充三点。第一点是关于质证与辩论的区别，我是这样来把握的。质证阶段的发表意见和辩论，一是要简洁，二是要紧紧围绕证据“三性”，三是要对此下一个结论。如果是在辩论阶段发表对证据的辩论意见，这就要详细，而且我觉得要旁征博引，要增强说服力。在法庭辩论结束后，我们要下一个关于是否排除了合理怀疑，合理怀疑还有哪些等内容的结论，必须把这个问题交代明白。以上是我认为质证和辩论两个阶段发表意见的不同。

第二点是关于质证意见的表达。首先，我们要注意被告人跟律师的一个分工。因为庭审质证首先是由被告人来回答他对证据有没有意见，然后再轮到律师质证。其实我们很多案件的证据非常复杂，被告人他回答不出来，但是他又不能说没有意见，如果他说有意见，他又难以表达清楚。

那么这个时候可能就需要我们律师在对被告人进行辅导的时候跟他提前做好分工。主要在以下几个方面：一是侧重点。被告人和律师的质证侧重点是不同的。被告人是对客观性进行质证，因为他是亲历者，他可以作出“是；不是；我不知道”的表述。律师是对“三性”进行全面的质证。二是顺序。到底是被告人先讲还是律师先讲，这可以在庭前跟法官进行沟通。比如，黑社会性质组织的犯罪案件证据非常多，我们就可以在庭前会议和法官讲，我们律师先来质证，质证完了以后，再让被告人补充，这样比较好，比较有利于我们提高庭审效率。基本上法官都会同意的，这样的话我们质证很全面，被告人也不会发表错误的质证意见。如果法官不同意，一定要按照被告人先质证的程序，那我们律师要对被告人做一下辅导，被告人有一个笼统的质证意见，律师再详细发表。一般我都会给被告人笼统的质证意见，建议他这样讲：以上出示的证据凡是跟我所讲的不一样的，我都有意见，跟我讲的一样的我都没意见，其他具体的意见由我的律师发表。这个是比较保险的，逻辑上也都说得过去。

第三点我要补充的就是关于质证意见的具体表达。因为我们在发表质证意见的时候，很担心被法官打断，对于防止被法官打断，我有几点心得。

首先，"戴个帽子"，我们发表的意见到底是证据的关联性有问题，还是客观性有问题，还是合法性有问题，我们要直接把结论先抛出来。比如，我讲对证据的合法性有意见，法官就知道律师对合法性有意见，他就心中有数，马上会往合法性方面去考虑。如果不"戴帽子"，法官内心就不知道律师想讲什么，他很难集中注意力，所以他老是在想，什么时候我要打断你，所以"戴帽子"很有必要。

其次，按照一定的顺序发表质证意见，先讲有没有关联，如果没有关联，合法性和客观性也就不用讲。如果是有关联的话，我一般是把合法性摆在第一位，到底是非法证据的合法性问题，还是不合法证据的合法性问题，分别予以阐述。然后谈客观性问题，客观性问题刚才提到了从三个层面去讲，最后如果证据与待证事实是有关联的，我就把关联性放到最后讲，包括补充宣读一些证据，我都会放在关联性中讲，在这里，我们有一些辩论的、分析的成分在里面，你如果不戴一个关联性的“帽子”，也往往会被法官打断，自从我质证时戴了“帽子”，按照这样的一个顺序来表达以后，基本上法官没有打断过。

再次，我们在发表意见的时候，要先讲“我要发表几点意见”，一般我都会讲：我对证据的客观性、关联性有意见。对于关联性我有三点意见，对于客观性我有两点意见。这样表达法官就有耐心听下去，知道律师有多少意见。

最后，一定要言简意赅，这是我们在质证阶段发表意见的基本的一个原则。

**韩嘉毅** 有的地方我不太同意你们两个人的意见。我先说焦鹏讲的部分。第一，简单地说，焦鹏讲的是我们在质证过程中的指导思想问题。但我的理解就是要用证据规则的思维方式，要用刑事诉讼法的思维方式，去思考我们的发言、我们的质证活动，围绕证据本身发表意见，跟实体法应该是远离的，我们需要围绕实体法，但是我们要远离实体法，不谈实体法上的结论，更多的是从证据思维的角度来切入问题才是我们质证的指导思想。

第二，质证的依据。焦鹏是先把这些所有关于证据的规则放在我们质证语言的前面，然后再说我们这个案件的证据是符合什么规定的什么样情况。焦鹏谈的质证依据就是我们目前现行的关于证据的各种各样的规定、原则，包括采信的原则、不采信的原则、补强的原则等，都是我们作为发表质证意见的依据。但我认为质证语言的特点就是我们在质证过程中，大量地引用关于证据的收集提取、审查认定相关的规定。

第三，质证内容、方式。发表质证意见的内容都是围绕证据的真实性、客观性、证明对象、证明标准、待证事实等，这里我们该讲多讲少（要根据证据的复杂程度、证据在证据体系中的作用等来决定），不能一味地要求简洁，要以说清楚、讲明白，讲通、讲懂为标准。

有时候一份合同的质证，我可能要讲半个小时，我也知道我会讲很长时间，所以我特意不告诉法官我讲几点意见。因为，我如果告诉法官我要讲八点，法官一听就迷糊了，没等我开始讲他就没耐心了，所以我只告诉他，我要对合同发表质证意见，然后就直接先谈第一个问题，直接切入合同真正有问题的地方，找准了切入点法官就不能让你停下来。每一份证据质证意见的切入点都不一样，有的时候你可以先“戴个帽子”，证据比较简单、质证意见不多时，可以先告知法官，这样显得简洁，但有的时候还不能这么讲。有时我一看时间不够了，快要到休庭时间了，我还是希望在休庭之前讲完，我就会跟法官讲，我就谈三点意见。但是实际上这三点意见我要展开不打折地讲需要 45 分钟。所以，如果我真想谈八点意见时，我恰恰不跟法官先说明，我只跟法官说，我有意见要谈。等我都把这八个问题谈完了后，已经过了一个小时，法官来不及打断你，质证已经做完了。

关于被告人质证这个问题，我跟宗新的观点一模一样，焦鹏没有谈到这个问题。凡是涉及法律的规则、法律的适用等法律问题，被告人基本上不会参与质证，帮不上律师的忙。在事实问题上，你要告诉当事人哪个证据是关键证据，这个证据他会记得非常清楚，要给他讲清实体法的规定，告诉被告人“咬”不住这份证据会怎么样，“咬”住了会怎么样。当控方出示这份证据时，被告人看到这份证据就不肯放手了，会很坚决地表态，这就是被告人实实在在地参与质证。所以，我认为我们要考虑到被告人参与质证，让他参与事实方面的质证，不一定参与法律方面的质证，因为他说不清法律问题。

关于质证环节的辩论。我对其的总体感觉像是“机关枪扫射”，攻击若干重要的点，仅对证据本身进行总结，不要去拔高得出结论，不能轻易得出不构成犯罪、不构成自首等结论。辩护律师要提醒法庭注意的是，这个证据的第一个问题在什么地方，第二个问题在什么地方，第四个问题在什么地方，然后总体得出的结论是这份证据怎么认定，这个证据的质证就结束了。

另外，很多时候，我不会就一个证据仅仅去谈这个证据自身的问题。比如我谈到一个客观证据时，我会刻意地跟法官强调，这里是客观证据，客观证据显示证明的客观事实是什么？但是请法庭注意的是，张三在第 8 卷第 5 页的笔录中、李四在第 17 卷第 6 页、王五在另一个卷里都说与这个客观事实违背。面对一个客观证据就摆在我们眼前，我们怎么样去看那么多证人说的不一样的事实，究竟哪一个证据更具有证明力？我要把这些案卷材料中的证据联系到一块来质证，这些相关联的证据有的是相互印证的关系，有的是相互矛盾的关系，让法官横向来看这些证据的比对。我认为质证时不能仅仅对一个证据发表质证意见，在发表质证意见时，要想到有没有其他证据与该份证据有联系，如果有就跟现在的证据联系起来说，告诉法官，请法庭注意，其他证据被举示出来时，这份证据所证明的事实和其他证据是不一样的或者是一样的。

我要想让这个证据的质证更充分，让举证质证活动停下来，我有很多办法，比如，深入挖掘证据本身存在的问题以及涉及的法理，进一步深挖该份证据所证明的事实，扩大证据的影响力，结合其他证据所证明的事实，等等。我不会被打断，这里的关键是不说废话、说到点上，要围绕证据的真实性、客观性来说，把问题解释清楚。只对证据本身进行总结定性，不要上升到案件整体的定性，法官就不会打断你的发言。

## 五、质证常见不适当表达

**焦　鹏**　第五个话题是在质证表达结论时的一些不适当的表达。

要提高我们的质证水平，首先是分析出什么样的结论，其次是给法官什么样的建议。这个要点掌握了，我们的质证水平就提升了。实践当中发现一些不适当的表达，我也把它都记下来了，给大家分享一下。这里边列了 17 个，我会分几种情况进行分析（见表 1 所示）。

**表 1　质证常见的不适当表达**

| 序号 | 内　　容 | 思　　考 |
| --- | --- | --- |
| 1 | 合法性认可，真实性不予认可 | 你有权利认可吗？不认可又奈何？ |
| 2 | 真实性存疑，合法性存疑 | 你让法官怎么办？ |

续表

| 序号 | 内　　容 | 思　　考 |
|---|---|---|
| 3 | 本辩护人对该份证据持有合理怀疑，该证据不能排除合理怀疑 | 你学的证据法还给老师了吗？ |
| 4 | 证人甲和乙之间存在利害关系，故证人甲的证言不具有证明力<br>他们仅仅是认识，不太熟，不存在利害关系 | 法官在想，什么是证明力？你们把我搞糊涂了。 |
| 5 | 该证据存在瑕疵，不具有合法性，应当予以排除 | |
| 6 | 被告人供述虽有前后不一致的情况，但人的记忆有些许偏差是可以理解的 | 你是知心大姐姐吗？ |
| 7 | 辩：你这张小票，根本不是发票；控：香港那边交费就是给这个东西还是机器现场打的可以当发票用；辩：你这个小票也不知是哪个公司出的，也没盖章，想写多少钱都可以，有什么证据说这个是发票 | 好有生活感的证据辩论啊！ |
| 8 | 证人不出庭，真实性有异议，不予认可 | 希望那一天终会到来。 |
| 9 | 该鉴定意见，没有鉴定实物，有重大瑕疵，不符合法律精神，应当实物鉴定 | 你是意识流代表人物吗？ |
| 10 | 被害人陈述，完全混淆了事实 | 律师，你看到事实了吗？ |
| 11 | 被害人陈述与被告人存在利害关系，他们曾经同居后分手，她因爱生恨，这是蓄意报复，其多次陈述不符，其中必有隐情 | 你是感情专家吗？ |

续表

| 序号 | 内　　容 | 思　　考 |
|---|---|---|
| 12 | 该组证据无法证明被告人犯有盗窃罪 | 公诉人：律师大哥，我这还有证据好吗？ |
| 13 | 张某的证言是推测，真实性不予认可 | 法官：律师大哥，你是领导吗？ |
| 14 | 这份文件的复印件，模糊不清，真实性不予认可 | 证据规则学到哪里去了？ |
| 15 | 被害人的陈述，有夸大事实的可能 | 律师小哥，你也想参加这场乱战吗？ |
| 16 | 诉：下面出示接报案记录、立案手续；辩：这些文件证明公安机关启动诉讼是草率的，不负责任的 | 侦查员：律师你有本事下庭别走啊！ |
| 17 | 审：辩护人是否有证据出示；辩：辩护人认为公诉人隐瞒了重要证据 | …… |

第一种情况是辩护律师作了一大堆分析之后，表示：综上，上述证据合法性认可，真实性不予认可。或者是类似于“真实性存疑，合法性存疑”的表达。对前面所有的证据进行分析后，得出的结论是存疑。作为一个律师你的结论是存疑，你让法官怎么办？所以，辩护律师还要得出一个明确的结论，存疑的是什么。如果是瑕疵证据，由于他没有补正，这种情况下，我的结论是瑕疵证据没有补正，因此不应当采纳作为定案的根据。这才是结论。这个结论就是你交给法庭让法庭采纳的。从法官的角度看，辩护人要给

出一个明确具体的意见，不能弄一个半截子意见。

第二种情况，就是上述表中第 4 项情形。这样的结论问题在哪儿呢？其问题在于，辩护律师你既然有怀疑，但你能说你对这个证据有合理怀疑就是证据法上的合理怀疑，你的怀疑就是合理怀疑吗？

合理怀疑是证据法上的问题，是证明标准的理论，是证据证明待证事实有没有达到排除合理怀疑的程度。不是说没有排除你的合理怀疑，更不是说只要你怀疑了你就是合理怀疑，你要怀疑法官就不能定案，这是悖论。所以，辩护律师要学会用合理怀疑标准，在证据法上，在质证的时候一定要引用证明标准的理论，一定要谈证据和待证事实之间的关系是不是达到确实充分了，是不是达到排除合理怀疑的标准。

故结论应当是这样的：这份证据证明待证事实没有达到排除合理怀疑的程度。这种情况的出现主要是证据理论用的不到位，没有分析到位。

第三种情况是证据分析得不准确。还是以表中第 4 种情形为例，“故甲证言不具有证明力”。如果是这份证据不具有客观性，或者不具有合法性，那就没有证据资格。没有证据资格它本身就不存在被采信的问题，何谈证明力问题？能谈到证明力的证据一定是可采的，已经进入到法官的审理范围了，剩下的是比量的问题。甲证言有利害关系，就是没有证明力，这是分析工具的错误而导致结论必然错误。

还有一些情形违反了质证的一些禁忌，比如表中第 6 项情形，如果你这么质证的话，那么就犯了质证的一个禁忌，就是替被告人去解释证据，解释事实经过。所有这一类的质证表达都是我们的禁忌，辩护律师不能替被告人去解释。为什么？因为你没在犯罪现场，所以你不能替他去解释他的感受，判断他的记忆是不是有偏差。

除了这个禁忌外，还有几个，比如，列举的第 10 项情形、第 11 项情形，说“被害人陈述完全混淆了事实”，这叫妄下判断，辩护律师不能妄下判断说被害人陈述完全混淆了事实。谁可以这么说呢？被告人可以这么说，但是辩护人不能这么说。为什么？因为辩护人没有亲身经历过，妄下判断违反了证据判断的基本原则。

而第 11 项情形中带有感情色彩的表述就更不行了。如“他们因爱生恨、蓄意报复，其中必有隐情”，这样的结论，违背了我们质证的基本原则。

表中第 12 项情形实际上公诉人举证的时候是分别举证的，一组证据证明被告人的主体身份，一组证据证明了被告人有收受他人财物的行为，一组证据证明了被告人有给他人牟利的行为，一组证据证明了那个钱在什么地方，对各项要件进行分别举证。如果当公诉人出示主体身份证据时，辩护人上来就说这些证据不能证明他犯有受贿罪是不对的，我们在质证的时候需要准确掌握公诉人举证时的说明、公诉人的证明目的，分开举证是大家约定俗成的事，是一种规则，辩护人钻这个空子没有意义。

所以说在发表质证意见的时候，我们要把这类问题弄清楚，也就是按照法庭的规则来走，要把质证落到实处，不要去搞这种游戏。这样做不但公诉人不会尊重我们，法官也不会尊重我们，最后我们的意见可能不会得到采纳。

这个表中的内容挺多，大家可以慢慢琢磨。后面是我的一些思考，只是表达了我听到过的部分律师的质证意见后的一种直观的感受。但这个表中的这 17 个情形也是 17 个问题，每一个问题都是我们实际上在质证的时候可能遇到的问题，而且这是实践当中总结出来的，是我听到的、记下来的，不是编造出来的。所以大家用证据规则去分析时，要怎样适当地表达，可能会提高我们的质证水平。

**徐宗新**　我补充三点。第一，我们如果对证据有意见，要大胆地提出来。刚才焦鹏举了很多例子，我看这些意见也不是说绝对不对，只不过焦鹏认为有更合适的表达。我们律师的水平，不能强求个个都很高，但是我觉得律师在辩护过程中能够提出意见，这种态度是值得肯定。不管是什么意见，你都得提。

我们提出来的目的是什么呢？让法官、检察官受一些启发也是好。因为每个人的认识思维都是有局限的，我们律师提出来意见虽然有可能不专业，但是法官认为很有道理，可能他就采纳了。他追根溯源，查出了真相，最后给被告人公正判决。所以我觉得律师未必要去下结论，但是有意见，我觉得尽管大胆地在法庭上提出来，这是第一。

第二，我们如果有意见，一定要紧紧扣住证据"三性"，就是要"戴个帽子"，否则的话，有的意见你发表出来，法官不会重视。先发现问题，然后再去找属于哪一种性，这样的表达更成体系更规范。

第三，我有一个观点是不要轻易地下大结论，但是要大胆地下小结论。不要轻易地下大结论，就是刚才焦鹏讲的，不要随便就说这个证明不了你指控的受贿罪，这个证明不了起诉书指控的事实。这样的话，就不是在一个层面上讨论问题。结论太大，公诉人没法跟你交锋，没法跟你讲道理，但是我们可以大胆地下小结论，比如，刚才讲的“这其中必有隐情”，我们可以换一种说法，就是无法排除栽赃陷害的可能。这个是小结论，我觉得可以大胆地下，而且这也是法言法语。

每一个小的方面，如果都无法排除合理怀疑，无法排除其他合理可能的话，那么往往我们整个证据体系的漏洞就会越来越大。

**韩嘉毅** 焦鹏非常细心地把在庭审中或多或少听着不太靠谱的各种同行的质证表述，都细心地收集起来，他整理的这些同行的庭审质证语言，我们都觉得非常的熟悉，研究推敲这些表达的问题，很有必要。在这一点上，我觉得我和宗新不太一样，刑辩律师是专业的，庭审质证的表达严谨是第一位的，你大胆应该是第二位的，如果辩护律师不专业，甚至都不是在发表质证意见，还让他大胆地去往前走，会误导他们。

这张表里很多表述不是在发表质证意见，质证意见不能这样表述。刑辩律师必须意识到我们的质证意见必须用严谨的、规范的语言，否则容易招致公诉人的反击、法官的打断，要么造成律师自己的自信心被摧毁，要么容易导致控辩矛盾或辩审矛盾一触即发。这都不是我们想要的。

**焦　鹏** 下面我先给一个模型：

第一步发现证据现象；第二步分析定性，分析是瑕疵证据还是证据客观性的问题，是证明标准的问题还是证据体系的问题。不管用什么方法，无论是用证据"三性"分析，还是用证据规则分析，都要定性，要给一个证据分析方面的定性；第三步得出结论，如表明这是一个非法证据还是一个有待补充的瑕疵证据；第四步提出建议，建议法庭是否采纳。总的说来，这四步就是证据现象，分析定性、得出结论、提出建议。所以这 17 个问题仅仅是一个现象，怎么能把它规范过来，我在后面会进一步分析。

## 六、推荐使用质证的结论用语

**焦　鹏**　接下来，我要讲的是质证方面最后一个问题，推荐使用的质证的结论用语。因为是质证，所以你要得出一个质证的结论（见表 2 所示）。

**表 2　向法庭表达自己对证据处理的意见**

| 序号 | 律师的处理意见 | 理　　由 |
|---|---|---|
| 1 | 应予采纳 | 被告人供述与辩解稳定、一致 |
| 2 | 不得作为定案的根据 | 鉴定机构不具备资质 |
| 3 | 不得作为证据使用 | 证人的猜测性、评论性、推断性证言 |
| 4 | 应予以排除 | 非法证据 |

续表

| 序号 | 律师的处理意见 | 理　由 |
| --- | --- | --- |
| 5 | 在补证、合理解释之前，不得作为定案根据 | 瑕疵证据 |
| 6 | 证明力较大、较高 | 对指向同一待证事实的几份证据比较 |
| 7 | 慎重使用 | 与被告人有重大利害关系的证人证言 |
| 8 | 事实不清 | 针对单一待证事实出现的证据状况 |
| 9 | 证据不足 | |
| 10 | 不能排除合理怀疑 | |
| 11 | 不予采纳 / 不应采信 | 合理性，生活经验法则 |
| 12 | 互相矛盾 / 互相排除（中间型结论） | 言词证据之间 / 各种证据之间相互矛盾 |

第一，如果这些证据辩护律师认为是应该采纳的，那么结论就是：应予采纳。比如，对于被告人的供述、辩解，其是刑事诉讼法规定的第一类证据，该被告人的供述和辩解前后稳定，根据被告人供述、辩解的质证规则和刑事诉讼法的有关解释，对此应予采纳。这样的表达就是质证发表结论时可以说的话。

第二，进行了契合性分析后，表明鉴定人和鉴定机构都不具备资质，得出结论是：不能作为定案的根据。这个结论不能再延伸了。如果还说没有鉴定意见，无法定案；没有犯罪数额，无法量刑……这些观点在质证时讲，就都是多余的。

第三，不得作为证据使用。比如，意见证据规则规定得很清楚，猜测性、评论性、推断性的证言，不能作为证据使用。这是最高人民法院的司法解释规定的，所以我们结论也应该定格在：不得作为证据使用。在质证阶段就做与证据有关的事，说与证据有关的话。

第四，瑕疵证据在作出合理解释之前不得作为定案根据。前提条件是如何将这份证据定性为瑕疵证据。例如，日期填错的讯问笔录，如果律师借题发挥："日期怎么能错？一个公安人员能把日期写错了吗？肯定在这里边作假了吧？"这些借题发挥的话都是多余的。

第五，表中第 6 项是对指向同一待证事实的几份证据比较这几份证据是否都能采信，有没有不能采信的地方，是否都有证据资格？这个时候就要比较这几份证据的证明力。这是证明力的问题，要用证明力的理论分析问题。你不能说这些证据完全没有证明力，因为完全没有证明力，就是没有证据资格。

第六，对于证据现象与被告人有重大利害关系的证言，这种情况我们建议慎重使用。

第七，证据指向待证事实，但没有达到证明标准，这就是"事实不清，证据不足"，或者称作"不能排除合理怀疑"。宗新讲了，一定要讲哪个待证事实是不能排除合理怀疑的，千万不能说不能排除律师的合理怀疑，这是上表中第 8~10 项的内容。

第八，表达“不予采纳”的质证论。比如，在证据现象严重违反了合理性、生活经验法则时，都可以得出这个结论。但要注意，不是辩护人不予采纳，是我们建议法庭不予采信。

第九，证据互相矛盾，没有得到排除，没有得到解释，怎么办？最高人民法院规定得很清楚，不能得出唯一的结论，证据互相矛盾，这种情况不予采信。我们可以得出一个中间的结论，告诉法官这两个证据是互相矛盾的，还没排除，公诉人也没有提供其他的证据。这个可以作为一个中间性的结论，作为质证的结束用语。

第十，其他的结论用语。除了以上列举的 12 种结论用语，也可以用证据“三性”提出质证结论。如这份证据不具有客观性，这份证据不具有合法性，这份证据不具有关联性。这些都是大家特别常用的，也比较推荐。

**徐宗新** 这一部分我完全同意焦鹏的意见，没有补充。

**韩嘉毅** 焦鹏说得的确很细，把我们常见的质证语言进行了规范，但是会不会导致有的律师只会“鹦鹉学舌”地机械模仿，能不能运用得恰到好处？这又是一个问题。但其实我觉得关键的问题、根本的问题、基础的问题，还是辩护律师的知识储备，他是否有足够的关于刑事诉讼法、关于证据规则的理念和意识。如果他有了一定的意识和状态，就不会把话说一半，就不会找不到质证的语言感觉。

焦鹏很细致地把哪些是合格的表述，哪些是不合格的表述都找出来。但庭审是随时互动的，是在不停地说服和不断地对抗过程中进行的，就算能把这些语言表达都背下来，在实践中能不能灵活地掌握和运用，还是个问题。

## 七、举证思路

**徐宗新** 举证首先就是要明确举证的思路。第一点是举只可能对辩方有利、不可能不利的证据，我们举证不是为了举证而举证，我们要分清哪些证据是可能不利的。比如，有一个贿赂案件，被告人称是借款，但是没有借条。行贿人说是有借条，但是是为了掩盖贿赂。辩护人从被告人家属那里拿到了一份借条，他认为这份借条可以充分证明是借款性质，而不是贿赂性质，就在法庭上举证这个证据。

结果在法庭上就举了，公诉人说正好我们缺的就是这一张借条，因为这说明被告人讲的是假话，而证人讲的有借条，以借条来掩盖贿赂是真实的，所以反倒印证了控方的观点。所以像这样的一个证据，其实看上去对辩方有利，实质上是对辩方不利，要切记不能举证举出对辩方不利的证据。

所以我们对举的这些证据应该要有一个预判，我们要举只可能对被告人有利，绝对不可能当场对被告人产生不利，以及经过调查对被告人产生不利的让据，否则，会产生一种越辩越重的尴尬结果。

第二点对辩方证据做好分类。如按照证明目的将证据分为反驳类、证明类、质疑类、定性类、量刑类、证明事实类和提供线索类。反驳类是用来反驳公诉人的观点，如公诉人说辩护人是非法经营，辩护人证明被告人有资质，所以非法经营这一点不能成立。证明类是为了证明某一事实的，如被告人有一份投案自首的函件，被抓的时候带在身上，所以这份函件可以证明被告人是投案自首的。质疑类的证据既不证明什么，也不反驳什么，它就是证明公诉主人的指控有疑问的，无法排除合理怀疑。提供线索类是辩护人认为某一材料有可能可以印证被告人的辩解，但是辩护人没有能力，所以我只能提供一个线索，让司法机关去进一步的调查。我觉得虽然控方负有完全举证责任，但辩护人还要重视这种提供线索类证据的举证。

总而言之，从举证的目的来讲，律师的举证目的是去证明控方证据不能采信，指控证据的体系不能成立，或者说至少辩护律师要提出合理怀疑，或者从另外一个角度证明我们辩方的事实能够成立。

**韩嘉毅** 我简单补充两个问题。第一个问题是遇到不利的证据怎么办？有律师曾跟我探讨，问我在调查举证过程中，发现对被告人不利的证据怎么办？面对这个问题时，我们辩护律师头脑要清楚，看到不利于被告人的材料、证据后，律师要马上闭眼、转身走开，首先是不要拿这些材料、证据。拿了的话，也不能把这些材料、证据交给司法机关，对于律师这个特殊的职业群体来说，这样做没错，这是毫无争议的问题。

第二个问题是关于如何取证。先说主观证据的取证问题，这里我还是要强调主观证据转化为客观证据的问题。要举证，要让当事人、证人发挥作用。证据从哪里来？当事人、证人他们经历了案发过程，他们最知道证据在哪，怎么能取得？我会接触取保候审的当事人、证人，也包括监视居住的当事人、证人，侦查机关找过的当事人、证人我也会找过来，有时候越是侦查机关找过的人越有价值、越需要我们去接触。我会直接跟当事人、证人说，你们在公安机关作的证词我都看过了，我不要求你改变证言，我现在想对你们的证言进行补强或者推翻你们的证言，我要求你们帮我找到客观证据来实现我的目的。通过这样的方法，我就有找到客观证据的线索。我已经很久没有找证人做调查笔录了，我觉得很多案件不需要言词证据证明，大量的客观证据足可以证明案件的真实情况。用这种方法收集证据是一个比较简单也比较安全，不会涉及串供的问题的取证方式。一旦他告诉我证据在哪，就变成了对客观证据的收集，客观证据取证障碍小，只要是公开的、都可以看到的，我就可以把证据拿过来，各种账目、各种欠条、各种交易凭证、各种往来邮件都可以拿到。我一般是用这种方式来避免收集主观证据，把主观证据转化成客观证据的。

还有派生证据的举证。派生证据是指鉴定意见、勘查笔录、侦查实验笔录（法医鉴定、会计鉴定）等。在实践中，我认为律师可以举示这些证据。只要你有合适的检材，你就要大胆地去做审计、做评估。我曾经为了举证，让当事人买了猪头、猪手，然后用火烧它们，因为我那个案件涉及的是行凶的被告人被指控在自己的房子里把尸体烧没了。我认为那个房子干不了这个事，于是我就让我的当事人家属去买猪头、猪手来烧，其实我这是在做侦查实验。我一边烧猪头，一边拍照录像，然后把它刻成光盘，做成文件，还做了一个侦查实验的笔录，这些证据都送到法庭，这些都是我在举证。关于派生证据的举证，我补充一些举证的思路提醒大家，只要有合适的检材，你能去做鉴定、能做侦查实验、能去化验毒品，都可以大胆地做，律师可以做这些事情，这是没有问题和风险的。

关于视听资料、电子数据的举证。除了主观证据、派生证据、客观证据之外，还有一些证据是视听资料、电子数据，这方面证据的举证有非常大的空间。我们的司法机关对这部分证据的重要证明作用认识还不充分，虽然“两高一部”对电子数据的收集提取、审查认定出了司法解释，但是很多基层办案的民警并没有重视这个问题，他们不知道电子证据有多么广泛、重要。我认为，在未来的一段时间，关于电子证据的证明力、证明效力，有点像当年突破了 DNA 技术一样，可以使很多的冤假错案得到平反。现在，电子证据的证明潜力还没有完全被司法机关认识，我们可以在举证中考虑到提出或使用电子数据，让我们的案件得以反转。

我有好几个案件都涉及电脑、手机的问题，而且这些电脑和手机都是当事人在家里闲置的、过时的电脑和手机，对它们进行取证、举证的技术性太强了，我们辩护律师应该去请教专家。律师事务所可以把一部手机、一部电脑送到鉴定机构，鉴定机构可以接受律师事务所的委托，鉴定机构会出镜像文件（镜像文件甚至会复原很多已经删除的东西），拿到镜像文件后，再把镜像文件出示给法庭，出示给公诉机关。这种证据的举证，我们以后也要多想想，多去研究和学习。

《律师办理刑事案件规范》第 46 条特意规定了关于电子证据如何取证的问题，当时我们在制定规范时研究了很久，那时我们还不太知道该怎样规范表述，现在再看“两高一部”关于电子证据的收集提取、审查判定的规定，写得太详细了，很专业全面。我们在举证时，要考虑到当事人手里能不能找到电子证据，当事人的手机是不是能要回来，当事人的电脑里有没有什么东西。很多交易行为，以前我们认为是没有痕迹的，要么当面说，要么打电话说，现在看都有记录，所以在举证的过程中，还应该进一步扩展到电子数据证据。

## 八、证据要求

**徐宗新** 我认为，我们对公诉人证据的要求，同样也是我们辩护人对辩护人自己证据的要求，这就是证据“三性”。

首先，关联性。在刑事案件中，除了定罪外，量刑也很重要。这里面的量刑，我们有很多证据可以提出，如村委会、居委会开的被告人平时表现好的证明，我认为这和本案是有关联的，可以证明他这个人是好人，在量刑的时候可以酌情予以从轻。我们在举证的时候就先说明一下，这个是属于量刑证据、可以酌情从轻。我们提一提，这样就不会被法官打断，法官常说这类证据不用出示，跟本案没有关系。没有关系是指与定罪无关，但是跟量刑还是有关系，这个是关联性的问题。

其次，合法性。我们有的辩护人可能对于举证的要求不太重视，我印象中有一个案子，辩护人拿着一把刀就上了法庭，后来还被法警戴上了手铐，认为他威胁法庭。其实我们在举证的过程中，可以通过一系列的方法来固定证据，如通过拍照、录像等手段。如果是实物证据的话，应该在庭前与法庭做一个沟通，在提取的过程中说明它的来源，比如，书证上都要签名是谁提供的，甚至提供的人要做一份笔录，要形成完整的证据锁链，而不能拿着一份证据就到法庭上举证。辩护律师一定要注意在庭审展示之前，要把证据的来源证明清楚、证明到位。

最后，客观性。不管是证据还是证据线索，一定要客观真实。如果是虚假证据，我们不能去展示它。如果说辩护人对真实性有疑问但又觉得这个材料很重要，可以把这份证据材料作为证据线索来提供，请法庭、请公诉人去核实，这样也有利于防范风险，更为妥当。

## 九、举证方式

**徐宗新** 举证的方式比较简单，就是一些操作的程序。第一，庭审前五天要提交证据目录和证据的复印件，一般来说，辩护人要列一张表，标明序号、是什么证据、来源是哪里、证明什么、有几页、到底是复印件还是原件。使用表格比较直观妥当，需要注意的是，辩护律师要写清楚待证事实，装订成册，至少要准备两本，一本给法官，一本给公诉人。

此外，我要强调的是，有共同被告的案件，我觉得还要给每位被告人的辩护人一份，因为我们辩护的时候，其他被告人的辩护人如果了解到我们有这些关键证据，他也可以结合这些证据开展他的工作，准备会更加充分。甚至，受此启发，他可能会调取更多的证据。辩护人之间共享这些辩方的证据非常重要，实践中这一点往往会被忽视。有的辩护人不是对公诉人证据突袭，而是在法庭上对其他辩护人、对自己辩方的证据突袭。

第二，庭审的时候必须带上原件，如果原件不方便由辩护人带上法庭，我们让被告人家属带到法庭。

第三，一证一举，一质一辩。我们必须要和控方约定清楚这一原则。同时，我们举证的时候，也可以分组，按照待证事实或者是时间地点来进行分组，更便于法庭能够充分了解到这些证据可以证明的事实。

第四，案卷中有利的证据，既可以在质证的时候提出来，也可以在举证的时候，把它列入辩方的举证材料。在装订成册、形成辩方证据链的时候，可以把卷宗里对辩方有利的证据罗列出来，放到辩方证据体系里面，更能够说明问题。法官按照辩方的证据体系，有可能会觉得被告人的辩解完全是能够成立的，他就没有必要再到卷宗里面去找辩方有利的证据。这是辩方举证的一种方法。

第五，对于公诉人的质疑，我们也要很好地去应对，去利用。比如，辩护人之前想申请证人出庭作证，但法庭不同意，现在公诉人提出异议和质疑了。我们就可以顺势提出来我们的调查申请，这样的话，法庭和公诉人都难以回避掉这个申请。我觉得这个是应对公诉人质疑的一个很好的角度和方法。

第六，可以使用多媒体的方法展示证据增强说服力。通过视频、通过 PPT、通过一些科技的手段来展示证据，很多年轻律师都掌握这样的技能，我觉得是非常好的。

**焦　鹏**　宗新这边对举证方式、举证要求等做了一些很细致的归纳，我觉得这些东西在实践当中很有用。我们在收集到证据时做一些这样的梳理，有准备的在法庭上进行出示，也准备好在受到控方的一些质疑和挑战时再留有一些后手，对整个案件的辩护是有重大的帮助的。

**韩嘉毅**　有律师担心这样接触证人、给他们开会，会不会有串供嫌疑？不会。我跟证人首先就说了，不需要你们说话，不要你们的任何证言，我让你们告诉我，证明你们的证言是否真实的那些原始证据在哪？书证在哪？我要的是书证、原始证据，不需要他讲话就不存在串供的问题。

**焦　鹏**　你这个行为叫收集证据的行为。

**韩嘉毅**　收集客观证据的行为不存在串供的问题。我只是把收集主观证据转化成收集客观证据的方式。所以我说我已经好久没有找证人收集他的证言了，因为我只要拿出客观证据来证明就行。

**韩嘉毅**　关于辩护人举证的证据合法性问题。我和宗新的观点不太一样，我曾经在法庭上就和公诉人因为辩护人举证的证据合法性问题、证据来源合法的问题直接发生过冲突，公诉人直接质问我说，你们收集这么多证据，你们怎么调查取证的？你们是不是两个人来取证？你们调查有没有手续，你们调查是不是符合法律规定？当时我立刻就和公诉人直接把这个道理说明。

辩方取证和公诉人、侦查机关取证不一样，双方完全不同。最大的区别在于公诉人、侦查人员都是代表国家公权力来调查取证，我们只是辩护律师，我们没有国家公权力的支撑。因此，公诉人、侦查人员代表公权力，取证必须要受到限制，这才符合把权力关在笼子里的规定。律师代表私权利，取证要符合律师法的相关规定。换个角度讲，这是一份书证，如果能证明当事人不在犯罪现场，不应被判处死刑，无论该证据取得方式是否合理合法，律师可以把这份证据提交给法庭。

网上我也看到其他律师说过这个话题，对于公诉人指出的辩护律师取得客观证据有没有合法性的问题，大家都在强调取得客观证据要注意证据来源、注意合法性问题，我是不同意的。我认为，“两高一部”所制定的司法解释，是用来规范公权力机关的取证行为。实践中，在法庭上我就是这么跟公诉人解释的。公安机关、公诉机关所制定的司法解释，可以规范自己的取证行为，没有规定、也不可能规定律师的调取证据、举证的问题，不能用来管律师的取证、举证。如果律师偷证据、抢证据当然是不对的，但能不能直接就认定律师取得的有利于被告的证据就是非法的证据呢？直接因为证据来源不合法就不让证据进入法庭，继续认定对当事人不利的结果。我想这不符合有利于被告原则。我确实把商场的硬盘买下来，买一个新硬盘给商场，换了商场的旧硬盘，商场的旧硬盘里，发现当事人那天就在商场里，不在案发现场。我买来的证据能不能用？我觉得这个问题值得我们注意。

实践中，不论是把主观证据转化成客观证据，还是直接调查取得客观证据，我都这么做过，目前没出问题。检察官要提异议，我就说我的道理，检察官不能要求我们律师取证也像公安机关那样，两个人在场、有见证人、拿着摄像机，还要见证人签名，没有那么多要求。我只依照律师法、刑事诉讼法和《律师办理刑事案件规范》的要求来办案。所以我的举证从来没有遇到过障碍。有冲突不怕，能讲清楚道理就行。

律师取证难以像公安机关那样，两个人在场、有见证人、并录音录像，还要见证人签名。律师取证只依照律师法、刑事诉讼法和《律师办理刑事案件规范》的要求。

关于举证的方式，有以下几点要注意：第一，我们应尽可能地让举示的证据形式要漂亮点。我觉得我们可以向非诉律师学习，要装订精美一点，能感受到律师的认真。实践中，我看到很多同行提交的证据形式太简单，随便用订书器一钉、拿燕尾夹一夹就提交了，这不可取。我们要把它做得比出版的书还漂亮、让人看上去很舒服，让办案人特别喜欢看它、摸它，让书记员舍不得拆开文件装卷。让办案人感到律师的认真敬业。

第二，要用心做证据目录，要简洁明了，不要写空话、套话。证据目录是一个非常重要的指引，要用心写出证据来源、证明事项，其他关注的事项，具体证据所在的页码也要注明清楚。不光是写得清楚，打印出来的也要漂亮，文件的布局合理，行间距、字间距安排得很舒服，让别人愿意看，看得清楚、舒服，要用最少的字表现最丰富、完整的内容。

第三，组织证据时要考虑利用各种各样的图、表。我喜欢自己画图，包括矿区图、资金流转图、人物关系图、股权关系图等。虽然可能我画得不够规范，但这种图、表不是证据，不是在案发过程中客观形成的，画这个图的目的是便于说明情况，把复杂问题简单化，更有助于法官直观地认识案情。

第四，在举证出示的证据卷里，要把你想出示的那份证据的重点，用醒目的颜色标上，让法官更容易看到。他看了之后知道这个文件的重点是什么，这是很重要的。

第五，法庭上如何表达直接关系到举证的效果和证据的影响力。举示这份证据时，要直接切入主题，不要拐弯抹角。表达的同时要注意关注公诉人、法官是不是在看着证据，不能低头只顾自己说，要带有恰当的停顿。举示的证据要尽可能的每个人都发一份，哪怕是同案被告人的辩护人也尽量要给一份。要关注法官和其他人是不是跟着你一块翻页，要等到大家都看着这份证据时再表达自己的意见，目的是让对方边看边听我的表达，能够理解、接受我们的观点。所以举示证据的时候要考虑你的战略、战术，考虑你的行为、表达，并对此要进行整体设计。

第六，举证的时机把握也要考虑清楚，有的时候证据出示得太早，不见得是好事。在哪一个阶段出示什么样的证据，都应该做系统的、全盘的考虑才对。

**徐宗新** 我再补充两点，避免给律师带来误导。虽然辩方的举证要求不如控方高，但是不等于辩方取证没有任何合法性的要求。辩护人依法是可以调查取证的，并且，其取得的证据本身具有合法性。但是如果辩护人取得这个证据证明不了证据的来源的话，会带来很多麻烦。我们要把能够固定的证据，能够说明证据合法来源的这些调查的程序，都要全部做到位，必须证明它有合法来源。到了法庭上才是证据，才有证据效力，我认为这是必须要说明的。

另外，嘉毅刚才讲到的，哪怕证据上有瑕疵，但是辩方举的是客观事实，控方必须要考虑；不考虑的话，这个证据就无法排除合理怀疑。我觉得这存在什么问题呢？这存在我们举的是证据，还是证据线索的问题，或者是线索证据的问题。辩方举出一个合理怀疑，控方肯定要排除，哪怕辩方提的合法性有问题，但控方也必须得去调查。所以，我前面讲到的有很多辩方举的这些证据是一个证据线索，辩方可以提出来，把证明目的降一档，也有利于控方去把该证据材料或证据线索的合法性补齐。

所以，我的观点是，不是说辩方取证举证就对合法性没有要求，但辩方取证的合法性差一点不要紧，我们把它作为证据线索提出来也是合适的。

**焦　鹏**　简单补充两句。宗新和嘉毅两个人说的内容其实不矛盾，从宗新角度讲，他认为举证要严格、要严谨，我完全同意这一点。无论我们怎么质疑公诉人的证据，实际上我们在举证的时候就要做好充分的准备。嘉毅实际上给我们开拓了很多怎么样去收集证据的方式，给了我们很多灵感，这些证据线索或者证据材料的使用是得详加分析，严格按照法庭的规范来进行审查和使用。

**韩嘉毅**　举证质证这一问题充满了理论性，不是仅通过实践就能学到、提升的，还需要辩护律师去学习、研究相关的基础知识。希望我们三人的沟通交流能够对他人有启发，给他人带来收获。

# 刑辩业务核心技能

## 法庭辩论

门金玲 / 翟　建 / 朱明勇

作者简介


## 门金玲

中国社会科学院大学副教授、刑辩中心主任

北京市京都律师事务所律师

西北政法大学刑事辩护高级研究院副院长

## 翟　建

北京大成（上海）律师事务所高级合伙人

大成刑事专业委员会名誉主任

大成刑辩学院名誉院长

中华全国律师协会刑事业务委员会顾问

## 朱明勇

北京京门律师事务所主任

中国政法大学刑事辩护研究中心联席主任

西北政法大学刑事辩护高级研究院副院长

# 法庭辩论

- 基本原理
  - 与诉讼模式的关系
  - 法庭辩论的诉讼地位
  - 法庭辩论的常用原理
    - 诉讼证明原理
    - 法解释原理
    - 事实与规范之间来回穿梭
- 基本内容
  - 对谁发表
  - 发表什么
    - 实体之辩
    - 程序之辩
    - 无罪之辩
    - 此罪与彼罪之辩
    - 量刑之辩
    - 情理之辩
  - 怎么发表
    - 证据之辩
    - 事实之辩
    - 法律之辩
- 辩护意见的结构与方法
  - 四要件抑或三阶层
  - 证据争点、事实争点与法律争点
  - 突出案眼
  - 起诉书指控事实的顺序
  - 突出当庭审理中出现的新的争议焦点
- 技能技巧
  - 言语上
  - 态势上
  - 节奏上
  - 与法官庭上交流的“场”
- 实践难题及应对
  - 法官频繁打断辩护人发言
  - 控辩双方各说各话
  - 法庭辩论的轮次
  - 刑事案件被害人是否发表意见
  - 无罪辩护与量刑辩护如何协调
  - 此罪辩护与彼罪辩护的方法
  - 遇到检察官语言使用不友善
  - 遇到法官当庭训诫
  - 偶遇法官程序指挥权不当

**门金玲** 法庭辩论是大陆法系国家法庭审判特有的环节，是刑辩律师所有辩护工作的大总结。法庭辩论所发表的辩护意见，是整个诉讼过程中能够影响法官、说服法官的最有力的辩护材料。

**翟 建** 审判阶段，法庭辩论无疑是重中之重，是最能体现律师业务水平、执业风采的一个环节。在法庭辩论中充分发挥律师的作用，为被告人争取利益最大化，是我们每一名律师的共同愿望。

## 一、法庭辩论的基本原理

**门金玲** 英美法系国家没有法庭辩论环节，其所有的审理规则都是围绕陪审团裁判制度设计的，陪审团由不懂法的公民组成，对事实问题部分裁判，一裁终局，而且不用说理由。因此，所有可能误导陪审团成员的证据，如品格证据、意见证据等都会被排除在法庭之外，防止陪审团接触。

英美法系是交叉询问机制下的传闻证据排除规则的法庭审理，在法庭审理的过程中，每一个证据进入法庭都需要用人证的方法带出来。关于证据的争议，是通过交叉询问的方式展示出来。比如有一个物证要想进入法庭，一般来说由勘验现场的警察出庭，来确认所谓的前提性事实——向法庭证明这个物证就是从案发现场发现的。如果对这个证据的来源有疑问，可以通过辩护律师交叉发问、通过被问人的回答来证伪，用这种方式来展示对证据问题的争议。既没有发表质证意见的环节，也没有法庭辩论的环节。

我们国家是法官职权主义审理模式，在庭审制度设计中有发表质证意见和法庭辩论的环节，我们可以靠意见来说服法官，当质证意见发表得不完善时，在法庭辩论阶段可以把证据的问题、事实的问题、法律的问题全部表达出来。所以法庭辩论就显得尤为重要。

在法庭辩论时，我们必须清楚：我们跟检察官之间的辩论、对话，只是一种手段，我们最主要的目的是说服法官，我们说的每一句话，实际上都是说给法官听的。明白这一点，可以避免法庭上的控辩冲突。

法庭辩论当中我们常用以下几种原理：

首先，诉讼证明原理。诉讼证明原理主要分两个层面：第一个层面，证据怎样才能获得规范层面的定案根据资格；第二个层面，从经验常理的角度判断证明力，确定能否成为定案根据。

比如，一份鉴定意见怎么成为定案根据？

第一步，它怎么获得定案根据的资格？首先，它要经历一系列程序法规范的制约，即法定证据方法和法定调查程序的制约。司法鉴定报告在法庭当中应该“出示”，应该“宣读”，出示宣读之后要接受控辩双方“质证”：鉴定机构是否合法？鉴定人是否有资格？检材有无问题？鉴定方法是否科学？从检材到鉴定方法到最终得出鉴定意见的过程，是否符合程序要求？每一道关都过了，才能说这份鉴定意见有了作定案根据的形式上的资格。形式上的定案根据资格的判断属于规范判断，要依据规范来判断。

第二步，从证明力上判断能否作为定案根据？只是有了定案根据资格还不行，形式上的资格不等于证明力。证明力的判断依据是经验、常识、常理、逻辑，属于自由心证范畴。这里要注意，诉讼中的自由心证之“自由”，是对应“规范”而言的，并不是说可以随心所欲不受约束。

这两步都有可能成为控辩双方争论的焦点。

其次，法解释原理。诉讼中的每一个行为都离不开规范，而规范的概念离不开解释。法律解释有一套自成体系的原理。在法庭辩论时经常需要穿梭于事实与规范之间来说道理。

比如，余金平交通肇事案的一审法院、二审法院还有检察院在认定事实时的一个分歧点就在于，余金平在案发当时到底是否知道他撞了人。余金平说他当时不知道撞到了人，以为是撞到了物。

但是，客观证据显示余金平的车偏离了车行道，驶到了人行道，被撞的被害人是在余金平车的前挡风玻璃前方飞出去的，且车的前挡风玻璃碎掉，余金平又打方向盘将车驶回了车行道。且他回到地下车场之后，擦拭车上的血迹，擦完之后将毛巾丢弃，自己又走回现场看相关情况，也看到了大家在抢救人，然后又去了一个汗蒸馆里蒸脚，之后才去自首。这种情况下，一审法院和二审法院认定他案发时知道撞到了人，是依据经验、常识来判断的事实问题。辩护律师可能为了当事人能轻判，会坚持余金平自己所说的不知道撞了人。法庭辩论时可能会为此争论，这个争论是客观证据证明力的争论，使用的武器是经验、常识，而不是法律规范。

法庭辩论必然是在事实争点和法律争点之间来回穿梭，这就要求辩护律师必须能够保持清晰的逻辑：争事实，用证据，用经验常理；争法律，用法理，用解释。逻辑不能乱。

**朱明勇** 律师在法庭辩护的时候，有时候可能是一种盲目的辩护，从头到尾根据起诉书指控的事实一个个分别来一遍，带有一种主观性，但如果把这些原理代进去，可能会更有效地说明一些问题。如果律师在庭上反复纠缠一些无关事实认定的证据，越说越复杂，反而搞不好。但如果律师把诉讼证明的一些原理，如证据证明的是什么样的事实，用什么样的证明逻辑来证明的，我觉得在法庭上稍微提一下，反而能更清晰地证明某项事实。

## 二、法庭辩论的基本内容

### （一）法庭辩论“为了什么”

**翟　建**　律师参加刑事诉讼，在法庭上进行法庭辩论，为被告人辩护，到底想达到一个什么目的？有些律师似乎辩护的目的性不强，这其实是一个很普遍的问题。我认为律师辩护的目的，用八个字可以全部概括——“有冤申冤，无冤求情”。

刑事案件无非就分为这两部分：一种是有罪还是无罪，另一种是到底是罪重还是罪轻。对那些无罪的案件，律师的责任就是应当为他申冤昭雪。当然，我们也要看到，在我们的司法实践当中，应该说大部分甚至绝大部分的案件，确实是有罪的，但是这个罪名定得准确不准确，或者说哪怕罪名定得是准确的，但为了维护当事人的合法权益，为了让他们的利益最大化，所以要在法律允许的范围内为他求情。

那么，用什么方式来达到这两个目标呢？我认为就两个字——说服。律师的武器就是自己的嘴巴，除此之外没有别的武器，律师要说服法庭来接受自己的观点。当然，实践当中也有律师不是通过说服，而是通过其他方式给法庭一定的压力，让法庭来接受其观点，但这不是刑事辩护的主流。作为刑事辩护律师，还是要练好说服的本领，能够让法庭接受自己的观点。

我们所有的刑事辩护律师，应该把着眼点、注意力或者工作的重心放在研究怎样说服法庭上：一是“对谁说”，你在法庭上辩护，是对谁说；二是“说什么”；三是“怎么说”。

我相信每一个律师都会知道对法官说，要说服法官，但是在实践当中，不是每个律师都能意识到这一点。以前开庭的时候，我的眼睛喜欢向左看，因为左边是旁听的家属和群众，我就看着他们来说话。那个时候我有点煽情，希望能够得到被告人的认可，能够得到他们的响应。

有一个案子我印象很深。有一次，我在江苏南通的一个法院开庭，这个案子在当地特别受关注、特别受瞩目。我把脸向着旁听群众发言，讲到精彩之处，旁听群众为我鼓掌。然后就被审判长制止，两次制止以后，旁听群众还不听，审判长发火了，对台下说：“所有的法警给我站起来，谁再鼓掌、喧哗，我们立即把他逐出法庭！”我是发言到一半的时候被打断，其实这个时候审判长心里面对我也不满了，但还是说辩护人继续发言。我的脸还是向着旁听群众，对他们说，“请你们注意，刚才审判长的警告是正确的，法庭是禁止喧哗、禁止鼓掌，虽然你们的鼓掌对我来说是一种鼓励，但是我打赢这场官司的信心，不是来自你们的掌声，而是来自公正的法律。”旁听群众听了我的话之后又鼓掌，那个时候我特别喜欢这样一种现场的感觉。

后来我发现这样做的效果并不好，还是应该回归到法庭本身上来。我应该与公诉人进行辩论与较量，所以我把头转过来，看着正面，跟公诉人对辩，无论是对定罪量刑有关的，还是对定罪量刑无关的，都要整个明白，结果总是跟公诉人对抗得很激烈。

但是现在，我开庭的时候眼睛是向右看的，因为右边是法官，我看着法官发表我的意见，从他们的脸上捕捉他们对我的辩护意见的反应。

如果是在有陪审员的场合，我也是主要看向审判长，我看到他有的时候是点头，有的时候是掠过一丝同意的神色。这样的话，在此问题上我的质证与辩护会尽量精简，我觉得我已经让法官同意了我的观点。如果我讲的某个观点，他们脸上有狐疑的表情，那就代表对我所说的内容有不解，这个问题我就要进一步说得深入点，要给他们讲清楚。

辩护意见要根据庭审的情况不断地进行调整，律师必须根据庭审当时的情况来作出反应，在整个庭审结束以后，再整理成一个书面的辩护意见交给法庭。那种拿着已经准备好的辩护词照着念的方式，一定不如当庭根据庭审的情况随机应变、有的放矢，有礼有节地综合发表辩护观点的效果好，这一点是毋庸置疑的。

说服法官其实也有很多的忌讳，我认为最忌讳的是偏激。一个律师唯有观点客观、理性才最有说服力。如果说你是一种偏激的观点，好像天然地为反对而反对的话，这是说服不了人的。更何况如果法官认定了律师比较偏激，是一个偏激的人，律师即便说的是正确的意见，也有可能被他忽略或者忽视。

曾有教授提出一个观点：律师不要轻易作无罪辩护。他的理由是，这些刑事案子经过了审查起诉，到了法院的时候，起码经过了几十个人的手，冤假错案的概率很小了。律师不要轻易作无罪辩护，我同意，任何观点都不能轻易作出，轻易两个字肯定是不可以的。但律师不要轻易作无罪辩护，这个观点我不同意。

我的观点恰恰与他相反，我认为，律师不要轻易作有罪辩护。因为辩护人就是要站在被告人无罪、罪轻的角度来为被告人辩护。其实从刑事诉讼制度设计来看，它也是为了让控辩双方各自站在自己的角度去看这个问题，从自己的角度来分析这个问题，然后让法官能够得到一个兼听则明的效果。如果律师都不敢作无罪辩护，我认为刑事制度设计与实施是不成功的。而且我认为，律师辩无罪，法院判有罪，大概全世界都如此，不稀奇；但是，如果律师按有罪进行辩护，法院最终判无罪，对于律师而言，那就是相当耻辱的事情。

对于律师来说，能够把一个重罪辩护成一个轻罪的话，既维护了刑事法律的正确实施和适用，也维护了被告人的合法权益。

在刑事诉讼过程当中，辩论无非围绕着两个主题：一个主题是事实，另一个主题是适用法律。事实就是讲证据，根据证据的规则、证据的运用，来证实观点。

怎么发表辩护意见是考验律师功力的问题。律师对自己所经手的案件能够作出正确的判断，持有一个正确的观点，实际上是刑事辩护律师的一个基本功。如果一个刑事辩护律师，对自己所经办的案件都拿不出一个正确的观点，明明是无罪的，他看不出来，明明是轻罪的，他也看不出来，那他就不是一个合格的律师。

一个优秀的律师，能够把对被告人有利的方面都挖掘出来，能够把对被告人有利的观点，通过自己的辩护意见讲清楚，从而说服法庭，被法官采纳。

有一些辩护律师有这样的一个缺陷：在整个庭审过程当中，他说的每一句话都是对的，但是每一句话都没有说服力。其实，只要角度选准了，无论你怎么说也不见得就是长篇大论。

我的辩护意见从来没有长篇大论，只是抓住重点来说。在一次律所内部培训当中，我向全体律师提出这么一个要求——“请给辩护词加一个题目”。如果你能够为你的辩护词写一个题目，说明你抓住了这个案子的要点，你认为这个案子的要点要点在这里，就能够吸引法官的关注。我办过一个玩忽职守的案子，当事人在做贸易的过程当中被骗了，当时以玩忽职守的罪名来起诉他。我的辩护词的题目就用了一句成语，把成语拆开来讲就是：“防，不胜防”。就是说当事人已经采取了各种防范措施避免受骗，但是由于骗子找了一堆托，还找了一堆单位，骗术太高明了，当事人防不住了。所以他没有玩忽职守，这个案子当事人后来也被宣告无罪。这么简单的题目，就能够画龙点睛，点到了律师要想重点表述的观点。当刑事辩护律师能够给自己的辩护词起一个确切的、简练的题目的时候，那么此刻的辩护效果已经升华到了一定的程度。

**朱明勇** 刑事辩护的本质是什么？这个问题我们要搞清楚。搞清楚刑事辩护的本质之后，在定位精准的基础上，律师才可以考虑具体怎样去辩护。刑事辩护是由各方诉讼参与人共同参加的一项活动，而各方都有自己的利益，再加上案件本身的一些特殊因素，因此一个刑事案件可能是由诸多要素共同起作用，然后就看各自的作用是怎么起的，哪一方力量在主导，最终相互作用以后会往哪个方向走，这是律师要考虑的一个问题。

要从理论的角度说服法官，我觉得有一个前提，就是你把道理讲清楚你就能赢，如果没有这样一个前提，那么不管你把法条引用得多么精准，道理讲得多么清楚，你都不一定会赢或一定不会赢，那就需要重新进行考量。这就涉及刑辩的本质。刑辩的本质是什么？我的观点有两种：一是从纯技术角度来说，辩护律师在法庭上一定要辩护，而且要想办法辩赢，这是一个本质的要求。二是不要轻易作有罪辩护。我认为每一起案件都可以作无罪辩护，这也是基于一个理论的认知。因为所有的案件都是通过事实、证据和法律来解决的，而事实都是通过证据来证明的，而证据存在合法性、关联性和真实性问题，也存在证明力大小的问题，怎么运用这些证据得到想证明的结果，不同的人的确有不同的方法。水平高的律师能在很复杂的案件当中提炼出核心问题，能够用比较朴素的语言说给法庭，并且能说服法官，但是确实不是每个人都能达到这个水平。

### （二）法庭辩证“发表什么”

**门金玲**　刑事辩护的技术不是书本知识，更多的是靠需要有经验的律师来传导。

刚才说到缓刑和实刑之间的轻重关系，联系当下热议的余金平交通肇事案中的一个争点——判三缓四和实刑两年，究竟孰轻孰重的争议，实际涉及以下两个问题：检察院判断抗诉是抗轻还是抗重？检察院所作的抗诉是有利于被告人的，还是不利于被告人的？一审法院、二审法院和检察院，它们最大的争议点在判实刑和判缓刑上。判决依据的分歧在于二审法院认为被告人的主观恶性较大，第一个事实是酒驾，第二个事实是逃逸，第三个事实就是客观认识因素显示被告人当时应该知道撞到的是人，可他说当时认为“撞到了物”，且后来回现场、做按摩醒酒。意图逃避法律追究，主观恶性较大，判缓刑不足以惩戒犯罪，这是一个量刑上的辩护。

因为有认罪认罚的前提，检察院认为被告人属于自动投案、如实供述犯罪事实。虽然供述说自己不知道撞到的是人，但对于交通肇事基本犯的事实来说，被告人构成如实供述。被告人还可以认定为自首，依法可以减轻处罚，加之其是初犯，案后积极赔偿了被害人 160 万元，得到了被害人家属的谅解。检察院的以上理由也都属实。可见，法院和检察院各自的坚持不在一个逻辑层面，而是分别指出了分属“指控”和“辩护”两个不同方向的量刑情节。其实，在检察院的抗诉逻辑里，已经清楚地显示了是在抗轻，认为判实刑是重的。如果我们是二审余金平的律师，如何发表法庭辩论阶段的辩护意见？

找到争点，找到逻辑，就能确定正确的辩护方向，就能说到适用缓刑的条件的点子上，有“主观恶性较小”的需要，现在又成为争点。按照法律适用逻辑的三段论，先用证据摆事实，直击“主观恶性”的判断，把本案中认定主观恶性较小的所有事实集中起来，增加说服力。

关于实刑和缓刑孰重孰轻的问题，我认为，如若把执行过程中可能发生的问题都考虑进去的话，那就比较不出结论了。实体法有观点认为判断轻重不应考虑刑罚的执行，但实际上缓刑是法定的刑罚不执行的情形，不执行，肯定是轻的。这对于是否有利于被告在作判断时是必须要考虑的。还有一种观点认为，既然考虑执行，就把实践中的执行考虑进来，如缓刑期间再犯罪、实报实销，我个人认为，判断轻重需要考虑执行方式，也仅仅限于规范层面的执行方式，因为这是具有确定性的要素，而非实践中的不确定情形。大陆法系国家基本上都把缓刑的执行方式考虑进来，认为缓刑与实刑相比对被告人来说是有利的。

余金平案还涉及二审是否要全面审理与上诉不加刑原则的关系。上诉不加刑是裁判原则，全面审理是审理原则，审判就是审理加裁判，上诉不加刑不参与到审理过程之中，而全面审理是控制整个审理过程，进而约束法官的审理。按照法律规定，二审需要全面审理，这与上诉、抗诉、抗轻、抗重没有太大关系。至于实践中没有争议的部分二审时能否简化，那是实践中控辩裁三方的合意，在理论和应然的层面就是全面审理。判断抗诉对被告人是否有利，要根据公诉人员在提出抗诉时的判断，和二审审理出来的事实无关。因为在公诉人员提出抗诉时尚未有二审认定的事实，不可能要求以一个没有发生的事实作依据提出抗诉。裁判原则是基于很多价值的诉求而规定出来的，其中上诉不加刑是基于保障被告人权利的价值诉求而规定的裁判原则。所以到了裁判的时候，法官就要受到上诉不加刑原则的限制。所以二审法院，既要全面审理，又要受到裁判原则的制约，二者并不矛盾。所以，法院审完了觉得该判三年半实刑，可以把道理讲清楚，认定本应该判三年半实刑，但由于受到上诉不加刑原则的限制，故而，判处一审认定的二年实刑。

关于此罪和彼罪的辩护，我有个问题要请教一下两位实务部门的专家：在法庭上辩论不构成重罪时，是否在技术上允许辩护律师直接"指控"构成轻罪？还是要话留半句，不能主动说出构成轻罪？

**朱明勇** 一般我遇到这种情况，在法庭上我就直接说被告人不构成某罪，我不会说他构成另外一个罪名。庭下看情况，如果法官觉得定比较重的罪有问题，但是律师综合分析觉得确实有社会危害性，而且确实可以构成某项犯罪，被告人又实际羁押了一定的时间，那么经被告人及其家属同意，我觉得私下沟通的时候可以跟法官提一下。

**翟　建**　我觉得需要明确一个概念，刑事诉讼法规定辩护人的责任是根据事实和法律提出犯罪嫌疑人、被告人无罪，当然这个无罪是没有模糊概念，第二句话就是罪轻或者减轻、免除其刑事责任的材料和意见。

这里讲的罪轻是否包括轻罪？我觉得从概念上来说是包括轻罪的。刑事辩护律师到法庭上为一个案件辩护，最主要的是为了解决问题。有些案子虽然不构成公诉机关指控的罪名，但是可以构成另外一条比较轻的罪名。在这样的情况下，是否要明确表态被告人构成轻罪，不构成重罪？我觉得要基于两个前提：一个前提是律师要有一个准确的法律后果的分析。比如贪污罪和私分国有资产罪，前罪最高可以判处死刑，后罪最高是 7 年以下有期徒刑。在这样的情况下，律师是否可以明确地提出，被告人只构成一个轻罪，不构成一个重罪？另一个前提就是要征得当事人和委托人的同意。

**门金玲**　在诉讼法的理论上，审理范围要受到公诉事实的制约，法官可以在同一公诉事实之下，改变罪名。但是，不允许在改变公诉事实的前提下改变罪名，这样会侵犯不告不理原则。因此，如果作此罪与彼罪辩护时，要注意，变彼罪时，是否改变了公诉事实。

**翟　建**　这个问题不能一概而论。比如，公诉机关指控是故意杀人，辩护人认为是伤害致死，这两个不是同一个罪名，但事实是同样的。辩护人就只能说不构成故意杀人，而不能说其实就是个伤害致死。

**朱明勇**　我曾经代理过一个案子，被告人是一个非常大的国有企业负责人，当时以诈骗罪起诉，根据当时的法律要判 10 年以上，我们作无罪辩护，认为不构成诈骗，后来法院两次发回重审，但检察院就一直认为是诈骗。最终法院判了一个检察院没有起诉的事实，而这个事实在起诉书中有所描述，也有案卷的相关证据。根据起诉书和案卷中记载的被告人收了别人送来的购物卡这一情况，法院判了非国家工作人员受贿罪。因此，针对不同的案件，律师还是要具体分析。

**门金玲**　实践中律师要区分两种情况区别对待：

第一种，如果是包含关系的罪名，律师在当庭就可以提出不构成此罪，构成彼罪，这个没有疑义，因为是包含关系，事实被包含，具有同一性。

第二种，如果是平行关系的此罪和彼罪，两个罪名之间没有包含关系。像刚才提到的诈骗罪和非国家工作人员受贿罪，如果要认定后者，需要检察官补充起诉。辩护人要慎重提出构成此罪。

### （三）法庭辩论“怎么辩”？

**门金玲** 无论哪个争点，辩护的争点是定罪的还是量刑的；是实体的还是程序的；是无罪的、此罪的还是彼罪的，都是从三个维度发表辩护意见：

证据之辩维度，以程序规范和证明力判断。沿着证据获得定案根据资格和成为定案根据的路径。

事实之辩维度，看证据所固定的事实及其之间的印证，以及所达到的证明标准是否符合法律规定，指出合理怀疑的事实有哪些。这里的合理怀疑是事实问题，不是法律问题，只有推翻了合理怀疑，才能达到排除合理怀疑或者事实确实充分的程度。

法律之辩维度，对于法律概念的争议，用的是论证和解释。辩护人肯定希望把入罪概念解释得窄一些，但是要拿出依据坚持自己的观点。比如说许霆案，如果认为ATM是金融机构，就意味着许霆犯的是盗窃金融机构罪；如果认为ATM不是金融机构，许霆所犯的就是盗窃罪。ATM是否为金融机构，这就是个有争议的法律问题，不是事实问题。法律之辩，要用各种解释方法对规范的目的、文意等进行解释。

## 三、辩护意见的结构与方法

**门金玲** 在法庭辩论阶段发表完口头意见之后，还要递交书面辩护意见。这个书面意见很重要，怎么写好，是一个重要的问题。

**朱明勇** 写辩护意见或者辩护词的时候，在结构上应该突出重点，不一定像在法庭上辩护那样面面俱到，也不是把法庭辩论的发言变成书面的文字，更不要像写小说或者写专著一样去大篇幅论述。我的习惯是：列清这个案件有几个大问题，每个大的问题有哪几个非常重要的因素。法官看辩护词，往往是为了从辩护词当中摘出来要引用或者反驳的几条意见，辩护词写多了反而不清晰，不便于法官发现有用的东西。我曾经看到有一个律师一审的辩护词写了 88 页，我看到第十几页的时候，还没有看到与这个案件有关的任何一个事实问题、证据问题和法律问题，辩护词中写的全是基础法理问题，这实际上不便于法官迅速准确地知道律师核心的辩护观点。我认为每一个刑事案件都有一个非常显而易见的核心问题，很容易就能挖掘出来。案卷可能有 100 本、200 本，但是最重要的可能就一个问题，也就是每个案子的案眼。

比如，你看到的案卷可能有几十本，证明的事实就是被告人受贿多少钱，一大笔几百万元。我们把所有的证据看完之后，反复提炼，最后发现根据一个证人的一句话就可以作无罪辩护，为什么呢？因为行贿人没到案，只有一个证人，这个证人说他听说行贿人要给被告人送钱，被告人对此予以否认。也就是说，全案连一份有效的证据都没有，只有一个孤证，还是传来证据，没有办法认定。所以很多案件必须突出案眼，一个案件里面可能就有一两个案眼，甚至每一个罪名里面可能就有一两个突出的点，你把它找出来，并且阐述清楚，这就够了。

比如，起诉书指控被告人亲属买房价格明显低于市场价，但是所有的案卷当中没有查清所谓的“市场价”是多少？这也是一个案眼。找到了案眼，你就不需要把指控的每一笔、每一个证据，或者每一个证言都展开去质证一遍，有些根本不需要发表质证意见。所以提炼案眼是非常重要的，可以使律师避免在庞杂的案卷体系当中找不到方向。

**门金玲**　公诉人是“立”，他要立 100 个点，他这 100 个点是同时成立的，缺一就成立不了犯罪，但是辩护人只要破他一个点，所以我们要抓住主要矛盾。

**翟　建**　我前面提到了要给辩护词加个标题，这个标题其实就是案眼。我在法庭发布辩护意见时，总是会在开头用最简洁的语言把这个案件的事实概括一下。然后，我会在后面指出案子的焦点，分析公诉机关为什么指控他犯罪，他的理由成不成立？这一点很重要。我认为辩护词一定要有针对性，只有这样，你写的辩护词才能让法官看得下去，这是非常重要的，当然这也是律师的一个基本功。

**门金玲** 前两天我听张启明律师讲了一个观点，法庭辩论时有一个基本点：你必须搞清楚公诉逻辑是什么？

你要搞清楚公诉机关为什么去指控这个罪名，逻辑在哪里？如果你搞清逻辑了，你就先拆他的逻辑，然后再立自己的逻辑或者先立自己的逻辑，再拆他的逻辑，总之这两步哪个都不能缺，我认为这也应该体现在辩护词里。

**翟　建** 对。公诉机关总是有它的逻辑在的，因为什么，所以什么。我经常让助理阅卷后一定要告诉我，公诉机关起诉被告人构成犯罪的理由是什么？这一点非常重要。

## 四、技能技巧

**门金玲** 关于在法庭上是使用通俗易懂的语言，还是使用法言法语这一问题，由于我们还没有形成一个法律共同体之间通用的法律语言，如果用法言法语，有可能导致沟通不畅，那就没有意义了。

**翟　建**　我前段时间在南通下面的某县城办了一个涉黑的案子，一共有12名被告，我是第一被告的辩护人，而且我作的是无罪辩护，全案只有我一个人作的是无罪辩护，因为其他的都是当地的律师，我理解他们的难处。

开庭之后不久，当地的律协和司法局请我去给他们讲课，我心想这个案子还没判决，让我讲什么呢？后来我才知道这个案子其中一个被告的辩护人是他们当地律协的会长，在当地能当律协的会长也是一名比较优秀的律师了，他请我去讲刑事辩护。他说：你知道吗？我为什么要请你来讲刑事辩护？是因为我看你那天在涉黑的案子当中，起诉的是组织、领导黑社会性质的组织罪，还有其他一大堆罪名，你为涉黑案件作无罪辩护，居然也能够娓娓道来。

我说，现在我说什么都注重于说理，注重于娓娓道来，考虑怎么讲才能让人家听进去，能够接受你的观点，所以我现在不会去很偏激、很激动地去发言、去辩护。去年有个案子，在法庭辩论的时候，我心平气和地说，“刚才公诉人讲的观点，我不同意。”公诉人说，“辩护人你能不能不要一口一个公诉人行不行？”我意识到公诉人对我直指“公诉人”二字有意见，后来我就一直说公诉机关。

其实公诉人说得也对，也许他根本不愿意接这个案子，但是案子分配给了他，他必须得来。其实在法庭上你是无法说服公诉人的，因为他不代表他个人的意见。

**门金玲**　如果在法庭辩论当中遇到法官行使庭审指挥权存在问题，律师上语言上和态度上应该怎么办？两位老师给我们介绍一下经验。

**翟　建**　实话实说，对于资历比较深的律师，法官一般都还是比较尊重的。我曾经代理过一个案件，在法庭上我还没讲几句，审判长可能觉得我会讲得很长，他就打断我说，辩护人，你发言尽量简明扼要，我说好的，我尽量简明扼要。我就继续发表辩护意见，刚讲了几句，审判长又说，辩护人不是跟你说好要简明扼要吗？

我当时也比较生气，但是我并没有采取什么特别过激的方式。我说这样，审判长，你给我限定一个时间，我保证在你限定的时间里面讲完行不行？这样一来审判长又觉得限制我的时间不太合适。后来我看审判长没有说什么，我就说，审判长，我来限定一个时间，我在半个小时之内讲完，行吧？你如果说不行，我还可以压缩。审判长说，好吧，你就半小时之内讲完吧。这样就把本来可能要产生的问题解决了，确实也没有什么标准的答案。

**朱明勇** 表面上看公诉人的总体素质越来越高，但是一些重大疑难复杂的案件出庭的往往是刚工作不久的年轻人。他们的公诉经验相对欠缺，我们在发表辩护意见的时候没有必要去跟公诉人纠缠，就重点说自己的观点。针对公诉人的公诉意见，挑出一个核心的问题，比如说存在逻辑错误，你给她指出来就行。公诉人说了很多，你去跟他一条一条地去辩，一个证据一个证据地去质证，其实没有必要。我们现在遇到的公诉人，他们大部分跟我们就没有交锋，基本上没有对话，实际上是他们还不具备这个能力。而且我们办的案子多，投入的精力多，对案件研究得更透彻。

**门金玲** 公诉人每年办案压力很大，他们办理的案件太多，而我们律师集中精力就办几个案件。

**朱明勇** 我们办案子，虽然最后呈现出的是一个辩护思路，但是中间我们可能会想出几个、十几个甚至几十个辩护思路，并且每一个证据我们都会从几个不同的角度去质证，公诉人时间和精力有限，他们对案子的研究往往做不到这么细致。

**门金玲** 还有一个想探讨的问题。在法庭辩论时，检察官说一套，律师说一套，二者不聚焦。律师是否要带着节奏把检察官带过来？我曾经代理过一起故意伤害致人死亡案件。基本行为故意伤害的证据有很多且大都是确凿证据，但是没有基本行为和加重结果之间的因果关系的证据。检察官反复说构成故意伤害的证据，而我反复强调对加重结果不负责的证据。怎么将二者拉到一个焦点上呢？

当时我很着急，跟法官反复说，审判长，检察官必须回应一下辩护人，基本行为和加重结果之间有哪些证据，它们是如何证明二者存在关系的？

所以律师在节奏上是不是要占一个主场，争取掌握庭审辩证的节奏？

**翟　建**　我倒不太赞同这个观点。因为当公诉人不正面面对你的时候，不回复你的时候，实际上更多的是因为他回复不了、认定不了，他没有理由来辩驳你，来反击你。

**门金玲**　你说得对，他就是因为没有理由，但是他要假装有理由，但这样容易导致对话始终在两个逻辑层面上。

**翟　建**　我的做法是，如果第一轮我提出来他不回应，第二轮我就会告诉他，我刚才提出了一个某某问题，比方你刚才讲的加重结果和基本行为之间的因果关系这个问题，我说我刚才提出在本案当中加重结果和基本行为之间没有因果关系，刚才公诉人在我发言之后，在他的发言当中没有回复这个问题，我认为他已经同意了我的观点。我就直接这么说，如果他不同意，他马上就会出来反驳。

**门金玲** 翟律师这个直接下结论，直接判断的方法不错，检察官如果不回应等于检察官已经同意了辩护律师的辩护意见。

**翟　建** 对，公诉人如果不同意的话，他会直接反驳。我根本就没必要提请法官要求公诉人回应我的质疑。有的时候法官也知道公诉人回答不上来这个问题，他也不会得罪公诉人，非要逼着公诉人回答，如果说公诉人真的回答不出你的问题，他也就同意了你的观点，那就行了。现在都是全程录音录像。

## 五、法庭辩论阶段的实践难题

**朱明勇** 这么多年以来，我们在法庭上的冲突，绝大部分不是控辩冲突，而恰恰就是辩审冲突，这也是中国当下刑事辩护的一个特色。为什么？公诉人出庭经常是为了完成任务，他把提前准备的证据和意见在法庭上念一遍就完成任务了，有的甚至连证据都不念，只把证据的目录念一遍，更有甚者连证据目录都不念，只说他们有哪些证据，比如说有证人证言、有被告人供述，律师就很难应对。而法官有时候恰恰是为了推进庭审，迅速结案，不管有几百本卷宗，反正今天就一定要审理完。在这样的情况下，辩护人想充分发表辩护意见，被告人自己也想充分质证和辩解，这必然就会发生辩审冲突。近些年来，辩审冲突比控辩冲突要频繁得多，比如法官频繁打断辩护人发言的现象就很常见。有些打断的确是因为辩护人的发言不太简练，重点不突出，但是还有一些是因为法庭就规定每位辩护人发言不超过 5 分钟。5 分钟辩护一个涉黑案件，涉及十几个罪名，五六百本案卷，还有多名被告，怎么发表辩护意见呢？

**门金玲** 我插一句，朱律师，如果法官在法庭辩论的时候给你限制了，让你 5 分钟就发完言，这个时候怎么应对？

**朱明勇** 我举个例子。2012 年的贵阳小河案也有一个庭前会议，审判长说每个人就只给 5 分钟，而且当地还有律师说 5 分钟都长了，不应该给那么长时间。我当时就批评那个律师说，你怎么能够说 5 分钟还长了呢？还建议不让给那么长时间？后来我们就坚持说，辩护人依法发表辩护意见，而且指控的事实又那么多，5 分钟肯定是不够的。那么多少时间够呢？我说完了才够，不应该有时间限制。时间非常重要，有些案件可能只有一个罪名，争点可能就只有一个，辩点也可能只有一两个，5

分钟之内有可能说清楚。但有一些案件的确很复杂，特别是涉黑涉恶的案件，动辄十几个罪名几百起犯罪事实，律师至少要对每一起犯罪事实都发表一点辩护意见吧？随便说说，可能几个小时都很正常。

有些庭前会议上，法官要给律师限定发言时间，我经常跟法官讲不要限制律师的发言时间，也不要随便打断律师发言。因为你打断一下，律师基于对法官的尊重就会停下来，法官解释一下理由，律师再反驳一下，双方再纠缠一下，可能原本半小时能说完的就需要花费一个小时。而且你想限制律师，律师其实还有一些技巧，比如法官认为律师说的不相关随意打断律师发言，那么律师完全可以逮住相关的问题，把语速放慢两倍，把一句话分成两句说。如果法官打断你，让你语速快一点，你就说语速快了被告人可能听不清楚，你可以提示一下被告人，如果我语速提到这样快，他能听得清楚吗？有的被告人说不行，你说得太快我这个脑子都昏了。所以我觉得法官原则上不应该去打断律师的正常发言，除非有的律师说得确实太不相关。

我今天开庭就遇到这样的情况，庭前我们跟法官沟通得非常好，但是一开庭就出现新的问题了。一开庭视频接过来，被告人就在那边说，刚刚医生给我量了血压，我的低压是 101，高压是 188，心跳是 122，身体也感觉有点吃不消，我还是希望等疫情结束之后再开庭审理。法官说那不行，这个案子必须今天开庭。本来我们也同意这么审理，但是既然被告人说了血压的问题，我就说审判长，今天我注意到公诉人、法官都还比较年轻，可能你们对高血压没有一个概念。我告诉你，中国关于高血压的标准，之前是 80~120，现在我们根据世卫组织的标准是 90~140，刚刚量的被告人的血压是 101~188，这是严重的高血压。严重的高血压说明被告人处于一种病态。而且这种病态跟一般的其他疾病不是一个概念，比如说癌症，即使是癌症晚期，今天他坐在这里接受审判也没问题，也不会突发意外。但是高血压是容易发生脑血管意外的。什么叫脑血管意外呢？它有两种情形：一种是脑血管破裂，脑血管出血；另一种是脑血管阻塞，中医里面都叫中风，会导致人昏迷、偏瘫，甚至死亡。这个问题可能你们不了解，医生了解。我说刚才是被告人在视频里面说的，我也不知道他说的是真的还是假的，所以我们希望法庭是不是跟看守所视频那边的法警和医生核实一下，如果他说的是真的，这个案件今天还真的不能审理，如果真的审理下去，他情绪激动，我看他手在发抖，万一出现审判事故，追究的可是审判长的责任。所以我强烈建议你还是先休庭，把这个事情搞清楚。他说我们继续庭审，那边有医生。我说有医生，问题就更严重了，在有医疗措施的情况下血压还这么高，那就更可怕了。最终法庭休庭了。休庭之后有个小插曲，法官说让那边再量一次，结果医生量过两次之后不敢报数值，我就本能猜测肯定是更高了，可能被告人一激动更高了，然后过一会说再量第三次，被告人就不干了。所以最后我们达成一个协议，法庭要审可以，必须保证被告人和辩护人充分的发言时间，被告人需要说多久就说多久，而且还要慢慢说，不能刺激他。最终我说如果法庭一定要坚持庭审，我提两个条件：第一，我要慢慢地说；第二，公诉人你也要慢慢地念，所以这个庭审两天三天搞不完了。

**翟　建**　我在这方面确实也谈不上有什么经验，我唯一担心的就是辩审之间的这种矛盾或者关系，影响到最后对当事人的判决。我始终把当事人的利益最大化放在第一位，所以有的时候我可能宁愿自己忍辱负重，也不愿意去正面地和法官发生冲突。

如果说对法官有什么不满的话，我也会庭后跟他交流。我会告诉他，我本来是要在法庭上要回复你的，但是我想想不太好，为了维护法律的尊严，维护法官你的尊严，所以我也就没有提，但是我现在告诉你我是有意见的。我会以这样的方式去表达。因为自己的当事人在法官手里，所以法庭上尽力给法官留足面子。

**门金玲**　通过刚才两位律师的介绍，我发现成功的律师有着不一样成功的经验，这也说明了辩护技术有开放性。至于我们选择何种方式，要看我们的被告人是一个什么样的性格以及他的诉求是什么，这是最关键的。

还有一个问题，我也特别想问问两位律师。我曾经碰到过刑事案件被害人发表的意见比公诉人还多，甚至公诉人都已经不用发表意见了，被害人几乎替代了公诉人这个角色。你们有遇到过这样的情形吗？是怎么应对的？

**朱明勇** 一般遇到这种情况，我要看看是什么样的被害人？比如说被害人死亡的家属或者其代理律师，我一般不会去打扰他，让他说完，他想说多久说多久，就是不发生正面冲突。

**翟 建** 首先第一点，他说话时间的长短，绝对不是作为辩护人这一方所能够左右的，你当然更不能打断。你要让他说，庭审的把控是由法官来完成的。第二点，我同意刚才朱明勇律师的观点，我尽管对他的意见持不同看法，比方说起诉伤害致死，他非要说是杀人，然后讲一大堆，我通常也不会去正面地驳斥他。我只是说我理解对方代理人发表的意见，因为你是个代理人，代理人必须在委托人的授权、委托之下，按照委托人的意思来发表观点。

对方委托人可能并不懂法律，而其代理人又不能不按照他的意思来说，所以我觉得你这个观点根本不需要我驳斥，我不同意你的观点就完了。

**门金玲** 我有一次在法庭上就遇到了一个诈骗案的被害人，整个替代了公诉人。我当时在法庭上抗议，说这不是国家公诉吗？为什么就变成了当事人主义自己诉了？公诉人难道把公诉权委托给了被害人吗？附带民事诉讼的被害人有一定的诉权，但法律规定了他们不能就公诉部分上诉，限制他们发表公诉意见。为什么诈骗案被害人的权利这么大，不仅发表公诉意见，还发表这么多？

我当时在法庭上，因为这件事情跟法官之间产生过非常大的冲突，他说我们这里审案子都是这样的。但我也没有搞清楚答案在哪里，因为确实在我们三项规程里边，写到了被害人是可以发表意见的。但我总觉得在理论上它有问题，对国家公诉是侵犯。

倘若真要把我们所列的问题一条条都说的话，可能要说好几天好几夜，所以今天我们暂时就谈到这里。希望我们聊天中的相关些信息对你们参加法庭辩护产生裨益。

## —— 答疑解惑 ——

Question 1 刑事诉讼法新修改的内容加入了速裁程序，请问律师，速裁程序对于我们司法审判现状有什么改进吗？理论上速裁程序可以用更短的时间解决不太复杂的案件，法官就可以有更多的精力和时间慢慢审疑难重大案件。请问速裁程序实现这种理论上的理想了吗？

**门金玲** 这个问题很尖锐，为什么这么说呢？因为我们在学界有一句流传很广的调侃的话，就是说，我们在进行审判中心主义改革，结果我们盼来盼去，盼的不是怎么把审判程序做得更好，而是我们现在需要先把大部分的案件从审判程序中剥离出去，这样好使我们法官能够腾出精力去把剩下的案件再落实审判中心。所以，速裁程序也好，认罪认罚程序也好，它本身不是审判中心主义本身的改革，它顶多算作审判中心主义改革的侧供给或者叫供给侧？

它的实质是不审。所以说这个时候我们还正走在把哪些案件剥离出来的路上，你看余金平的案子就显示出来了，我们要剥离这些案子的时候，可能就有裁判权之争，两部门之间就开始争起来了。剩下的案件是否能实现审判中心呢？我们拭目以待。我们的目标是这样的，但是现在真的还是在路上，还在剥离案件的过程中。

**Question2** 有一段盗窃视频，提取主体程序、技术标准都有问题，也没有提取笔录，但视频记录了盗窃的全过程。有必要对视频的问题进行质证吗？能打掉这个证据吗？

**翟　建**　这个问题问的是收集程序上存在瑕疵的证据能不能用。具体到这个问题中提到的这个视频，我个人以为还是能用的。我觉得律师没有必要在这上面纠结。像这样的问题，如果那个视频是真实的、连贯的、完整的，你还要再质疑它，说能够把这个证据打掉，我认为大可不必将时间浪费在这上面。

**门金玲**　我进一步解读一下您的意思。就是需要先确认这个视频有没有被删改，是否为完整的原始的视频？所以在法庭开庭之前，可以去找专业人员咨询一下。如果人家专业人员看完说这个视频一看就没有什么删改，说明它就是原始的证据。如果我们提出了它的提出主体程序、技术标准都有问题，甚至拿它当一个电子数据的证据提取过程来对待，最终因为程序存在问题来否定这个证据的概率不高。检察机关完全能够给你补充出来，让你去鉴定一下这个视频没有一点删改。

关于这个问题，其实还是要放到具体的个案当中去看，这就需要确信自己的判断。如果说有可能打掉，当然需要去打掉它。

Question3　怎么看法院庭审结束后检察院补充侦查，非被告人罪轻或无罪的证据侦查，如果可以补充侦查，对于次数是否也是受两次的限制？

**门金玲** 现在我们国家就是这样的。在侦查阶段，在审查起诉阶段有两次退回补充侦查，到了法院审理阶段，又给了两次补充侦查的权利，但是这些让程序倒流的权利都是反诉讼原理的。以后我们未来改革的目标一定是不允许这样的，现在就只能是这样的一个局面。

**Question4** 单位犯罪案件，单位没有委托辩护人，但认罪认罚，那么在单位的诉讼代表人签署具结书的时候，需要有律师在场见证吗？需要法律援助中心安排律师在场见证吗？

**门金玲** 认罪认罚的核心就是自愿性，但一个单位它有自愿的表达能力吗？这是一个特别好的问题，认罪认罚案件当中单位犯罪，怎么去审查这个单位认罪认罚的自愿性呢？如果说现在的认罪认罚改革的目的是基于一种想把一些简单的大家没有争议的案件，从诉讼当中剥离出去的需要，就不再考虑单位是否自愿，如果单位的法定代表人代表诉讼的时候表达了自愿，就推定为单位自愿，有这样的法律规定的话，我想是可以使用的。但是也一定是要有律师在场见证，并且需要法院去审查认罪认罚的自愿性，不能随意地认定，因为这涉及裁判权的适格性问题。我不知道我这个回答你是否满意？

**Question5** 认罪认罚案件中律师辩护的必要性，辩护的空间、内容、意义体现在哪些方面？

**门金玲** 我个人认为越是认罪认罚的案件，律师辩护的必要性、空间、内容和意义就越大，为什么这么说？因为只有律师掌握着和检控机关进行协商的砝码，被告人往往在羁押状态下没有条件协谈，而律师可以在和检控机关协商的过程中，把所有被告人可以争取的利益都争取到。首先，律师可以从证据和法律上找到检控机关薄弱的地方，作为谈判的“砝码”；其次，律师可以把被告人愿意认罪认罚的东西拿出来，比如赔偿被害人、上缴财物等；最后，也是最重要的，律师可以为被告人分析认罪认罚的利弊得失，包括法律上的、社会后果上的，等等。辩护律师在认罪认罚里边的空间是非常大的，而且从程序上，没有辩护律师在场的认罪认罚应该被推定为不合法，因为被告人往往被推定为不懂法律及其后果的主体。

# 刑辩业务核心技能

# 审前辩护与庭前准备

李贵方／尚伦生／刘　玲

作者简介


**李贵方**

中华全国律师协会刑事业务委员会副主任

中国法学会刑法研究会第六届理事会理事

中国行为法学会司法行为研究会副会长

北京德恒律师事务所党委副书记、副主任

**尚伦生**

甘肃省律师协会六届理事会会长

甘肃东方人律师事务所主任

**刘　玲**

北京市律师协会刑事诉讼法专业委员会副主任

北京市京都律师事务所高级合伙人

清华大学法律硕士研究生联合导师

# 审前辩护与庭前准备

- 强制措施的辩护
  - 申请变更、解除强制措施
    - 理想与现实
    - 强制措施的种类及强制程度划分
    - 解除与变更的区别
    - 操作方法
  - 羁押必要性审查
    - 检察机关的审查方式
    - 综合评估
    - 律师的操作方法
- 提交证据与申请调取证据
  - 提交证据
    - 辩护人收集的有关犯罪嫌疑人不在犯罪 现场、未达到刑事责任年龄、属于依法不负刑事责任的精神病人的证据，应当 及时告知公安机关、人民检察院。
    - 证据提交形式
    - 不利证据的处理原则
  - 申请调取证据（刑诉法41条）
    - 获取证据线索
    - 提出书面申请
- 与司法人员沟通
  - 与侦查人员沟通
    - 要求侦查机关听取律师意见
    - 提出书面意见
  - 与检察人员沟通
    - 要求检察院听取律师意见
    - 提出书面意见
  - 注意事项
    - 根据具体案件情况决定是否沟通，怎样沟通
    - 沟通有重点、有目的
- 申诉和控告
  - 律师代理当事人申诉控告
    - 申诉与控告的范围
    - 申诉与控告的途径
    - 涉及司法人员的违法犯罪的控告
  - 律师为执业权利的申诉与控告
    - 申诉与控告的实质
    - 受理机关和部门
- 庭前会议
  - 参加庭前会议
    - 庭前会议任务：了解情况，听取意见
    - 申请召开庭前会议
    - 申请被告人参加庭前会议
    - 就案件争议焦点、证据、控方出示证据方式等发表意见
  - 关于庭前会议的争议问题
    - 是否处理管辖、回避等问题
    - 是否处理非法证据排除问题
    - 是否完成质证
    - 鉴定人是否在庭前会议出庭
- 开庭前准备
  - 开庭前会见
    - 告知庭审程序、法庭布局、注意事项等
    - 商定辩护方案
    - 沟通“三纲一词”
    - 指导“被告人最后陈述”
  - 庭前文案准备
    - “三纲一词”准备
    - 小工具：时间表、人物关系图、证据总目录等

## 一、强制措施辩护

### （一）申请变更、解除强制措施

**尚伦生** 几年前我在看守所会见一位被告人时，他向我表达了想立即从看守所走出去的想法。他说，你们在外面一天是一天，我在看守所一天是24小时。羁押在看守所或者监狱的人，他们以及他们的近亲属，都期盼着他们能从里面出来。在刑事诉讼实践当中，羁押措施实际上已经是一种侦查手段，嫌疑人被羁押的案件的侦查结果往往不利于嫌疑人，而非羁押的案件侦查结果可能有利于嫌疑人。因此，无论从哪个角度看，申请变更强制措施或者解除强制措施辩护，都应当是律师高度重视的工作。

既然变更强制措施如此重要，现状怎么样呢？从最高人民检察院的工作报告中披露的近10年来关于逮捕率的数据我们可以看出一些端倪。2008年到2012年的5年间，逮捕率为77%，这是一个很高的比例。2013年到2017年的5年间，逮捕率为63.15%，这也是比较高的比例。2018年的逮捕率是62.416%。

这些数据反映近10年间，全国检察机关的逮捕率降低了10%左右，这10%的降低肯定也有刑辩律师积极争取的功劳。我们可以期待逮捕率保持在60%左右，还有下降的空间，我认为这个空间就是律师进行强制措施辩护的空间。

在进行强制措施辩护的过程中，我们首先要搞清楚强制措施的种类和强制程度。刑事诉讼法规定的强制措施，既有限制人身自由的，也有涉及财产的，其中限制人身自由的强制措施主要有拘留、逮捕、监视居住（含指定居所监视居住）、取保候审、拘传等。

按照强制措施强制程度大小来划分，逮捕和拘留是强制措施当中强制程度最大的，指定居所监视居住次之，一般的监视居住排在第三，取保候审排在第四，拘传因为是短暂的强制手段，可以忽略不计。我们划分强制措施强制程度的目的，就在于变更强制措施的时候，我们要搞清方向。我记得前几年有篇文章，律师把检察院指控的一个轻罪案件辩成了重罪案件。在强制措施变更这个问题上，我们也要在这方面引以为戒，不能把程度较轻的强制措施申请变更为程度较重的强制措施。

在强制措施辩护当中，有变更强制措施和解除强制措施两种情形。律师可以申请变更强制措施，也可以要求解除强制措施。变更强制措施，指的是强制措施依然要实施，只是变换程度不同的强制措施；解除强制措施，是指强制措施一旦解除，就不能再适用其他强制措施。这是一个重要区别。另外，申请变更强制措施，必须是当事人或者律师提出申请；解除强制措施，则只是要求即可。

这是一个细小的区别。

最关键的问题是我们律师应如何操作。我想说以下几点：第一个点就是时间节点的把握，其中有两个“第一时间”。这几年刑辩律师行业有一个热词叫“37天黄金救援期”，这是非常有道理和有根据的。律师介入刑事案件，一定要在第一时间申请变更强制措施。那么，这个第一时间的把握，我想其实应该是最直接的第一时间。比如，委托人下午3点到律师事务所办理了委托手续，律师就要考虑在侦查机关当天下班之前，把变更强制措施的申请交上去，这就是第一时间。如果今天下午能够交上申请，绝不拖到明天上午。即便是律师相关的证据材料不齐全，律师也要把申请交上去，明天再补充相关的证据材料，这是对第一时间的把握。还有一个第一时间，就是在检察机关批捕的环节当中。如果侦查机关没有批准变更强制措施，而是按照刑事诉讼法规定的程序报请检察机关批准逮捕，刑辩律师就应当在检察机关审查批准逮捕的环节中，第一时间提出不予批准的辩护意见。这是两个“第一时间”。在具体操作当中，刑辩律师要提出书面的申请，书面申请当中要详细阐述申请变更的事实和理由，并尽可能多地提供相关的材料。

在变更强制措施的申请当中，最容易被律师忽略的，就是提出申请的理由和证据材料。有的人认为，申请按照法律规定的要求写出来就行了。其实不然。中国人思维当中有一种中医思维，中医思维的最大特点之一就是个体化思维得到了空前重视。同一个病人、同样的症状，不同的中医可以开出不同的药方。即便开出的药方是相同的，剂量也往往有所不同。但非常奇怪的是，不同的处方、不同的剂量，都治好了同样的病。

中医思维在司法过程当中是如何表现的？我举个例子来说明。大约20年前，一个中级人民法院的审判委员会讨论一起故意杀人的案件，审委会的委员们对于被告人的处刑究竟是杀还是不杀，意见不一致。最后院长问了一句，被告人的父亲有几个孩子？法官回答，两个。院长又问，另一个是男孩还是女孩？法官回答，女孩。这个时候院长就建议，既然人家家里就这一个男孩，不杀了吧。最后委员们都同意不杀。我们说这个案子错了吗？没有错。对于可杀可不杀的案件，法院没有杀，这就是值得肯定的。当然认为不杀的委员可能会从案件的事实、案件的情节中找出不杀的理由来，但院长建议不杀考虑的则是家庭的稳定关系。尽管这种思维很难说是法律思维，但案件错综复杂，很多情理因素确实影响着办案人员的判断。因此，我建议律师在撰写变更强制措施的申请，特别是阐述理由的时候，一定要尽可能多地把各种可能影响变更强制措施的理由都写进去，把各种可以供办案机关决策，甚至影响办案人思路的证据材料都提交上去。因为这些在我们的认识当中可能不重要，但是往往有时候就可能成为变更强制措施的一个重要原因。

律师要及时和办案单位沟通。对于变更申请是否获得批准，我觉得我们作为辩护人都要在第一时间告诉当事人，这是第三个“第一时间”。几乎所有的当事人都有一个想法，总想在第一时间知道律师干了什么、有什么结果。作为律师我们要充分理解当事人的心情。在第一时间把我们所做的工作向当事人反馈。

在办理变更强制措施申请的过程当中，我觉得还有几点注意的事项：

一是对明显不符合法定条件的，我们能否申请变更强制措施？当事人要求我们申请变更强制措施，我们怎么处理？比如涉嫌故意杀人并且已经造成被害人死亡的案件，这种案件不符合取保候审的法律条件，但是当事人执意要求律师申请，怎么办？在这种情况下，我认为律师可以给当事人代书，让当事人以自己的名义提出申请。这样既满足了当事人的要求，也有效地规避了律师提出申请的一个风险。对于这种案件，我们以律师名义提出的时候，司法人员可能会给我们一个负面评价。

二是办案单位同意变更强制措施的，律师不能做保证人。这是由律师的职业属性决定的，而且全国律协的律师办理刑事案件规范当中，也有禁止性规定。

三是律师要告知已经获得变更强制措施的被告人或嫌疑人遵守规定，特别是离开本地外出的。我曾经遇到取保候审的被告人因没有请假离开本地，被司法机关重新羁押，重新羁押的理由就是不能保证诉讼的正常进行。这是非常遗憾的，也得不偿失。

**李贵方** 我来谈谈强制措施的轻与重问题。羁押措施可以大致分成两类，一类是羁押性的强制措施，另一类是非羁押的强制措施。羁押性的强制措施一般都是重于非羁押的强制措施，这个可以结合余金平交通肇事案做个对比。曾经有人提出来讨论，两年实刑和三年缓刑到底哪个轻哪个重，我认为是两年实刑重于三年缓刑，但是也有一些特殊情况。比如说被告人被羁押了一年，法院判他一年十五天或一年一个月，也许比起实刑，三年或四年缓刑不是那么重，或者有人认为更轻，有的当事人可能更愿意接受这种实刑，这是一种特殊情况。正常的情况肯定是羁押性的措施更重。剥夺人的自由是非常严重的一件事情。目前为止非羁押强制措施，也就是取保候审的适用比例，过去一直是在 30% 左右，现在也到不了 40%。在司法实践中羁押率一直是比较高的。所以我认为我们的司法机关，无论是侦查机关、审查起诉机关还是审判机关都应该重视这个问题。

实际上现在已经形成一种惯性，只要侦查机关不取保候审，审查起诉机关、审判机关往往都不会变更强制措施。这确实让律师感到无能为力。当事人特别期盼能变更强制措施，辩护律师也认为有道理，但是办案机关就是不同意。所以从这个意义上说，关于强制措施的变更这项工作对于律师来说确实是一个重要的任务。作为办案机关，比如说要保证不办错一个案子，这可能是很难的，但是办案机关能否做到虽有错案，但是没有冤狱？我认为取保候审实际上就避免了虽有错案、但没冤狱这样一个情况。办案单位应该充分认识这一点，能变更强制措施的，尽量变更强制措施。

但是实践中为什么变更强制措施的比例一直上不去？我觉得有很多重要的原因，一个原因就是立法。现在的立法要求律师论证这个人够取保候审的条件，律师在申请取保候审的时候，办案单位都是格式化答复——他不符合条件，一下子就将律师的申请驳回了。我认为将来可能在立法上需要明确规定哪些情形必须羁押，除此之外都可以取保候审。这样的话辩护律师就不是去论证他够不够取保候审，而是要论证他不需要被羁押，这样才能改变目前的一个状况，使取保候审成为常态，羁押是例外。

第二个原因是社会传统观念的问题。社会不太接受取保候审，在老百姓的观念里，一个人只要被取保候审，大家就认为他无罪了，或者是他家有关系，或者是花了钱等。这实际上给办案人员造成了很大的压力，也是他们不愿意采取取保候审措施的原因。

我觉得律师应该首当其冲向全社会去呼吁，取保候审不等于无罪，大部分案件是可以取保候审的，只有这样，以后才能够扩大取保候审的比例。

当然还有一个很现实的重要的方面，就是取保候审后的监管问题。有些办案人员、办案单位不愿意批准取保候审，就是担心一旦取保候审了，比如说发生了串供、逃跑等情形，办案人员本人就要承担责任。在国外采取取保候审的比例比较高，如果被取保候审的人逃跑了，办案人员是没什么责任的。而在我国，不管是谁做的决定，如果被告人或者嫌疑人逃跑了，办案人员马上就要被追责。所以我觉得完善监管制度也是很重要的。好在这几年，监管制度也和缓刑、假释制度一起，在进一步地发展完善。这样使办案单位在决定采取取保候审措施的时候能减少顾虑，这也是一个非常重要的方面。

**刘　玲**　在批捕环节，检察机关、侦查机关和辩方形成了一个三角结构，检察官位于三角形顶端。在这个环节，律师不能阅卷、不知道案件证据情况，如何进行辩护？我们可以另行开辟一个战场，尽可能多地搜集包括证据在内的信息，搜集不应当批捕、不适宜羁押的信息，然后我们把这些信息传递给检察官。这样，检察官就能够获得两方面的信息，兼听则明，侦查机关要求批捕而提供相应的证据，律师提供不应当批捕的信息和证据。

律师如何把这些信息传递给检察官？有两种方式：一种方式是当面沟通，如果有听证会，律师可以直接表达意见；如果没有听证会，律师可以要求检察官当面听取意见。当面沟通这种方式有一个优势，就是信息传递量比较大。另一种方式就是提交书面律师意见。最好的做法是，我们向检察官当面表达意见之后，再把提前准备好的书面意见一并交给检察官，这叫“双管齐下”。

那么，我们要向检察官提供哪方面的信息？范围可以很广，个人方面、家庭方面、历史方面等都可以。比如当事人家庭困难，当事人是家庭的主要生活来源；当事人的孩子要参加高考，老人重病需要陪护等。这些信息都可以收集进行梳理后传递给检察官。

不过，只是传递信息还不够，我们还要说服检察官。说服的理由也不能只局限于法律条款中的社会危险性，我们要从各个角度、各个方面来寻找合适的理由，从天理、国法、人情，从社会效果和法律效果，找出充分的理由来说服检察官。最高人民检察院张军检察长讲话中曾提到，“可捕可不捕的，不捕”。这就给了律师一个较大的辩护空间，我们要努力找理由说服检察官。

**李贵方** 我补充强调两个方面：一是无论在批捕阶段，还是在进行羁押必要性审查时，律师都要积极地提交意见。最好是提交书面的意见，不要只是口头讲，要让人家有据可查。二是要尽量收集证据材料、补充材料，可以使申请有更强的说服力。

### （二）羁押必要性审查

**尚伦生** 在和检察机关、法院或者侦查机关打交道时，律师的思路和他们的思路会有些差异，有些时候差异还很大。有些是理念方面的原因，有些是因为我们不了解公检法机关运作的程序和规范造成的。所以，关于羁押必要性审查，我觉得律师首先要掌握或者了解，检察机关是怎么进行羁押必要性审查的。

根据最高人民检察院《人民检察院刑事诉讼规则》和相关的规定，不管是依职权启动的羁押必要性审查，还是依律师的申请或者看守所的建议进行的羁押必要性审查，检察机关都要审查材料和意见、听取意见、调查核实犯罪嫌疑人的身体状况，然后进行综合评估。通过对犯罪嫌疑人的犯罪事实、主观恶性、悔罪表现、身体健康状况、案件进展情况，可能判处的刑罚以及有无再危害社会的危险因素的考察、综合评估，决定是否继续羁押。这就是检察机关羁押必要性审查的基本方法。

针对这种审查方法，我觉得律师在申请羁押必要性审查的时候，就要有针对性。首先是书面申请。书面申请的过程实际上也是一个留痕的过程，律师参与刑事诉讼活动时一定要在刑事案卷当中留痕，申请就是留痕。律师在案卷当中留痕越多，可以说办案机关的责任或者压力就更大。

其次，要尽可能多地提供各种证据和材料。在申请羁押必要性审查的时候，不能局限于法定的理由、法定的条件以及材料，律师要根据不同的犯罪嫌疑人、不同的案件、不同的情节、不同的时间段来提供证据材料。举例来说，我曾经办理过一个国有公司（某涉密公司）副总经理的受贿案件。案件前期我们申请变更强制措施没有获得批准。在审查起诉阶段，我们又提出羁押必要性审查，特别强调犯罪嫌疑人在保密工作岗位上掌握大量的国家秘密，有些可能属于绝密。如果继续羁押在看守所，可能会造成泄密进而会给国家安全造成隐患。检察机关经过审查，考虑了这一因素，变更了强制措施。

还有一些在国家尖端科技领域里的骨干人才，如果正在承担重大的项目，也可以按照这种思路来提出申请。现阶段国家出台了大量的支持民营企业发展的政策，对于民营企业家涉案的，我觉得也可以按照这个思路来申请羁押必要性审查，这也是司法服务大局的一个具体表现。

最后，我觉得要积极创造条件。律师要动员当事人及其家属，创造某些条件。比如，和被害人达成协议、取得被害人谅解、主动认罪认罚等，这些都是可以创造的条件。当然，如果属于不构成犯罪的案件，重点要论证不构成犯罪，通过论证不构成犯罪来达到变更强制措施的目的。

是否对犯罪嫌疑人和被告人采取逮捕，检察机关会考虑三个因素：一是证据条件；二是刑罚条件；三是社会危险性。前两个条件是基础，后一个条件是关键。在羁押必要性审查的时候，检察机关的工作重点转移到了社会危险性是否发生变化，即与批准逮捕的时候相比是否发生了变化。从司法实践看，被逮捕人的身体健康状况是检察机关审查的重点。有相当一部分被羁押的人是因为身体健康原因得以被变更强制措施的。因此，律师在论证身体因素的时候，不仅要提供被告人、嫌疑人在羁押之前的相关病历资料，还要有根据地进行分析论证。

怎么分析论证？这可能是法律人专业上的一个短板，但这个短板可以弥补，可以补强。怎么补强？建议大家学习最高人民法院、最高人民检察院、公安部、司法部、国家卫生计生委联合印发的《暂予监外执行规定》，还有保外就医严重疾病的范围。可以说只要符合监外执行的规定条件，或者具备了保外就医的条件，基本上都可以变更强制措施。因此，律师完全可以参照上述规定来进行分析、论证、阐述理由。在认识理解这两个规定的时候，遇到专业性很强的问题特别是符合保外就医的严重疾病的范围的时候，如果存在业务方面的困难，可以向医生或者法医请教，还可以让专家向检察机关提供专家意见，这也是辅助律师做好羁押必要性审查的非常重要的一个途径。

另外我觉得，律师还要十分重视案外的因素。有一个案件，被告人涉嫌故意伤害。在提出羁押必要性审查的时候，律师充分论证了涉嫌的犯罪属于轻罪，还提供了被告人平时表现好、经常在社区里面帮助社区干一些助人为乐的事情、社会危险性小、没有羁押必要的材料。那么这些理由是否充分？当然这些理由确实充分。但是检察官在阅卷的时候发现了另一个可以变更强制措施的理由。被告人离异十多年，自己带着一个 17 岁的女孩共同生活。被告人很爱他的女儿，每当女儿放学回家稍晚几分钟，他就要急匆匆地出门去找他的女儿。因为当地前两年发生过多起小学生女孩被性侵的案件，被告人就十分担心这种不幸会发生在自己女儿的身上。被告人被羁押以后，他不担心女儿的生活，因为他女儿的生活一日三餐有孩子的奶奶在管，他最担心的仍然是女儿可能遭受到的人身伤害，为此他经常通宵不能入眠。

巧的是检察官也有一个上中学的女儿，他看到案卷材料以后感同身受，对被告人表示了极大的理解和同情。检察官认为，这样一个深爱自己女儿的父亲，即便从看守所出来了，也不会发生社会危险性，相反他能保证女儿的安全，这还是一件好事。所以被告人得以被变更强制措施。我说这些案外因素就是提醒大家，当我们在申请羁押必要性审查的过程当中，发现了某种事实、某种现象的时候，能否再进一步地深入思考？能否把这些事实、这些现象与变更强制措施联系在一起思考，让这些事实和现象为我们申请的羁押必要性审查来服务？我觉得多一条理由，可能多一线的希望。

**李贵方** 我认为律师在进行羁押必要性审查辩护时要做到以下几点：一是要积极申请变更强制措施；二是要书面申请变更强制措施；三是要多次反复地申请。因为实践中申请不被批准的情况非常多，如果申请未被批准，过些天就要再次申请，这是辩护律师要做的。

通常情况下，犯罪嫌疑人认罪认罚，辩护律师提出申请变更强制措施，办案人员进行审查相对好通过。如果一个犯罪嫌疑人不认罪，能否变更强制措施？我们认为也能。因为法律规定的取保候审条件，并没有规定犯罪嫌疑人、被告人必须认罪。我们认为，如果一个人不认罪，恰恰能够被取保候审，因为不存在翻供、串供的问题，也应该考虑给他变更强制措施。

**刘　玲**　我们在进行强制措施辩护的时候可以多次提出申请，因为刑事诉讼是一个动态的过程，随着时间的推移，证据可能会发生变化，办案人员对证据、对事实的认识可能也会发生变化，有时候当事人的个人情况或者是他的家庭情况也会发生变化，这就需要律师根据情势变化提出变更强制措施和法律意见。比如，如果当事人的强制措施期限届满，律师可以申请解除强制措施。有时候办案机关的法定期限届满，律师可以要求释放当事人。在批捕环节，律师可以提出不应当批捕的律师意见；被捕之后，律师可以申请羁押必要性审查。

在诉讼过程中律师不能提一次申请就完了，可以多次提，每次侧重点可以有所不同，内容可以有所不同。提出申请后，律师还应继续跟踪，比如法律规定律师可以在 3 日之内要求答复，那么律师就可以要求办案机关给我们答复。去年我曾代理过一个案件，在审判阶段当事人的老父亲突然去世，他是独子，家属希望当事人能回家料理后事，哪怕几天也行。在这种情况下，我就向法院再次申请变更强制措施，法院没有批准，但是研究决定，次日可以带当事人到医院太平间向遗体告别，同时希望律师全程协助。我当然全力配合。这个案件虽然没有达到取保候审的预期目标，但是在很大程度让当事人减少了人生遗憾，家属对法官很感激。在这个案件中，我向法院再次提出取保申请就是向法院传递最新情况，促使法院作出新决定。

## 二、提交证据与申请调取证据

### （一）提交证据

**刘　玲**　证据收集以后，律师要对这些证据作一个梳理：有的证据有利于当事人，有的证据不利于当事人；有的有用，有的没用。这些证据是否要提交给司法机关？什么时候提交？这就是我们要讨论的第一个问题——证据提交问题。

我们先将收集的证据作个分类：

第一类证据属于刑事诉讼法第 42 条规定的几类证据，即犯罪嫌疑人不在犯罪现场、没有达到刑事责任年龄、属于依法不负刑事责任的精神病人的证据。这些证据有利于当事人，它有可能终结刑事诉讼。如果律师收集到这类证据，就要第一时间提交给办案机关，即使收集的只是证据线索，律师也要及时把这些证据线索向办案机关告知，并申请调取相应的证据。

第二类证据属于量刑证据，如当事人的家属和被害人达成谅解签订的谅解书，这些证据能够影响量刑，律师也可以及时地交给办案机关。

第三类证据涉及事实认定或者定性，律师要正确判断，谨慎对待。比如，在诈骗案中，律师收集了当事人和被害单位之间的往来电子邮件，通过审查证据内容，发现往来邮件中有要约、承诺、讨价还价，再结合在案证据进行综合判断，律师认为这是一个典型的货物销售合同，不是诈骗。于是，律师就可以把这个证据提交给办案机关。提醒一下，审查证据考验律师的综合能力，一定要看准了，确定是有利于当事人的证据再提交。

那么，证据是提交原件还是提交复制件？现实中有三种做法：第一种做法是带着原件去交复制件，原件用于核验，然后再拿回来自己保存。第二种做法是交原件，比如案发时当事人在外地的登机牌、打车的小票，这些证据可以交原件，不过律师可以要求办案机关收到原件之后给出具回执。《关于依法保障律师执业权利的规定》中明确要求办案机关应当给律师出具回执。第三种做法是家属或者当事人的单位有证据准备提交司法机关。我们律师审查后，如果认为这些证据有利于当事人，可以让他们自己去交给办案机关，省去了律师中间转手的环节。律师可以对这些证据写一份书面意见，内容是这个证据能证明什么，能够对这个案件认定事实起什么作用，然后把书面意见交给办案机关。

律师收集证据的时候，有时候会收集到对当事人不利的证据，像烫手的山芋，怎么办？有一个原则：不交。这是律师的职业伦理、职业道德决定的。律师不能做不利于委托人的事情。刑事诉讼法规定辩护律师有保密的权利，律师可以此对抗有关单位及人员要求律师提供不利于当事人的信息、证据和材料。而且，律师法规定律师有保密的义务。

当然也有例外的情形，如律师获知了一些委托人或者其他人准备或者正在进行危害国家安全、公共安全或者严重危害他人人身安全这类犯罪的信息或者情况，此时怎么办？这是一个价值选择的问题。刑事诉讼法第 48 条规定，在这种情况下，律师应当及时告知司法机关。这一条免除了律师的保密义务，律师应当按照刑事诉讼法第 48 条的规定告知司法机关。

### （二）申请调取证据

**刘　玲**　关于申请调取证据，刑事诉讼法有两条相关的规定：分别是第 43 条和第 41 条。第 43 条规定律师在调查取证的时候，可以直接向证人或有关单位调查取证，也可以申请检察院或者法院调取证据。这种比较常见，当律师自身力量不够时，可借助公权力的力量来帮助调查取证。

刑事诉讼法第 41 条规定的情形是，公安机关或者检察院收集了犯罪嫌疑人、被告人无罪或者罪轻的证据，但是他们没有将这些有利于犯罪嫌疑人或被告人的证据随案移交到下一阶段，而是扣下了，这时候怎么办？这种情况在实践中经常遇到。律师可以申请检察院或者法院向前一个阶段的公安机关或者检察院进行调取。其实，刑事诉讼法第 41 条就是利用公、检、法三机关在刑事诉讼过程中互相制约的机制所设计的一个程序。这个程序的开启者就是辩护律师，律师可以根据刑事诉讼法第 41 条，向检察院或法院申请调取当事人无罪或者罪轻的证据。

接下来的问题就是，律师如何知道公安机关或者检察院扣下了无罪或者是罪轻的证据？如何获知相关线索？

途径一：通过会见获知线索。有一个案件，我在会见时当事人告诉我，4 月 1 日他被抓当天，侦查人员给他做了 8 页笔录，他如实交代事情前因后果，之后数份笔录都存在非法取证的情形，他是违心认罪。但是，我在阅卷时却没有看到这份笔录，于是我就以此为线索申请调取。几年前我办过一个妨害公务案件，会见时当事人说，他根本就没有动手，警察都带着执法记录仪。得知这一情况后，我马上申请调取执法视频资料。

途径二：通过阅卷获知线索。阅卷可以发现蛛丝马迹。有一个案件，律师在阅卷时发现案卷中有一份鉴定委托书，是公安机关委托公安部物证鉴定中心对被害人指甲提取物进行 DNA 鉴定的委托书，但是卷里边只有委托书，没有鉴定结论。于是该律师就申请调取鉴定结论，由此辩护出现转机。我曾经代理过一个案件，阅卷的时候发现卷里有一份检察院发给公安机关的退查提纲，其中有一条是让公安机关随案移送某某物证。但是卷里却没有关于这份物证的任何信息。于是我就以此为线索申请调取了这份物证。不过，从退查提纲中发现线索的路以后就被堵死了，因为前不久最高人民检察院和公安部联合发文，规定退查提纲要入副卷，律师就看不到了。

途径三：律师和当事人家属或者有关人员沟通时，可获知一些线索。其实，收集线索考验律师收集信息的能力，收集的信息越多，那么有价值的信息也就越多。

有了线索，律师就应该写书面申请提交到法院或者检察院。书面申请要注意两点：一是要注明线索，说清楚该线索从哪里来的，证明有这个证据；二是要说明这个证据有价值，它能够证明犯罪嫌疑人、被告人无罪或者罪轻。还有一点要特别提醒，如果律师是从案外人那里获知线索，要注意为案外人保密。

提交了书面申请之后，律师还要继续跟踪关注：检察院、法院有没有在 3 日之内作出调取的决定，法院有没有要求检察院 3 日之内移交证据，如果证据移交来了，检察院、法院有没有通知律师查阅、摘抄、复制。这些“三日内”的规定散见于《关于依法保障律师执业权利的规定》《人民检察院刑事诉讼规则》《人民法院办理刑事案件庭前会议规程(试行)》之中。

**李贵方** 刑事诉讼法第41条实际上就是通常说的控方证据披露义务，这是刑事诉讼法给律师规定的法定义务之一。这个问题从法律上说，就是为了防止辩方证据突袭，我认为在我们国家的审判方式下，无论是辩方还是控方，搞证据突袭都是不可能成功的。我们这种审判就没有办法突袭，因为一方提交了一种当庭提出的新证据，另一方说我刚见到这些证据，需要准备质证，要求延期审理。你就达不到突袭的目的了。所以从辩护人这个角度，我们少在这个方面动脑筋，要认真履行法律规定的义务。

就这个话题有两个问题，我想表明一下我的意见。第一个，我认为辩护律师不能提交不利于自己当事人的证据，这是一个基本的原则。这是我们对客户的责任，也是法律规定的律师对客户的义务。保密义务也好，保密权利也好，它本身就产生了义务：律师不能去提交对当事人不利的证据。律师的基本职责是要维护犯罪嫌疑人、被告人的合法权益，不能做损害他的事情。

第二个，刚才谈到向侦查机关和检察机关申请调取证据，就实践的情况看，我认为律师首先要提出申请，其次要不断跟进，不断地向法官询问。

**尚伦生**　提交证据的形式不管是原件也好，复印件也好，如果说案件到了检察机关审查起诉阶段，我认为提供一套复印件就够了。如果案件到了审判阶段，我觉得辩护人应当是一式两套或者叫一式两份，一份给法官，另一份让法官转交给检察官，这样既可以减少检察官再复制辩方证据的麻烦，也是对司法活动的一种支持和配合，于人于己都比较方便。

在申请调取证据的过程当中，律师要善于利用公权力——申请检察院、法院调查收集律师无法收集到的证据。通过公权力的行使，达到辩方的目的，在很多案件当中都可以广泛应用，尤其在律师申请调查取证不能获得批准的情况下更应当如此。

关于证据什么时间拿出来的问题，我认为不要搞证据突袭。实践中有些律师认为这个证据是撒手锏，不到关键的最后一刻不拿出来。其实没有必要，有句话叫真金不怕火炼，辩方提交的证据法院不会轻易拿来就作为定案的根据的，一定会进行调查核实。即便律师到最后一刻才拿出来，法院也要停下来调查核实，调查属实的才能作为定案的根据。因此，我认为只要是真的证据，不怕核实，更不怕提前核实。

## 三、与司法人员沟通

**李贵方**　整个的审前辩护包括两个阶段：一个是侦查阶段，另一个是审查起诉阶段。与司法人员的沟通也包括两部分：一部分是与侦查人员的沟通，另一部分是与检察人员的沟通。

### （一）与侦查人员的沟通

**李贵方**　与侦查人员的沟通，对辩护律师来说，过去一直是个盲点。因为在相当长的时间内，刑事侦查是非常保密的，根本就不允许别人介入，尤其在以前不允许在侦查阶段律师会见犯罪嫌疑人，律师介入不了，也就不存在律师跟侦查人员沟通的问题。当律师向侦查人员问任何事情时，他都说这涉及秘密，不能告诉，所以没办法沟通。但是修改后的刑事诉讼法对此作了规定，即第 161 条规定：在侦查终结前，辩护律师提出要交换意见的，侦查人员要听取。从这个表述能看出侦查人员没有义务主动征求辩护律师的意见，但辩护律师想要交换意见，可以提出来。律师提出来，侦查人员要听取。

有一些情况我觉得律师需要主动、积极地与侦查人员进行沟通。比如说需要去收集某个证据，律师自己不方便收集，就可以要求侦查人员及时去收集。有些证据不及时收集可能就灭失了，希望侦查人员尽快去保全或者去收集。这时律师就要与侦查人员沟通，反映意见。像涉黑涉恶这样的案件往往涉及很多的犯罪嫌疑人，每一个犯罪嫌疑人又都涉及很多罪，在这种情况下，我觉得律师跟侦查人员进行沟通是重要的。比如说当事人排序，排在第二还是排在第五，差别很大。另外，当事人被指控五个罪，还是被指控三个罪、八个罪，这也不一样。所以有的时候律师沟通得好，可能就会使当事人处于一个比较好的状况，侦查人员也能全面、充分地了解一些情况。我觉得律师应该积极进行沟通，而且最好是采用书面的形式，写一份书面的意见交给侦查机关。

**尚伦生** 与司法人员，特别是与侦查人员沟通，确实是一个技术活儿，有时候需要“文来文往”，更多的时候需要“人来人往”。

在“人来人往”的过程当中，我觉得律师要特别注意沟通的方法。有些律师一进办案人员的办公室就生硬地讲，我是某某的律师，我要来和你们沟通一下案情。这种方式很生硬，办案人员不一定能够接受。我觉得学问越高的律师，在与办案人员交流、沟通的时候一定要放下身段，不能居高临下、不能对人家指指画画，不要让办案人员产生厌恶感，这样才能便于沟通交流。

律师需要与侦查人员和司法人员沟通，但是坚决反对无底线地“勾兑”。这两年发生的一些司法官员腐败的案件当中，有律师的影子，对律师的形象造成了很大的打击。所以我们律师特别是刑辩律师，在办理案件的过程当中一定要有底线思维，绝对不能超越红线。不要没办好别人的案子，反而把我们自己办进去了，这是非常不应该的事情，尤其是不应该发生在刑辩律师身上的事情。

**刘　玲**　我认为在侦查阶段与侦查人员进行沟通非常重要，也非常有必要。在侦查阶段，我国实行的是侦查秘行主义，侦查活动要保密，律师不知道案情。那么，我们可以通过和侦查人员沟通，了解案情有关情况，让辩护变得主动。

与侦查人员进行沟通之前，律师要提前考虑，与侦查人员见面的目的是什么？律师要说什么？哪些能说、哪些不能说？提前准备好预案，这样沟通时才能够有条不紊。

我们与侦查人员进行当面沟通，沟通完之后把书面意见交上去，这也是我前面提的“双管齐下”。

### （二）与检察人员的沟通

**李贵方**　和与侦查人员沟通的情况正好相反，在和检察人员沟通时，检察人员一直是非常积极的，因为法律很早就已经规定了，检察人员要听取辩护律师的意见。在实践当中，检察官都是愿意听取律师意见的，是非常积极、非常热情的，希望律师多提意见、多沟通，这是检察官普遍的心态。所以在和检察人员沟通这一问题上，很少听到检察官不愿意沟通的情况。

实践中反倒是律师不大愿意沟通，有很大的顾虑。原因在于律师觉得如果把意见都跟检察官沟通了，律师有一些意见说得很有道理，检察官听了之后，按照律师说的这个意见去补充，让侦查机关去补充侦查，最后都补充完善了。到了法院的时候，律师反而没什么可辩护的了。所以律师不愿意敞开了与检察官去沟通，这是一个非常现实的情况。

我觉得这其实也是一个需要律师发挥智慧的地方。如何才能既达到沟通的目的，同时也尽量地减少补充侦查的负面的效果呢？我认为律师确实有些问题要多考虑：第一，具体沟通什么事项，一定要深思熟虑，提前想好，最好形成一个书面文件；第二，沟通的时间，可以在两次退补以后，这时候基本上没有多少补充的时间了，这个时候再去沟通，可能律师的上述担心就会有所降低；第三，沟通的事项，要多涉及书面的证据，少涉及证人证言。

通过这些方式，可能律师想要达到的目的、要沟通的东西就会产生效果。像涉黑涉恶这样的案件，检察官在审查起诉以后，到底当事人排名排序排在哪个位置？按照多少个罪名来起诉？如果律师沟通得好，检察官接受了律师的意见，可能一下子就对当事人很有利。

大家都知道，职务犯罪的辩护非常难，甚至一度有一种说法，就是职务犯罪的案件，即经监察委员会调查的案件不能退补，只要移送过来就直接起诉。实践当中对职务犯罪案件退补的确实比较少，这样的话就形成了对职务犯罪案件的辩护非常难。但我认为越是难，律师在办理该类案件的时候，越要和检察官沟通。监察委员会调查职务犯罪案件的时候，律师是介入不了的，律师什么都不知道，也发表不了任何意见。到了检察院阶段，律师如果有什么意见跟检察官去沟通，检察官直接就可以向调查部门反映，和监察委直接沟通，有些问题可能就解决了。如果检察院把案件起诉到法院，其实对于律师来说，辩护成功的可能性就更低。像这样的案件，与其到审判阶段更困难，不如在检察院审查起诉阶段就把意见都说出来，使检察院利用它的优势与监察委员会沟通、反映、商量，这样可能律师的意见更容易被接受，对当事人也就更有利。

**刘　玲**　与检察人员进行沟通，在律师中有两种认识：一种观点认为律师应当主动与检察人员进行沟通，还有一种观点认为不能暴露律师的观点，不要与检察人员进行沟通。我认为在审查起诉阶段与检察人员沟通非常有必要，此时的检察人员，以后就是出庭公诉人，是律师庭上的对手，提前了解一下对手，知己知彼没坏处。通过和对手沟通，对其有所了解，做辩护方案时也会有一些参照。曾经有一部美国律政剧，里边有一句台词很经典，“好的律师研究事实，伟大的律师研究对手”。

在律师与检察人员进行沟通时，哪些可以敞开谈？哪些要慎重？我把沟通谈话内容分成两类：一类是事实证据方面的，另一类是法律认识方面的。对律师而言，事实证据这方面的沟通需要非常审慎。例如，律师提出证据存在的问题、事实存在的问题，检察院就有可能和公安机关配合，把这些漏洞堵住了，导致律师庭审辩护很被动。当然，也会有另外一种情形，律师提出证据问题或事实认定问题，检察机关接受了律师的意见，在公诉的时候减少了指控，这当然很好。因此，我们无法预知检察机关怎么做，所以就要权衡利弊，谨慎谈证据。

和检察官沟通法律认识方面的问题，我觉得可以谈。我去年正好遇到一起涉黑案件，起诉意见书中将我的当事人排序第一。审查起诉阶段，我认为排序不合理，于是我就先找依据，找检察系统关于起诉书制作的规定，还找到一位检察长写的一本关于起诉书制作的书。然后我就把案件中主要嫌疑人按照所涉嫌罪名、行为、在案件中的作用等制作了一个表格，每个人的地位、作用一目了然。做好这些准备之后，我就去和检察官谈，把当事人排序作为此次沟通的目标。一手是依据，一手是表格，我提出我的当事人不应排在第一位。双方交换认识，平等进行探讨。后来案件诉到法院，起诉书上我的当事人排序成为第二。类似这种排序辩护，只能在起诉阶段来进行，通过与检察官沟通来实现。

**尚伦生**　我觉得与检察官的沟通和与侦查人员的沟通确实有很大的不同，检察官是愿意听取律师意见的一个群体。在与检察官沟通的过程当中，律师要充分相信检察机关或者是相信检察官，因为检察机关的客观义务已经写入了检察官法。近几年的司法实践表明，特别是反贪反渎的职能转隶以后，检察院表现出来的客观性越来越明显，这是我在司法实践当中的一个体会和认识。

所以，我觉得律师要充分相信或者充分依靠检察机关。我们不是所有的问题都要集中在法院的这一个环节中去解决，有些问题还要分段去解决。侦查阶段可能解决一部分，检察院解决一部分，法院解决一部分，可能在这三个环节当中，你把所有的存在的问题都解决了。

前两年我代理了一个职务犯罪案件，当时被告人提出了两个问题：一个是他的受贿数额当中有 1500 万元不能认定；另一个是他自首的问题。我们就跟检察机关反复沟通这两个问题，因为 1500 万元确实是被告人借的，并且是通过安排的其他领导去跟对方借的，不是他个人占有的，他个人也没有拿这个钱，不应该是受贿的数额。

关于自首的问题，在跟检察机关反复沟通、反复交流的过程当中，检察机关表示，这两个问题，只能在审查起诉环节解决一个。也就是说把 1500 万元不认定为受贿，但是自首在这个环节当中不能认定。特别是转隶之后，有更大的监督机关在监督着检察机关。所以，在各个环节都有压力的情况下，我觉得压力分散或者责任分散有助于问题的解决。

律师与检察官的沟通，不同于律师与侦查人员的沟通。律师与检察官沟通是口头交流加书面交流，一定要有书面的意见。我觉得光有这些东西还不够，根据案件情况的需要，律师应当向检察官提供必要的辅助，给他提供一些辅助资料。比如说同类的判例、相关的理论文章、相关的规定。有些资料可能检察人员还没发现，律师给他提供这样的辅助和帮助，也有助于律师的观点被检察人员所接受，辩护目的可能更容易达到，辩护的难度会更小一些。

**李贵方** 律师在与侦查人员、检察人员沟通时，是否可以私下录音？我认为如果律师没有提前说好的话，就不能私下录音，也不能使用私下的录音，因为这实际上涉及律师的职业伦理，也涉及律师跟侦查人员、检察人员之间职业共同体的互信。

## 四、申诉与控告

**尚伦生** 在刑事诉讼过程当中，律师的申诉与控告包括两个方面：

一方面是律师为当事人的事项来申诉控告，这个申诉控告的范围也是法定的。申诉和控告有一定的区别，也有一定的交叉。申诉往往是奔着解决已经存在的问题去的，比如说采取强制措施法定期限已经届满了，应该解除强制措施而不予解除的，应该退还保证金而不予退还的，应该解除查封的财产而不解除的，这都属于申诉的范围。控告也是奔着解决问题去的，同时也伴随着追责。在刑事诉讼过程当中，如果办案机关、办案人员发生了违反法律规定，并且涉嫌违纪违规甚至违法的问题，就是控告的范围。当然，如果是揭发他人的犯罪，我们认为这属于刑法规定的立功层面的问题，而不是刑事诉讼法中的控告的问题。对于当事人事项的申诉和控告的范围有两个途径：一是向办案机关申诉，要求办案机关及时处理。二是办案机关不及时处理的，可以向同级检察机关申诉控告。如果司法人员在这个案件当中犯罪的，除了向本单位、检察机关控告之外，可以依照监察法的规定，向监委控告。

另一方面是律师为职业权利受到侵犯而进行的申诉与控告。律师为维护律师职业权利而进行的申诉和控告，形式上是维护律师的权利，实质上还是维护当事人的权利或者诉讼权利。如果我们对于侵犯律师职业权利的行为不申诉、不控告，放弃的不仅是律师的权利，也是对当事人权利的放弃。因此，我个人认为，在维护律师执业权利方面，我们要做好长期斗争的思想准备，要敢于斗争、敢于胜利。

关于这方面申诉和控告的途径，和当事人的申诉途径又略有不同。对于侦查机关、检察机关或者是审判机关存在侵犯律师执业权利的，可以向同级检察机关申诉与控告，也可以向当地的司法行政机关、律师协会或者所属的司法行政机关、律师协会来投诉，由他们来协调处理或者转交、转办。这是一种途径，也是法定途径。在必要的时候，律师可以适度借助媒体的力量，发挥社会监督的作用。但是无数实践也证明，媒体监督是一把"双刃剑"，有时候可能会产生完全相反的效果。因此，在维权方面借助媒体的力量，还是要慎重。同时，也可以通过人大代表、政协委员转办的途径，来维护律师的执业权利。这也是一条合法的途径，或者重要的途径。总之，我认为在维护律师执业权利方面，只要方法不违法、不违规，都可以用来维护律师的职业权利。

**李贵方**　申诉权、控告权既是当事人的权利，也是律师的权利。而且申诉控告权实际是辩护的一部分，律师辩护不仅是在法庭上发表意见，不仅是向相关的司法机关书面反映意见，写各种申请请求，也包括申诉和控告。所以律师一定要重视这个问题，在实践当中也要多多运用，这是其一。

其二，如果是申诉和控告，最好采用书面的形式，因为书面的形式能留下记录。现在有很多律师对于申诉和控告，有时候通过打电话的形式，有时候只是口头反映，这种情况下办案机关也不好处理。所以申诉和控告最好采用书面的形式。

其三，申诉和控告要经常进行。申诉和控告的途径是多方面的，可以向相关的单位，比如，向侦查机关、审判机关、审查起诉机关申诉和控告，同时律师还可以向律师协会、司法行政机关申诉和控告。尤其按照刑事诉讼法规定，检察机关是受理申诉、控告的有权机关，如果觉得其他的途径都不方便，就向检察机关去申诉、控告，它们是应该接受的。

在实践当中，比如说涉黑涉恶案件，经常听到律师说会见难，但是检察机关的人说都没接到过律师的反映，没有人来申诉，没有人来控告。现在最高检对申诉、控告这部分工作还是非常重视、积极的。如果律师自己认为碰到的困难非常多，但是检察机关确实感觉到律师没有什么反映，那就证明申诉和控告这两项工作没有做好。一是没有书面形式；二是可能律师当时很生气，说了几句，但过后就放下了，并没有正规地去反映。我认为辩护律师还是应该经常做申诉、控告工作，要不断、反复地去反映。

**刘　玲**　律师执业权利受到侵犯的情形大概有两类：一类是律师在执业过程中权利受到侵犯，直接影响到律师的正常工作，比如在个案中不能会见，辩护工作没有办法开始，这个问题类似急诊病例，需要立即解决，如果穷尽各种办法都不能奏效，就只能申诉和控告了。

另一类是长期、普遍存在的问题，并且一直困扰着我们。这些问题有的是法律规定的原因，有的是司法惯性的原因，有的是司法人员的理念所致。比如刚才提到的批捕环节律师不能阅卷问题，法律没有赋予律师这个阶段的阅卷权，但是，从刑事诉讼原理分析，这个阶段应当向辩方披露证据，只有辩方知道了这些证据，才能够“有的放矢”，充分行使辩护权，才能够更好地维护当事人的权益。这需要修法来实现。还有，实践中，律师要带着笔记本电脑去会见，有的看守所却不允许。这个属于司法人员理念的问题。对于这些长期、普遍存在的问题，需要刑事律师一起面对，进行梳理、归纳、研究，然后发出声音，敦促从根本上解决。例如，前些年律师去法院要进行安检，后来在广大律师的呼吁之下，这一规定取消了。

全国检察机关在 12309 中国检察网首页，开通了律师执业权利保障专区，专门受理律师的申诉和控告，同时还开通了 App、微信公众号，这就是我们的申诉控告之门。北京检察系统做得就非常好，它们有一个 App 检察服务中心，向社会提供“一站式”检查服务，其中专门有一个律师维权板块，有律师用过，效果很好。还有一个途径就是各级律协的权保委，有的叫律师维权中心，他们在接受律师维权方面所做的工作，成效也非常显著。另外，律师向检察机关申诉控告之后，还要继续跟进。《人民检察院刑事诉讼规则》有明确规定，对于律师的申诉控告，机关要在 10 日以内办结并给予书面答复。

## 五、庭前会议

**李贵方**　庭前会议是一项非常重要的制度，法院对这项制度越来越重视，最高人民法院为此专门制定了《人民法院办理刑事案件庭前会议规程（试行）》。从律师的角度来说，我觉得法院召开庭前会议，律师必须参加，因为庭前会议是很重要的。

律师有权申请召开庭前会议，如果觉得有必要，律师可以给法院直接建议，希望开一个庭前会议。有一个具体问题就是，开庭前会议被告人到底参不参加？有一些法院是让被告人参加的，有一些法院就不让被告人来，只让律师来。我觉得这个问题要看具体情况，有的法院认为被告人不来，就只是和律师、检察官一起商量一些问题，这也是可以的。但是我觉得在被告人不参加庭前会议时，律师一定要注意，不能在庭前会议上自己决定庭审当中的一些事情，包括管辖、回避等。如果说律师要想在庭前会议上就这些问题给出一个确切的意见，那么在开庭前会议之前，一定要去会见当事人，把有关的情况都讲清楚，征求当事人的意见。当事人有了明确的意见，甚至有书面的意见之后，律师就可以在庭前会议上说出来，否则律师不能自己做主就一些程序性的事项直接在庭前会议上发表结论性意见。

按照刑事诉讼法规定，庭前会议实际非常简单，就是法官通过它了解情况，听取意见。但是在实践中，庭前会议被法院用得越来越多。越是一些重大的案件，法院越要开庭前会议，并且开多次。所以在庭前会议规程里，庭前会议涉及的内容增多了，有时候不仅限于了解情况、听取意见，可能会涉及更多的问题。比如说是否要在庭前会议上把管辖问题确定下来，把回避问题确定下来，把非法证据排除问题确定下来，甚至有的在庭前会议上把质证都完成了，开庭的时候简单说一说就行。还有的庭前会议让证人或者鉴定人出庭，开庭的时候他们就不出庭了。这些都是现在在庭前会议上律师会碰到的一些问题。

对于庭前会议，律师肯定要参加，并且要积极地参加。至于在庭前会议上怎么发表意见，辩护律师确实要把握好度，在《律师办理刑事案件规范》中有一条：辩护律师不能在庭前会议上解决应当由庭审决定的问题。对此，律师应持比较谨慎的态度。所以我不赞成有一些法院把开庭完全虚化了，很多的问题都想在庭前会议上解决，这不符合刑事诉讼法的规定。

当然，律师参加庭前会议，有一些问题也是可以解决的。比如当事人对管辖权问题、回避问题没有意见，辩护律师也可以在庭前会议上明确说没意见，这样开庭时候就简化了。还有些案件，比如当事人说不提非法证据排除，律师也没有要提的意思，就可以在庭前会议上明确作出表达，避免在开庭的时候浪费时间。

另外，我觉得在庭前会议上有一些事情也是可以处理的，比如对一些没有争议的证据、一些客观的书证等，律师可以表达没有争议的意见，那么在法庭质证、举证的时候，检察机关就可以用比较短的时间，用比较简略的方法。在庭前会议上，控辩审三方可以就举证质证的方式达成一个共识。此外就案件的争议焦点律师也可以发表意见，法官就清楚了律师主要的辩护意见和当事人的主要意见，有助于法更好地理解把握。在庭前会议上，就这些问题大家发表了意见，达成共识，对辩护来说也是有利的。

**刘　玲**　实践中，很多律师会遇到法官在庭前会议让律师质证的情况。如果律师在这个时候进行了质证，法院开庭时法官直接宣读庭前会议报告，法庭质证环节就一带而过了。所以，如果在庭前会议上法官让律师来质证，律师就需要谨慎了。律师可以对证据简要发表一下意见，帮助法官梳理一下争议焦点。但是，不能够把应当是法庭审理中的质证环节前移到庭前会议，这是不允许的。全国律协下发的《律师办理刑事案件规范》中有明确规定，律师可将其作为抗辩理由。

对于律师在庭前会议提交证据，根据刑事诉讼法的规定，搞证据突袭基本上没有空间，律师有证据还是要在庭前会议上交给法院。我强调一点，律师在庭前会议上提交的证据，要和整个的辩护方案一致，和在案证据有机结合起来。我曾经办过一个案件，会见时当事人说，办案人员电话通知他到指定地点接受讯问。我根据这个线索取了一份书证，就是办案人员给当事人打电话的通话记录。这个书证和案卷中的《到案经过》《讯问笔录》形成了一个证据链，可以证明当事人有自首情节。我在检察院阶段把证据和律师书面意见交给检察官，但是没有效果。到了庭前会议，我把这个证据再次提交给法官并表达意见，法官对此很重视，当场向参加庭前会议的检察长和承办检察官核实情况。于是，在不到半小时的时间里，各方达成了一致，决定：开庭公诉人宣读起诉书时增加自首情节，法庭不再把自首作为焦点问题。就这样，大家很友好地达成了一致。同样一份证据，我在检察院提交没效果，庭前会议的时候我继续提交并阐明理由，实现了辩护方案中的一个目标。

另外，《人民法院办理刑事案件庭前会议规程（试行）》第22条规定，对于明显事实不清、证据不足的案件，法官可以建议检察院撤回起诉。对于这类明显的事实不清、证据不足的案件，律师可以在庭前会议中就证据、事实认定发表意见，努力说服法官，让法官建议检察院撤回起诉。当然，案件要符合明显事实不清、证据不足的条件，同时这也是控、辩、审三方进行的博弈。法官不愿意把这样的事实不清、证据不足的案件放到法庭审理的，检察官此时也需要进行权衡，如果他不撤回起诉，开庭之后，根据庭前会议规程，如果没有新的事实和理由，他就不能再撤回起诉，就会面临无罪判决的风险。如果此时律师能够说服法官，法官让检察院撤回起诉，那么，这个案件有可能就此终结。当然，这只是一个辩护机会。

**尚伦生**　有一个贪污犯罪案件，贪污金额为10万元，案件发生在2008年，检察机关起诉是在2013年，一审判决和抗诉也是2013年。贪污10万元，一审判处有期徒刑3年，缓刑5年。判决之后检察院提出抗诉，认为减轻处罚，降低了两个量刑幅度，不符合法律规定。这个案件当中实际上也涉及刑法修正案的溯及力问题，修改之前的刑法规定贪污 10 万元的法定刑在 10 年以上。

在中级人民法院召集的庭前会议上，我认为检察院的抗诉和支持抗诉，都属于适用法律错误。因为按照 2008 年的刑法规定，犯罪分子具备减轻处罚情节的，应当在法定刑以下判刑。但是没有讲幅度，幅度是《刑法修正案（八）》修正之后才有的。检察院在刑法修正案修正以后提出来的抗诉意见，显然是没有顾忌从轻兼从旧的刑法适用原则问题。在庭前会议提出这个意见后，检察院撤回了抗诉。

非法证据排除对检察院和法院来讲都是一个比较复杂的程序，也是一个令人头疼的问题。我办过一起职务犯罪案件，检察机关控告被告人构成贪污罪、受贿罪、私分国有资产罪，但是被告人到了检察院审查起诉阶段不承认受贿。虽然被告人在侦查阶段对检察院指控的四次受贿各有一次有罪供述，但是后来被告人辩解，他的这四次有罪供述都是在非法收集证据的情形下作出的，并且有录音、录像为证。

作为辩护人，我们详细查看了所有的审讯录像，特别针对受贿的部分，发现被告人对每一起的有罪供述确实只有一次，而每次供述侦查人员都采取了不同的手段，这个手段是违反刑事诉讼法规定的。比如，侦查人员说，你儿子在北京上班，我们要把你儿子抓来，也关起来，看你说不说。还威胁被告人，你在某年某月在某个地方和谁开房，我们都有证据。这些证据需要跟你家属通知一下吗？另外还对被告人采取了辱骂的方式。我们把这些录音、录像片段对应的时间点都整理出来，把语音转换成文字，交给了法官和检察官。

因为时间较短，在庭前会议上，公诉人也认可我们所提出来的侦查机关收集证据手段非法的观点。公诉机关出庭的公诉人，经过请示院领导，在庭前会议上表示，关于受贿部分被告人的有罪供述，公诉机关在开庭的时候就不再出示了。但是起诉书不作改变，只是在出示证据的时候不出示被告人受贿的有罪供述，法庭也不再启动非法证据的排除程序。当然，公诉人在法庭上不出示被告人有罪的供述，其他证据显然达不到证据确实充分的标准，法院最后也对受贿罪的指控不予支持。

通过这么一次庭前会议，达到了解决排除非法证据的辩护目的，应当说取得了很好的一个效果。即便是法院在庭前会议实务操作过程当中稍微超出了规程的规定，而这种超出的范围，只要是有利于被告人的，我觉得律师就没有必要去反对审判人员，甚至可以去帮助他认可这一事实。在这个阶段只要作出有利于被告人的确认和认定，我觉得作为辩护人都应当支持。

## 六、开庭前准备

**刘　玲**　我主要谈两个问题：一个是开庭前会见，另一个是开庭前的文案准备。辩护律师的工作有三大板块——会见、阅卷和开庭。开庭是律师工作的重心，也是中心，而会见和阅卷是基础工作。从接到案件开始一直到开庭，律师要进行很多次会见，每一次会见都有一个具体目标、具体任务。通过会见，律师和当事人之间建立了信任，了解案情、核实证据后与当事人一起探讨辩护方案。数次会见还可以培养律师和当事人之间的默契，这个默契在开庭时将会发挥很大作用。

开庭前会见，特指律师收到开庭通知之后，专程和当事人进行的会见。为什么特别强调开庭前会见？我们经常把庭审比喻成上战场，作为共同的辩方，我们和当事人是合作伙伴，是战友。要上战场了，沟通一下作战方案、应急预案，鼓舞一下士气，非常有必要。

开庭前会见有哪些事项？第一项内容是告知事项，律师要告诉当事人开庭时间、具体流程、法庭的布局，越细越好。如果当事人了解越多，他在法庭上就不会懵掉，就会从容自然。还要告诉当事人一些注意事项，比如带上起诉书去开庭、在法庭上说话要对着法官、说话速度慢一些等。

第二项内容是确定辩护方案。之前会见虽然已经多次探讨辩护方案，但这一次会见要把辩护方案确定下来，而且要记录在会见笔录里。对于辩护方案，有一点需要注意，如果当事人认罪，律师可以作罪轻辩护，可以作无罪辩护。如果当事人不认罪，律师只能作无罪辩护。前几年律师界一直讨论独立辩护权问题，全国律协出台的《律师办理刑事案件规范》第 5 条作了结论性规定。律师的辩护权源自当事人的辩护权，是衍生权利，律师不能担当“第二公诉人”侵犯当事人的利益，当事人不认罪，律师只能尊重当事人的意愿，作无罪辩护。

第三项内容是对关键的证据和当事人交换一下质证意见，可以让当事人在法庭上参与到质证中来。

第四项内容就是发问练习，会见时律师把提前准备好的发问提纲和当事人沟通一下，知道当事人的答案，律师心里就有底了。在法庭上有一个法则，就是永远不要问不知道答案的问题。如果律师申请证人或者是鉴定人、有专门知识的人出庭，也要提前告诉当事人，让他有所准备。有很多律师常常忽略被告人最后陈述的准备，曾经有媒体报道过一个案件，被告人在最后陈述部分所说的内容和整个的辩护方案相矛盾，效果非常糟。被告人的最后陈述也是律师辩护工作的一个重要内容，应当由律师给予一些指导，把这个内容纳入整个辩护预案之中。

另外，开庭前会见中，还要注意安抚当事人的情绪，给其一定的鼓励。在刑事诉讼中，犯罪嫌疑人、被告人相对于公权力机关是弱小的。辩护律师必须给他们信心和勇气，让他们从容面对法庭。

接下来谈谈开庭前的文案准备，也就是"三纲一词"的准备，即发问提纲、质证提纲、举证提纲、辩护词。律师在开庭前所做的大量准备工作，高度凝练之后就体现在这些文案上。文案非常重要，准备文案的过程就是整理、完善辩护思路的过程。同时，这些文案在法庭上就是律师的一个"抓手"，是操作指引。

发问提纲在法庭上的使用率相对较低，因为法庭上公诉人先讯问，他们问完以后，律师的发问提纲就被打乱了，不可能对着它继续发问。那么，律师为什么还要准备发问提纲呢？它的作用是在准备过程中。律师设计发问的问题，就要把案件事实和情节进行拆分，然后再将这些情节以问题的形式进行拼图，完成一个案件事实拼图，这个图就储存在我们的大脑中。到了法庭，即使发问提纲被打乱，但是这个图还在大脑中，律师实际上是根据这个案件拼图来进行的发问。在庭前会见中律师要把发问提纲和当事人沟通一下，发问提纲就像给当事人大脑里植入一个小程序一般，可以使当事人对案件事实脉络清晰。英美律师交叉询问非常灵活，其实，英美律师出庭之前通常也要准备发问提纲，他们把事实分解成几个范围，然后思考每个范围要问哪些问题。

制作发问提纲，在设计问题时可以按照 10∶1 的比例来准备，尽可能多地设计问题。问题之间要有一个内在的逻辑关系，或者按照时间顺序，或者按照犯罪构成要件，或者按照行为人在共同犯罪中的作用等。另外，设计问题不能够只站在辩护人的角度，还要化身公诉人、化身同案被告及其辩护人来设计问题，这样就可以使问题很全面。律师是防御一方，要对所有的问题都有所防御，当然到了法庭上，律师只能挑选对当事人有利的问题去问。如果有证人、鉴定人或有专门知识的人出庭，律师提前也要准备发问提纲。

接下来说一说质证提纲。证据在开庭之前基本固定，质证提纲如果准备充分，在法庭上就能够直接使用。律师可以在阅卷的同时准备质证意见，对单个的证据准备质证意见，将证据进行分组，然后对每一组证据准备质证意见，并且对整个的证据体系准备质证意见。同时还要预测一下，控方可能对律师的质证意见如何反驳，要提前应对。

为什么要强调质证意见或质证提纲的准备？控方负有举证

责任，每个证据就是一块砖，控方把这些砖搭建成一座房子，这就是他们的证据体系。辩护律师要做的就是，找到这座房子的关键几块砖，也就是关键的几个证据，然后把它抽出来，这样就动摇了控方的证据体系，甚至使房子轰然倒塌。辩护律师还可以更进一步，对控方的证据重新解读，搭建成一个无罪或者是罪轻的房子，向法官讲述一个无罪、罪轻的故事版本，说服法官接受辩方的故事版本。

举证提纲相对简单，就是将辩方的证据按照一定的顺序进行排列组合，说明要证明什么。很多律师都有民事案件代理经验，可以把民事举证经验移植过来。

最后就是辩护词或辩护提纲的准备。在法庭上，从律师发问开始，控辩双方的对抗就已经开始并持续到整个庭审。法庭辩论，就是控辩双方将各自意见进行总结和强调。律师在法庭上的目标是说服法官，这就需要律师面向法官，用口语化语言进行说服，还要注意语气、语调等。这就引申出一个要不要写辩护词的问题。现在有很多律师庭前不写辩护词，因为辩护词是书面用语，法庭上念辩护词，说服力不强，效果也不好。庭前不写辩护词，而是提前准备全面、细致的辩护提纲，这成了一种新趋势，我个人比较赞同。辩护提纲可以是文字提纲，也可以是比较流行的思维导图，思维导图功能很强大，可以把观点、意见全部容纳进去，而且，在法庭上使用起来比较直观，可以随着法庭情势进行增删，比较灵活。

还有一点，律师在法庭上发表辩护意见，要提前做功课。律师在法庭上面对的是专业法官，是法律专家，律师的发言要精准、简洁，不需要一口气说上三五个小时，要考虑到听众感受。美国联邦最高法院九名大法官审理一个案件的时间只有一个小时，一方律师发言时间要小于半小时，他必须在半小时内把观点意见说清楚、说明白，还要接受法官的随时提问。在有限的时间内用精准的语言准确表达意见，这是律师的基本功。

**尚伦生** 我想再补充两个方面的意见：一是通过多次会见，做好告知和建议。我曾代理过一个职务犯罪案件，从接案子到最后案件结束，会见次数达 68 次，是我创个人纪录的会见次数。其中有些是安慰性的会见，但是在法庭开庭审理之前的会见是很扎实的。开庭审理之前，为了开庭准备，又会见了 4 次。那么这 4 次当中做些什么呢？除了告知一般事项以外，我认为告知得还应该再仔细一点。也就是说，被告人在法庭上的表现是不是得体？是不是符合规范？是不是符合规则要求？这都取决于律师。

比如，在法庭上法官一开始就问被告人，你是什么时间被什么机关采取了什么样的强制措施？被告人竟然答不上来，这样一来法官的第一印象就不会好。律师在告知被告人的时候，要告知其法官需要征询意见的所有问题。比如说收到起诉书的时间，是不是超过法定的期限了？比如说征求回避的意见等，都要给被告人告知清楚。

同时还要将法庭整个审理程序，如开庭的准备程序、调查程序、辩论程序、陈述程序，一一给被告人交代清楚。被告人对法庭情况不了解，尽管他们有的也从电视上看到过别人受审的情况，但那些画面只是一闪而过，法庭的真实情况他们并不掌握。所以，律师要把每个环节当中的每个细节，被告人要做什么、谁在做什么，对被告人详细告知清楚。

有时在实践当中出现了这样的情况：在法庭调查阶段，法官让被告人陈述事实，被告人开始发表辩护意见，进行辩解、辩论；到了法庭辩论阶段，被告人又讲了最后陈述的内容，这都很不合时宜。我认为被告人在法庭上出现这些问题，律师是有责任的，律师没有提前对被告人详细告知。

除了详细告知之外，还要给被告人提供适当的建议。大概十几年前，我代理过一个副部级领导干部的受贿案件，被告人认罪，因为他只有一笔受贿，100 万美元。在会见的时候他就反复表示，对不起党和政府对他的培养，对不起父老乡亲，在案卷材料里面也能看到这样的内容。在庭前会见的时候我就跟他沟通，我说既然你在以往的材料当中反复地表示过对不起党，对不起党和政府的培养，对不起父老乡亲，我提个建议，你在最后陈述讲这些内容的时候，能不能搞一个鞠躬谢罪？他问怎么去鞠躬谢罪？我说你讲对不起党和政府的时候，你对着法庭审判长鞠一躬，你说对不起父老乡亲、对不起人民的时候，转过身来向旁听席鞠一躬。行不行？他说好。庭审过程当中，他果然这样做了，取得了很好的效果。就连当时旁听的最高人民法院和最高人民检察院的相关负责人，对此也表示了充分的肯定。

二是撰写辩护词的问题。我认为律师在出庭之前，应当详细撰写辩护词。不管是自己动手写，还是助理写，或者在辅导助理写，都要详细撰写。我的态度是开庭前一定要详细写好具体的辩护词，并且认真对待。

辩护词是书面语，在法庭上是口头语，这个观点是对的。但是律师在事前准备好的口头语也好，书面语也好，撰写好辩护词，目的不是在法庭上读它。因为在庭前律师已经下了很大功夫，对案情、对整个证据情况、法律适用，早已经滚瓜烂熟了，在法庭上就不需要宣读辩护词了，而是要自然而然地、口语化地发表辩护意见。

同时我还观察到一个现象，年轻律师在法庭上容易紧张。我有时候也和年轻律师们一起开庭，有一次一个年轻律师在法庭上往辩护席上一坐，他的腿就一直在抖。我就问他腿抖啥？他说紧张。我想年轻律师克服在法庭上的紧张情绪，最好的办法就是做好扎实的准备。做好了所有的准备，一切都能应对了，自然就不紧张了。

**李贵方** 律师在法庭上向被告人发问，必须得事先沟通，不能在法庭上问出来让被告人特别吃惊的问题。

律师必须有对同案被告人发问的准备，除非他与你的当事人一点关系也没有。只要有关系的，就应该从他那挖掘一些对你的当事人有用的东西。

有一些案件，两个辩护人往往是两个律师事务所的律师，像这种情况律师之间要做一个协调，不要在法庭上两个律师的辩护意见有明显的差异，或者说有些地方明显相矛盾。在开庭之前，两个律师要做一些协调，大家将意见尽量地协调到相近，而不能有很大的矛盾和分歧。

辩护词一定要提前写好，提前写好辩护词，就会使你对全案的理解把握完全不一样。至于说开庭后律师怎么讲，那是另外一回事。有一些案件可能要当庭宣判，所以辩护律师如果当庭没有辩护词，开完庭也不需要交了，因为已经宣判了，所以律师还是要提前准备好辩护词。

最后我还要再补充一点，就是辩方的证据。现在辩护律师在法庭上质证的时候，无论是内容、形式、关联性、真实性等，对于控方的证据都会提很多意见，但是反过来有时候辩方提交的证据，在形式上也存在非常多的问题，比如没有证据目录，没有证明目的，甚至有的证据没有原件，有的取证是一个人，不符合基本的形式和要求。所以我觉得辩护律师应该特别重视证据的规范性问题，只要有提交的证据，就必须按照证据的规范做好，提交给法庭；并且多准备几份，也给公诉人一份。

## —— 答疑解惑 ——

Question 1　在检察机关审查批捕阶段，可否明确规定，对犯罪嫌疑人涉案犯罪情节的特殊性、适用变更强制措施的实用性、排除取保后的现实危险性这“三性”要予以法律听证必经程序？

**李贵方**　审查批捕阶段是提倡召开听证会的，未成年人案件，要求100%必须得开听证会。听证是由检察机关来决定的，除了未成年人案件有规定，其他案件并未专门规定，所以没有明确哪种情况就必须开。对于重大复杂的、疑难的，尤其是犯罪嫌疑人不认罪的、有异议的案件，可能更需要开听证会。如果辩护律师认为需要开听证会，就可以申请。

Question2　一个盗窃案，犯罪嫌疑人已经认罪认罚，辩护人申请取保候审，检察官以有犯罪前科为由拒绝了，这合法吗？

**尚伦生**　这个问题我觉得从两方面来考虑，一个是认罪认罚的案件，如果盗窃的数额属于较大的情形，应当说完全符合取保候审的条件。但是这里面又出现了一个前科，前科恰好是检察机关审查逮捕或者羁押必要性措施当中衡量的一个重要内容，就是社会危险性。那么既然你有前科，又涉嫌犯罪了，并且已经认罪认罚了，你表了这个态了，这种情况下，说明你的人身危险性没有完全达到不具备社会危害性的这种程度。所以，检察机关的不予取保候审，也是符合法律规定的。

Question3　对当事人不利的证据如何把握并规避风险？

**刘　玲**　律师收集的证据中包含对当事人不利的证据，如果这个证据涉及其他案件，涉嫌其他罪名，律师要不要告诉当事人？这的确很难办，也是执业风险所在。刑法第 306 条是律师头顶上的一把剑。对此把握的原则是不把不利于当事人的证据交给司法机关，不能告发当事人。但是，如果告诉了当事人，他们把证据毁灭，风险此时又转移到律师身上。所以一定要谨慎。

Question4　如何理解和运用司法机关全面侦查义务，就是犯罪嫌疑人罪轻、无罪的证据侦查的问题？

**李贵方**　全面侦查义务是法定的，侦查机关必须全面收集证据，既收集有罪的证据，也收集无罪的证据；既收集罪重的证据，也收集罪轻的证据。如果侦查机关没有收集罪轻和无罪的证据，辩护律师可以提出来，也可以申诉控告。

Question5　疫情期间各地看守所对律师会见的限制明显高于公检办案人员，出现公检办案人员正常提审而律师无法会见的情况，如何化解？

**尚伦生**　实际上疫情期间各地看守所都采取了一些严格控制的措施，据我了解的情况，是各地对律师和公检法的提审都作了限制，出现对律师限制高于公检法的情况，可能是个别地区的个别问题，不具有普遍性。

但是这个问题是特殊情况，随着疫情的解除，这些问题还会回到原来规定的层面去执行的，不必过度担心。

Question6　检察院退侦两次后公安机关又补充侦查取得的证据能否作为庭审的证据？

**刘　玲**　法庭审理阶段，检察机关如果认为需要补充侦查，可以建议法庭延期审理，自行补充或要求侦查机关补充证据，这些证据仍然可以作为控方证据在法庭上出示。我国刑事诉讼是实质真实发现原则，诉讼程序中发现的证据都可以作为证据在法庭上出示，由法庭决定是否采信。刑事诉讼法关于检察院两次退补的限制，是为了防止案件久拖不决，侵害嫌疑人的权益，但是，其并不限制侦查机关的侦查权，侦查机关仍然有权力继续侦查该案，其收集的证据依然可以由检察机关在法庭上使用。

**图书在版编目（CIP）数据**

刑辩三人谈：刑辩业务核心技能 /《刑辩三人谈》编写组编著 . -- 北京：法律出版社，2021（2021.4 重印）
ISBN 978-7-5197-5364-1

Ⅰ. ①刑… Ⅱ. ①刑… Ⅲ. ①刑事诉讼—辩护—研究—中国 Ⅳ. ① D925.210.4

中国版本图书馆 CIP 数据核字 (2021) 第 036031 号

**刑辩三人谈：刑辩业务核心技能**
**XINGBIAN SANRENTAN: XINGBIAN YEWU HEXIN JINENG**

《刑辩三人谈》编写组 编著

责任编辑 李 群 陈昱希 张红蕊
装帧设计 汪奇峰

**出版** 法律出版社
**总发行** 中国法律图书有限公司
**经销** 新华书店
**印刷** 天津嘉恒印务有限公司
**责任印制** 张建伟

**编辑统筹** 法规出版分社
**开本** A5
**印张** 14.5
**字数** 272 千
**版本** 2021 年 3 月第 1 版
**印次** 2021 年 4 月第 2 次印刷

法律出版社 / 北京市丰台区莲花池西里 7 号（100073）
网址 /www.lawpress.com.cn
投稿邮箱 /info@lawpress.com.cn
举报维权邮箱 /jbwq@lawpress.com.cn
销售热线 /400-660-8393
咨询电话 /010-63939796

中国法律图书有限公司 / 北京市丰台区莲花池西里 7 号（100073）
全国各地中法图分、子公司销售电话：
统一销售客服 /400-660-8393/6393
第一法律书店 /010-83938432/8433 西安分公司 /029-85330678 重庆分公司 /023-67453036
上海分公司 /021-62071639/1636 深圳分公司 /0755-83072995

书号：ISBN 978-7-5197-5364-1
定价：78.00 元